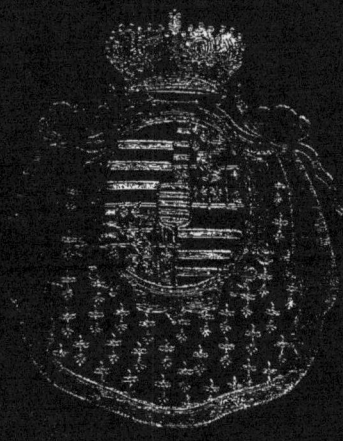

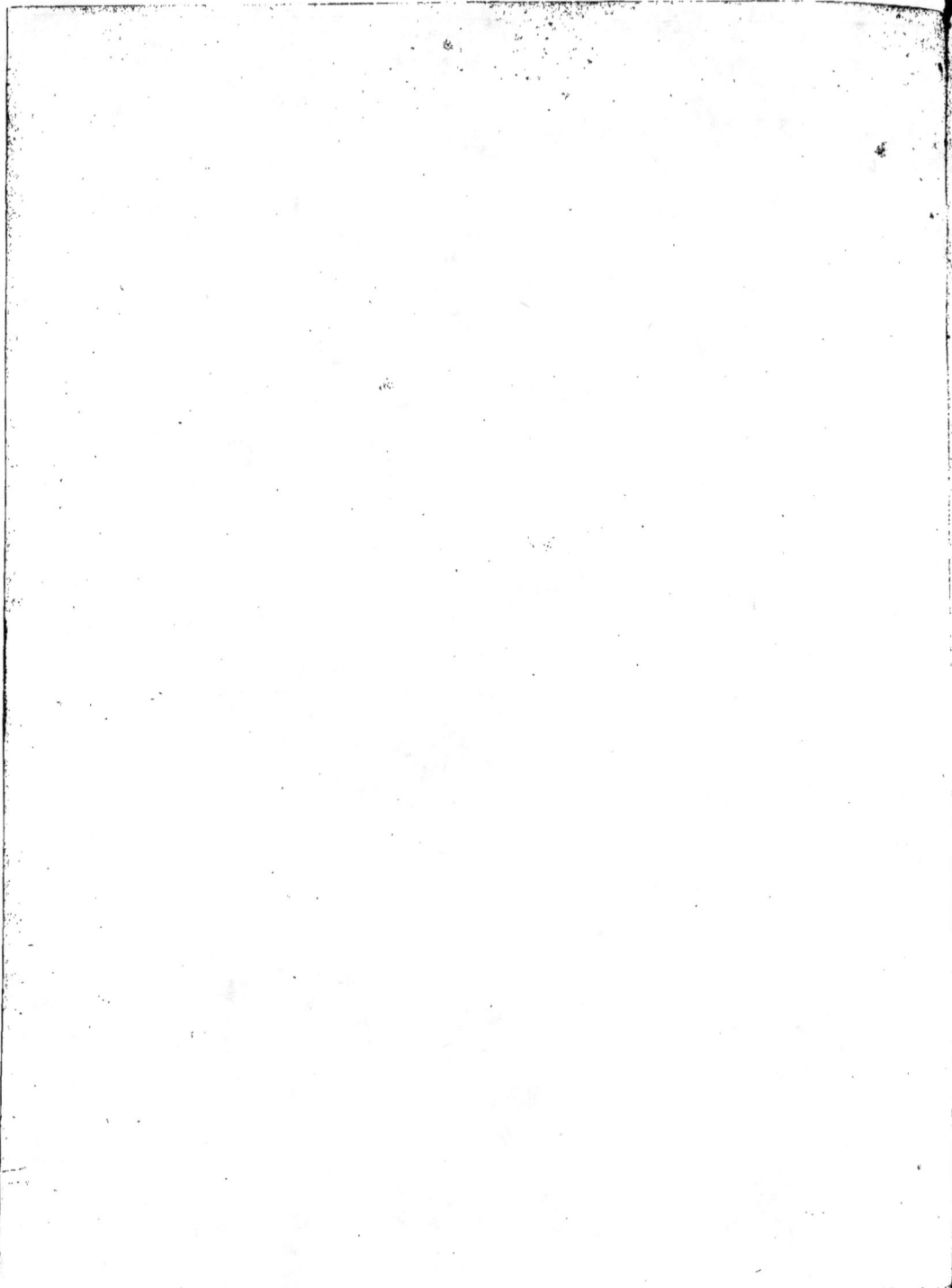

PROCÈS-VERBAL

DES SÉANCES

DE

L'ASSEMBLÉE PROVINCIALE

DE PICARDIE,

1787.

Cet Ouvrage se trouve aussi,

A Abbeville, { Chez P I N T E A U, Libraire.
{ Chez F R A N Ç O I S, Libraire et Relieur.

A S. Quentin, chez H A U T O Y, Imprimeur.

A Péronne, chez M. M O I L L E T, Procureur et Correspondant du Bureau des Affiches de Picardie.

A Mondidier, chez L E R O U X, Libraire.

A Boulogne, au Bureau de la Poste aux Lettres.

A Calais, chez H A M O N, Libraire.

A Doullens, chez D I E U L O U A R D.

Et dans les Principales Villes, chez les Principaux Libraires.

PROCÈS-VERBAL

DES SÉANCES

DE

L'ASSEMBLÉE PROVINCIALE

DE PICARDIE,

TENUE A AMIENS

En Novembre & Décembre 1787.

A AMIENS,

Chez JEAN-BAPTISTE CARON l'aîné, Imprimeur du Roi
et de l'Assemblée Provinciale, Place de Périgord.

ET A PARIS, chez ONFROY, Libraire, rue du Hurepoix.

M. DCC. LXXXVIII.

TABLE

DES SÉANCES,

Du Procès-verbal de l'Assemblée Provinciale de Picardie, tenue en 1787.

a

TABLE DES SÉANCES. iij

a ij

PROCÈS-VERBAL

DES SÉANCES

DE L'ASSEMBLÉE PROVINCIALE

DE PICARDIE,

Tenue à Amiens au mois de Novembre 1787.

PREMIERE SÉANCE

Du Samedi 17 Novembre 1787.

L'AN mil sept cent quatre-vingt-sept, le dix-sept Novembre, dix heures du matin, M. le Duc d'Havré & de Croï, Président de l'Assemblée Provinciale de Picardie, prévenu par une Lettre de Cachet de Sa Majesté, du onze Octobre dernier, de convoquer les Membres de cette Assemblée,

A

et par une seconde du quatre de ce mois, d'avertir M. le Duc de Villequier et M. Prévôt son Avocat à Roye, à l'effet d'y assister comme Députés du Département de Mondidier, ayant adressé des Lettres de convocation à chacun des Membres ci-après nommés, tous se sont réunis en son Hôtel à Amiens, et de-là l'ont conduit, et se sont rendus en cérémonie dans l'une des Salles de l'Hôtel de ladite Ville, choisie pour la tenue des Assemblées. Les Députés présens à cette première séance étoient, savoir :

M. LE DUC D'HAVRÉ ET DE CROÏ, *Préfident.*

De l'Ordre du Clergé.

M. l'Evêque d'Amiens.

M. l'Abbé de Lestocq, *Doyen de la Cathédrale de la même Ville, et Abbé de Clairfay.*

M. l'Abbé de la Ville de Mirmont, *Doyen de l'Eglise Royale de S. Quentin, et Abbé de Noaillé.*

M. l'Abbé Mellier, *Doyen de l'Eglise Royale de S. Vulfran d'Abbeville.*

M. l'Abbé Dargnies, *Archidiacre de Ponthieu, Vicaire général du Diocese d'Amiens.*

M. l'Abbé Delacoarret-Casamajor, *Chancelier, Chanoine de l'Eglise Royale de Péronne.*

Dom Matthieu, *Religieux Bénédictin à l'Abbaye Royale de Corbie, Prieur de S. Nicolas de Rigny.*

M. Fasquel, *Curé d'Ardres.*

De l'Ordre de la Noblesse.

M. le Duc de Villequier.

M. le Comte d'Herlye.

M. le Comte de Crécy.

M. le Duc de Mailly.

M. le Prince de Poix.

M. le Marquis de la Meth.

De l'Ordre du Tiers - Etat.

M. Dufresne, *Chevalier, Conseiller d'Etat, Lieutenant Général au Bailliage d'Amiens, Seigneur de Marcel-Cave.*

M. le Caron de Chocqueuse, *Chevalier, Maire d'Amiens.*

M. Duliege d'Izancourt, *Ecuyer, Propriétaire audit Amiens.*

M. Delahaye, *Ecuyer et Négociant, Propriétaire audit Amiens.*

M. Douville de Maillefeu, *Chevalier, Maïeur - Commandant d'Abbeville.*

M. Dequeux de Beauval, *Lieutenant particulier en la Sénéchaussée de Ponthieu et au Siege Préfidial d'Abbeville, Propriétaire en ladite Ville.*

M. Maillart, *Ecuyer, Procureur du Roi à Mondidier.*

M. Prévôt, *Avocat du Roi au Bailliage de Roye, et ancien Maire de ladite Ville.*

M. Bonnel, *Propriétaire à Roye fur-le-Matz.*

M. le Vaillant de Brusle, *Ecuyer, Lieutenant Général au Bailliage de Péronne.*

M. Torchon de Lihu, *Avocat en Parlement, Conseiller du Roi, Rapporteur du Point-d'Honneur, Seigneur et Propriétaire de Lihu.*

M. Margerin, *Ecuyer, Lieutenant Criminel et ancien Maïeur de S. Quentin.*

M. Fouquier d'Hérouel, *Ecuyer, Fourrier des Logis du Roi, Seigneur et Propriétaire d'Hérouel.*

Du 17 Novembre 1787. M. Couleau de Boisserand , *Prévôt Royal , Lieutenant Général de Police , et ancien Maire de Doullens.*

M. Bernault , *Cultivateur aux Fermes de Septenville.*

M. de Béhague , *Ecuyer , Lieutenant Général et Maire de Calais.*

M. Mouron , *ancien Echevin et Juge-Consul , Propriétaire à Calais.*

Procureurs-Généraux-Syndics.

M. le Comte de Gomer , *pour le Clergé et la Noblesse.*

M. Boullet de Varennes , *Ecuyer , Avocat en Parlement et au Bailliage d'Amiens , de l'Académie de la même Ville , Cenfeur Royal , et Inspecteur de la Librairie , pour le Tiers-Etat.*

Secrétaire - Greffier.

M. Berville.

M. le Président a pris place dans un fauteuil étant sur une estrade élevée d'un dégré , MM. du Clergé à sa droite , en observant entr'eux l'ordre accoutumé dans leurs Assemblées , MM. de la Noblesse à sa gauche , suivant leur âge , et MM. du Tiers-Etat , la moitié joignant le Clergé , et l'autre la Noblesse , suivant l'ordre des Départemens.

Les séances & rangs ci-dessus pris , ne l'ont été que sous la réserve expresse qu'ils ne pourroient nuire ni préjudicier aux droits & qualités de MM. ci-dessus dénommés , et M. le Président a remis sur le Bureau ses deux Lettres de Cachet , pour être enregiftrées à la suite du présent rapport.

L'Assemblée ainsi réunie , M. le Président a observé que M. le Chevalier du Roux de Varennes , Commandeur de S. Maulvis , et M. le Marquis de Caulincourt , tous deux Députés de l'ordre de la Noblesse , ne s'y étoient pas rendus ; que le premier retenu par des affaires particulieres , arriveroit sous peu de jours, mais qu'il ignoroit l'époque de l'arrivée du second actuellement arrêté par son service militaire; et ensuite il a nommé M. le Duc de Mailly et M. Duliege, pour aller avertir MM. les Commissaires du Roi que l'Assemblée étoit formée.

M. le Duc de Mailly et M. Duliege, de retour, ont annoncé MM. les Commissaires du Roi.

MM. les Procureurs-Syndics ont été les recevoir au pied de l'escalier, & MM. l'Abbé de Leftocq, le Prince de Poix, Dufresne et Prévôt, nommés par M. le Président, ont été les recevoir au haut de l'escalier.

MM. les Commissaires du Roi entrés et reçus par l'Assemblée debout et découverte, ont été conduits à deux fauteuils d'honneur élevés d'un dégré et placés en face de celui de M. le Président en avant du Bureau de MM. les Procureurs-Syndics, & de celui du Secrétaire-Greffier; après quoi chacun ayant pris sa place, et s'étant couvert, M. d'Agay pere, a dit:

Messieurs,

C'est une époque bien mémorable pour cette province, de voir former dans son sein une Assemblée patriotique, illustrée par des Noms aussi célebres dans les annales de la Monarchie, par les vertus éminentes que la Religion sanctifie dans ses Ministres, et par le zele le plus pur qui anime des Citoyens de tous les ordres pour le bien général de l'Etat, et le bonheur de leurs Concitoyens.

Mais ce qui peut rendre cette satisfaction plus vive et plus durable, c'est d'y reconnoître l'heureux concert de la sagesse

Difcours de M. le Commiffaire du Roi.

avec le zele du patriotisme qui échauffe les ames, avec la prudence qui dirige cette noble passion.

Quelle occasion plus propre à manifester ce sentiment si vif d'amour pour nos Souverains, qui embrase tous les cœurs François, qu'une Assemblée formée par la confiance, et par l'amour du Souverain pour ses peuples dans la province la plus ancienne de la Monarchie !

Cette Monarchie si puissante, dont la constitution s'est également formée par les revers et par la prospérité, a vu croître son éclat et sa puissance avec l'autorité paternelle qui a réuni tous les peuples qui la composent dans une seule famille.

Aussi soumis par l'amour que par le devoir, leur félicité est confiée au Souverain : avec quelle tendresse ne remplit-il pas ces obligations, lorsqu'il déploie toutes les ressources des réformes les plus économiques, et des sacrifices personnels et rigoureux pour le bonheur de ses Sujets et la fidélité de ses engagemens. Plus il modere l'éclat extérieur du Trône pour les besoins de l'Etat, plus il s'environne de sa véritable grandeur, en redoublant l'affection de ses peuples.

Mais son amour pour eux ne se borne pas aux ressources d'une économie mesurée sur des besoins momentanés, la bienfaisance éclairée de Sa Majesté embrasse, dans ses grandes vues, tout ce qui peut perfectionner l'Administration, établir solidement le soulagement des peuples sur l'égalité inaltérable de la répartition des charges publiques, vivifier les provinces par une activité nouvelle dans le Commerce et l'Industrie.

Tel est, Messieurs, le dépôt sacré que le Roi confie à

votre vigilance pour l'accomplissement de ses vues bienfaisantes dans cette province, dont vous êtes les Représentans. Quelle satisfaction pour nous d'être aujourd'hui l'organe de ses volontés paternelles dans cette Assemblée, et
d'être revêtus du titre et des pouvoirs de Commissaires du
Roi pour coopérer à vos fonctions patriotiques.

Pourrions - nous envier cette confiance si précieuse, lorsqu'elle devient un nouveau lien de réunion de nos sentimens
et de nos vœux pour le service de Sa Majefté et le bonheur des peuples. Vous sentirez mieux que nous ne pourrions
l'exprimer, tout le prix et l'étendue de cette confiance, par
les instructions que nous sommes chargés de vous remettre.

Sa Majefté, par ses Réglemens des 8 Juillet et 5 Août,
a déclaré qu'ils n'étoient que provisoires, et qu'elle y feroit
les changemens que sa sagesse lui inspireroit.

Par les Instructions présentes, elle vous annonce qu'elle a
fait quelques changemens à ses premieres dispositions. Elle
nous charge de vous faire connoître ses intentions sur la perception exacte & juste des Vingtiemes, et sur les Travaux
des grandes Routes qui doivent fixer votre attention dans vos
premieres délibérations.

Les réformes les séveres étant reconnues insuffisantes,
pour établir la balance nécessaire entre les revenus et les
charges de l'Etat, Sa Majesté a considéré que la perception
uniforme des Vingtiemes offroit un moyen d'autant plus juste
de lui procurer un supplément de revenus, que ce moyen
ne fera que rétablir la proportion de l'Imposition, à l'égard
de ceux des propriétaires qui ne l'acquittoient qu'incomplétement, sans qu'il en résulte, pour ceux qui les payoient
exactement, aucune espece d'augmentation.

La sagesse du Roi lui a fait préférer cette ressource, que la nécessité des circonstances exige ; mais sa promesse royale, et l'équité de son cœur, qui est le sanctuaire de la vertu, vous assurent par notre voix, et par les Instructions dont nous sommes chargés, que Sa Majesté fera employer les précautions les plus rigides pour ne point exposer les propriétaires, dont les taxes seroient dans le cas d'être augmentées, à aucun paiement qui excede les Vingtiemes établis par les Loix, sur les revenus effectifs.

Mais ces précautions ordonnées et annoncées par l'amour du Roi pour la justice et pour ses peuples, ne seront point un obstacle au vœu que la province pourra former, d'obtenir un abonnement, par une fixation déterminée, d'une contribution proportionnée aux Vingtiemes effectifs et à ses véritables facultés.

Les avantages qui devroient résulter pour les provinces, de faire elles-mêmes les répartitions de cette Imposition, ont déterminé Sa Majesté à faire examiner et fixer préliminairement les augmentations que doivent produire les vérifications à faire par les calculs de celles qui ont été faites.

Les évaluations qui seroient la base d'un abonnement pour les Vingtiemes de Picardie, sont développées dans les Instructions. Vous les discuterez, Messieurs, avec toute la sagesse d'un patriotisme éclairé, qui ne respire que le bien de l'Etat.

Sa Majesté regarde également, comme un des objets importans qui doivent vous occuper en premier ordre, les mesures à concerter pour les Travaux des grandes Routes, qu'elle confie entiérement à votre vigilance.

Vous

Vous reconnoîtrez, Messieurs, cette sagesse supérieure qui dirige toutes ses vues, dans les principes qu'elle établit pour fixer l'ordre et la quotité des contributions, relativement à l'utilité particulière de chaque Département, District & Paroisse.

Graces à la législation bienfaisante de Sa Majesté, et aux sages conseils d'une Assemblée à jamais mémorable, qui lui a transmis le vœu de la nation, l'odieux régime de la Corvée a disparu.

Déja des travaux informes, arrosés par la sueur de la classe indigente des peuples, étoient remplacés dans cette province, par des routes construites avec plus de solidité, par des mains plus exercées.

Les contributions qu'elles coûtent à la classe la plus aisée des campagnes, en soulageant les malheureux, épargnent à la province, le prix inestimable d'une multitude immense de journées, souvent inutiles et mal employées.

La preuve certaine de cette vérité si intéressante pour l'humanité, résulte des calculs que j'ai exposés aux yeux du Gouvernement, dès les premieres époques de l'administration qui m'a été confiée, qui établissent que la valeur des journées d'hommes et de chevaux employés par corvées en nature, dans cette province, évaluée au plus bas prix, formoit un objet de 900000 liv. au moins.

Les essais que j'ai concertés avec un grand nombre de Propriétaires éclairés, et qui ont été exécutés par les ordres de Sa Majesté, pour la conversion des Corvées en argent, ont réduit cette valeur effrayante à la somme de 336000 liv. par an, avant les Loix qui ont étendu ce bienfait de Sa Majesté à tout le Royaume.

B

Du 17 Novembre
1787.

Il est digne de votre zele et de votre amour pour le bien public, de perfectionner de plus en plus cette partie d'administration si essentielle pour la prospérité de la province; dont les détails multipliés ne peuvent atteindre à leur dernière perfection que par des soins long-temps soutenus et une vigilance infatigable.

Après avoir rempli les intentions de Sa Majesté, en vous annonçant ses volontés paternelles, le tendre intérêt de la reconnoissance qui m'attache inviolablement à cette province, semble me permettre de déposer dans le sein de cette Assemblée, quelques observations que j'ai recueillies par l'expérience, et j'ose dire, dans les travaux d'une longue administration.

Ces fréquens incendies qui désolent la Picardie, et qui étonnent les autres provinces, ont épuisé inutilement toutes les recherches sur les moyens de les prévenir, parce qu'ils ont des causes physiques et morales, que la législation et le temps seuls peuvent corriger.

Les secours que j'ai employés pour en adoucir les funestes effets, avec la sensibilité qui est due aux malheureux, ont été répandus en partie pour la reconstruction des maisons avec des couvertures en tuiles. Précaution qui a eu des succès marqués pour les garantir de nouveaux incendies, et réformer graduellement le vice presque général des constructions dans les campagnes; la continuité de cette méthode opérera sûrement, quoique lentement, un changement universel de construction qui préviendra ces désastres si fréquens.

Fixons un moment nos regards sur le commerce et l'industrie de cette province. Quel heureux avenir se présente à nos yeux pour sa prospérité, lorsque les travaux de la riviere de Somme, déja exécutés en grande partie, après avoir desséché des marais et fertilisé des campagnes nombreuses, ouvriront entiérement une libre navigation sur ce fleuve qui la traverse d'une extrêmité à l'autre; lorsqu'elle jouira dans le Port de S. Valery, où les ouvrages de l'art combattent avec tant de persévérance les invasions de la mer, de l'heureux échange des riches productions de la nature et de l'industrie qui lui est particuliere avec les richesses maritimes!

Mais quelle Administration n'envieroit pas la gloire de s'immortaliser, en portant à sa perfection ce monument admirable de l'industrie humaine, qui a reçu dans son état imparfait, les hommages de toutes les nations éclairées, par les suffrages de plusieurs Souverains, et par le concours des Etrangers célebres !

La jonction de la Somme avec l'Escaut, par le Canal souterrain, ouvrira une nouvelle communication des mers dans le sein de cette province ; elle deviendra votre ouvrage, lorsque vous porterez au pied du Trône le vœu de la province et de la nation pour sa derniere perfection.

Ce sera sous ces heureux auspices que votre Administration patriotique éternisant l'époque de son établissement, fixera particuliérement les regards et la confiance de toute la nation, en alliant dans ses premiers travaux la prospérité particuliere de la province avec le bien général de l'Etat.

Fideles à seconder toutes vos vues pour des intérêts si chers, nous partagerons vos succès ; et le bonheur de cette province sera la plus précieuse récompense de mes anciens tra-

B ij

Du 17 Novembre
1787. vaux et du zele qui anime mon Fils, successeur et coopéra-
teur de mes fonctions.

Sa voix se confond aujourd'hui avec la mienne dans l'effusion de ces sentimens; et lorsqu'elle se fera entendre dans
cette Assemblée, puisse-t-elle vous retracer toujours le sou-
venir d'un attachement qui ne s'éteindra qu'avec les derniers
sentimens de ma vie.

M. le Duc d'Havré et de Croï, Président, a répondu au
nom de l'Assemblée à MM. les Commissaires du Roi, et a dit:

MESSIEURS,

Réponfe de M.
le Préfident. NOTRE soumission aux ordres du Roi, notre sensibilité
au nouveau bienfait dont il vient de nous combler, notre ardeur à concourir par nos travaux, au succès de ses vues
bienfaisantes, sont les bases sur lesquelles va porter le nouvel édifice que nous sommes chargés d'élever; ce sont aussi
les sentimens de l'Assemblée dont j'ai la commission honorable de vous retracer l'expression fidele, en attendant qu'elle
obtienne la permission d'en aller porter elle-même l'hommage
au pied du Trône.

Le vœu général, entiérement conforme à celui de nos cœurs,
s'est déja trouvé rempli par le choix de nos Coopérateurs.
L'unité de nos principes et de nos vues pour le bonheur de
la province, va être maintenant notre premier titre pour réclamer sa confiance : vous l'avez obtenu depuis long-temps,
Messieurs, mais vous acquerrez de nouveaux droits à sa reconnoissance, par votre empressement à nous faire part de

vos lumieres, et à nous procurer les renseignemens et les connoissances qu'une étude constante et suivie vous ont mis à
portée d'acquérir.

Nous allons, Messieurs, recueillir encore les observations
que le zele de notre Commission Intermédiaire, ses recherches et celles des Assemblées de Département, ainsi que de
leurs Corps représentatifs, l'auront mise à même de nous
procurer, tant sur la partie des Impositions, que sur celle
des Chemins et des objets de bien public. Nous nous occu-
perons particuliérement des Vingtiemes, et à remplir enfin,
de la maniere la plus utile, le court intervalle qui nous est
accordé pour traiter ces matieres importantes.

Amour pour le Roi, attachement à la province, respect
pour les loix, sont, Messieurs, les caracteres ineffaçables qui
distingueront l'Assemblée Provinciale de Picardie, et qui, en
multipliant les rapports qu'elle se félicite d'avoir avec vous,
deviennent des nouveaux liens dont il lui sera précieux de
resserrer de plus en plus les nœuds.

Après quoi, MM. les Commissaires du Roi s'étant levés,
ont été reconduits par les mêmes Députés, avec les mêmes
honneurs qui leur ont été rendus en entrant.

Les Membres, qui ont reconduit MM. les Commissaires
du Roi, étant rentrés, M. le Président a dit:

MESSIEURS,

LE vœu de notre premiere Assemblée s'est trouvé rempli
par le choix des Membres destinés à nous compléter. Nous
avons pensé que c'étoit avoir déja mérité essentiellement de

la Province et du Gouvernement, que d'avoir procédé à des élections faites pour justifier la confiance du Souverain et remplir l'attente des peuples. Il nous est précieux d'employer le premier moment qui nous rassemble, à ratifier et à cimenter mutuellement cette adoption vraiment fraternelle, qui, faisant tout-à-la-fois notre force et notre gloire, peut seule assurer nos succès.

Il étoit d'ailleurs précieux pour nous-mêmes, que nos délibérations fussent mûries par le concours de tous; qu'elles le fussent encore par l'intervalle du temps fixé d'une Assemblée à l'autre. Sûrs du zele, de la sagesse et des lumieres de MM. les Procureurs-Syndics, et des Membres de notre Commission Intermédiaire, certains de trouver les mêmes secours dans MM. les Présidens des Assemblées de Département, et dans les Députés qui les composent, nous n'avons qu'à nous applaudir d'un parti que l'amour du bien sembloit nous prescrire. On peut se promettre d'avoir un jour à se féliciter de ses succès, lorsque l'on peut, dès l'abord, se féliciter de ses précautions.

Je ressens, Messieurs, dans toute sa plénitude la douce satisfaction d'être en ce moment votre interprête, d'exprimer en votre nom l'hommage de votre reconnoissance pour le Prince auguste qui daigne nous choisir pour être auprès de ses peuples les dispensateurs de ses volontés bienfaisantes. Je vois dans toute cette Assemblée régner la même espérance, la même émulation, la même ardeur pour seconder ses vues paternelles; je les trouve également dans mon cœur; je m'applaudis de les ressentir au milieu de vous; et, n'ayant que du zele à vous offrir, je m'empresserai, Messieurs, de m'éclai-

rer de vos lumieres, de m'enrichir de vos connoissances, et
de les recueillir comme le dépôt le plus précieux pour le
bonheur de la province.

Vous avez droit d'attendre de moi que je commence par
vous rendre compte des principes que je me suis formés sur
l'objet et la nature de nos devoirs, autant que sur les dispositions générales avec lesquelles nous devons nous approcher
de la chose publique. Le résultat que je vous propose aujour-
d'hui deviendra d'autant plus digne de vous, qu'il sera plus
soumis à vos observations, et perfectionné par les développemens que les circonstances vous mettront à même de lui
donner.

Tout semble nous annoncer que l'union la plus entiere
régnera dans notre Assemblée. C'est l'union qui doit en effet
en être le premier caractere. Rien n'est plus précieux que cette
intelligence unanime, par laquelle on marche, pour ainsi
dire, en force et de front vers la vérité, la justice et le bien
public ; par laquelle les volontés s'accordent toujours, lors
même que les opinions se combattent, et dont il résulte in-
failliblement que, tendant au même but, tout se confond
dans le désir d'y atteindre : il faut en un mot que nous soyons
unis dans l'amour du bien ; tout ce qui le procure nous paroîtra également glorieux, et dès que l'on a dirigé vers lui
toutes ses recherches et tous ses efforts, on se félicite également d'y contribuer, tantôt par un succès, tantôt par un
sacrifice. Tous les succès seront communs, et deviendront
ceux de chacun de nous. Nous ne connoîtrons de rivalité que
celle de l'application et du zele ; nous développerons libre-
ment nos opinions et nos moyens ; nous revendiquerons avec

Du 17 Novembre
1787.

confiance les droits de la justice et de l'équité : la province qui nous observe, bénira tous les jours avec attendrissement l'institution qui lui offre un si touchant exemple ; elle attendra avec plus de patience et d'espoir le fruit de nos travaux ; et nos Assemblées pourront à ces conditions devenir un jour des écoles de mœurs autant que d'administration.

A côté de l'union si nécessaire à nos succès, doit naître l'esprit public, qui ne seroit rien sans elle, et sans lequel elle n'auroit elle-même qu'une vaine et stérile apparence : l'esprit public doit en être le garant éternel et le lien conservateur : il n'est pas moins nécessaire aux parties les plus restreintes de l'administration, qu'à l'ensemble de l'administration même. Il présidera sans doute à nos délibérations et aux opérations qui en seront la suite ; aussi ne verra-t-on jamais le bien général sacrifié à des considérations particulieres, l'avantage de la province à celui d'un seul district, les vœux de tous à ceux du petit nombre, une utilité durable à une utilité momentanée. Nous ne formerons jamais ces calculs bien plus intéressés que généreux, par lesquels on se plaît à accorder une grace particuliere pour établir l'idée de son crédit, pour jouir de l'hommage d'une reconnoissance plus prochaine et plus flatteuse, pour satisfaire quelquefois un mouvement de compassion peu réfléchie : nous préférerons une opération lente dans ses progrès, mais sûre dans l'étendue de ses résultats, à tout ce qui n'auroit que le mérite de plaire, à l'impatience du moment, à nous concilier des suffrages d'un jour dont nous rougirions ensuite. Nous nous dirons enfin que presque toujours il faut être disposé à se passer de la louange pour la mériter.

L'esprit

Du 17 Novembre
1787.

L'esprit public aggrandit tous les sentimens, il n'isole ni les temps, ni les personnes, ni les lieux, il les voit toujours dans leurs rapports mutuels, dans la chaîne qui les lie, dans leur influence réciproque. Nous donnerons nous-mêmes l'exemple des sacrifices personnels à l'intérêt commun, et nous le ferons adopter et régner autour de nous pour le bonheur de la province, en rendant sensible dans notre conduite le désintéressement qu'il inspire.

Enfin l'esprit d'ordre me semble former la troisieme condition essentielle des succès de notre administration. Je considere ici l'ordre dans toute son étendue; l'ordre dans les détails, sans lequel il n'en est point dans l'ensemble; l'ordre dans les discussions, sans lequel il n'est jamais de précision dans les résultats; l'ordre dans les observations, sans lequel elles n'offrent que des difficultés sans issue, et des doutes sans solution; l'ordre dans les opérations, sans lequel elles se confondent et restent imparfaites.

L'esprit d'ordre est pour les mouvemens de l'administration, ce que l'esprit public et l'union sont pour son organisation et son intégrité. Nous lui devrons de pouvoir nous former insensiblement un corps complet de différentes vues, qui, tantôt se balançant entr'elles, tantôt concourant ensemble, toujours à leur place, ameneront des vérités d'un grand prix, que l'expérience aura consacrées, que l'observation aura recueillies; c'est ainsi que l'opinion publique se rectifiera peu à peu et sans efforts; non plus par des maximes abstraites et difficiles à saisir, mais par une suite de faits bien constatés en eux-mêmes, et bien ordonnés entr'eux. L'esprit d'ordre nous apprendra de même que s'il est intéressant en admi-

C

Du 17 Novembre
1787.

nistration de ne pas perdre un moment, il ne l'est pas moins d'attendre ce moment, de suivre et de préparer sans impatience les circonstances qui l'amenent, et de ne pas trop vouloir le précipiter, malgré les obstacles qui le retardent. Il faut savoir saisir, mais il faut savoir aussi ne pas jouir encore, ne pas encore atteindre; par-là on se ménage des succès affermis et durables. On proscrit bien plus sûrement le mal quand on l'a mis en évidence pour les autres comme pour soi-même; alors il est étouffé par l'indignation de tous, il ne lui reste plus de partisans qui osent en secret méditer l'occasion de le reproduire, et l'on proclame d'autant plus sûrement le bien, que l'ayant par dégré rendu plus sensible, on l'a pour ainsi dire fait régner à l'unanimité des voix, et au cri d'une conviction universelle.

Telles sont, je crois, Messieurs, les trois dispositions principales dont nous ne pouvons trop nous pénétrer. Elles doivent être immuables en elles-mêmes, quelle que soit l'étendue, quelles que soient les bornes de nos fonctions : parce qu'elles sont non seulement applicables, mais essentielles à toute partie d'administration; parce qu'il n'est pas en ce genre de petits devoirs, ni de confiance qui ne soit sacrée; parce qu'il n'est pas de détail qui ne demande à être suivi et traité avec le même respect, le même concert, la même application; et combien d'ailleurs ne sont pas importans ceux que nous assigne la loi qui nous réunit? Une répartition plus éclairée et mieux proportionnée à établir, les chemins de tout genre, les canaux navigables, les ponts, les chaussées à déterminer, à surveiller, à entretenir, à créer; tout ce qui peut en un mot, comme moyen de communication, encourager au-dedans de la province, l'agriculture, l'industrie, le commerce ; tout ce qui peut la rendre au-dehors plus ouverte, plus acceffible aux provinces circonvoisines, et par leur moyen, la faire ainsi de proche en proche toucher aux extrêmités du Royaume ; car, aux yeux de l'Administration, c'est bien moins les intervalles qui font les distances d'une partie à l'autre que les difficultés du rapprochement, et le défaut ou la rareté des rapports.

Nous sommes également autorisés à proposer encore les modifications qui nous paroissant les plus économiques, pourront être adaptées à notre premiere constitution, à notre régime et à notre organisation : le Gouvernement nous y invite en rendant ses Ordonnances provisoires. Que d'hommages ne devons-nous pas à la sagesse qui vient de se manifester encore dans le Réglement dont nous recevons en ce moment la communication! Nous y jouissons du dégré de liberté, sans lequel le bien ne peut s'opérer ; il nous contient dans les justes bornes de notre mission, et laisse cependant aux Assemblées Provinciales, l'énergie et la dignité qui leur sont nécessaires ; il leve tous les obstacles qui pouvoient gêner leur surveillance et leurs vues pour la création, la confection et l'entretien des Chemins ; il leur annonce prochainement les développemens les plus étendus sur la Taille, la Capitation, les Vingtiemes, enfin sur les différens Impôts qui sont perçus ; et si les circonstances malheureuses ne permettent pas au Roi de suivre en ce moment le vœu de son cœur, en soulageant ses peuples, si elles le forcent même à demander de nouveaux secours, Sa Majesté a du moins désiré qu'une administration paternelle, qu'une répartition plus égale adoucissent la rigueur des Impôts ; que chaque citoyen fut en quelque sorte l'arbitre de ses sacrifices, et fixât l'échange de ce qu'il donne, en raison de la défense et de la protection qu'il reçoit. Les Domaines et les Forêts du Roi seront assujétis aux mêmes loix, les apanages des Princes n'en seront pas exempts; tous les ordres, toutes les classes, tous les individus contribueront dans une proportion égale, et le choix qu'il daigne laisser sur les différens moyens qu'il expose, devient un nouveau gage de sa bonté. L'Administration Provinciale de Picardie se fera toujours le devoir le plus sacré d'en pénétrer les peuples, et ne perdra sûrement jamais de vue qu'elle contracte la double obligation de justifier les espérances de la province, d'en porter le vœu au pied du Trône, et de répondre en même-temps à la confiance de Sa Majesté, en identifiant ses intérêts à ceux de ses peuples, et en entretenant cette harmonie, cette circulation de secours mutuels entre le Chef et les Membres, qui constituent la force essentiele de cet Empire, et qui sont en quelque sorte l'écueil contre lequel viennent se briser les efforts des Puissances Ennemies, qui tenteroient en vain de l'ébranler. Cette indication générale nous fait aisément sentir, Messieurs, combien est vaste la carriere que nous avons à parcourir.

La répartition d'un impôt, par son action immédiate et posi-tive, tient sans doute le premier rang; il n'est aucun impôt qui ne soit susceptible d'erreurs dans son application, et il n'en est aucun où l'erreur soit indifférente. La relation intime qui régnera sans doute entre les Assemblées Municipales et les Commissions Intermédiaires des Départemens, celle qui aura lieu entre ces dernieres et la Commission Intermédiaire Provinciale; nous conduiront à des notions plus sûres, plus discutées, plus précises sur la répartition de la Taille et des Vingtiemes, dont nous devons en ce moment nous occuper plus particuliérement; on ne peut donner à chacune de ces parties une étude trop constante et trop suivie.

C'est par nos soins, Messieurs, que les vérifications devenant plus faciles et plus prochaines, l'égalité de distribution pourra s'établir avec plus de succés, et les améliorations se préparer avec plus d'émulation et d'espoir; je ne parlerai point des autres impôts, mais je ne peux m'empêcher d'insister sur les adoucissemens qu'en recevra la Taille, qui, dans cette province, est personnelle, qui porte non seulement sur une propriété donnée, mais encore sur l'appréciation de toutes les facultés, et dont les abus et les méprises retombent principalement sur la classe la plus indigente.

La Taille personnelle s'assimile en quelque maniere à la Capitation. Les Procès-verbaux de Haute-Guienne offrent une suite consolante de tentatives et de succès pour rendre ce dernier impôt moins arbitraire. Nous pourrons nous approprier les idées heureuses, dont il résultera pour nous quelques avantages.

Les Administrations Provinciales doivent être les unes pour les autres ce que seront respectivement entr'eux les Membres d'une même Assemblée; elles regarderont les résultats utiles comme un bien commun à toutes, qu'il sera glorieux d'avoir conçu et honorable d'adopter. La gloire d'opérer le bien ne connoît pas les inquiétudes de l'amour-propre, ni les tourmens d'une vanité qui veut ne rien devoir qu'à soi-même.

Les Procès-verbaux du Berry et de Haute-Guienne, monmens de prudence et d'amour du bien public, nous offrent un Code de loix pour tous les objets d'entreprises générales ou particulieres, pour l'ouverture, la construction et l'entretien des Routes, pour leur division en différentes classes, pour la contribution correspondante à ces classes à établir, soit sur la province, soit sur les lieux particuliers, en raison de leur utilité plus ou moins générale, et de la demande qui en a été faite. Ils présentent des regles sages sur les devis, les adjudications, la main-d'œuvre, l'emplacement des atteliers ; toutes ces dispositions quoique locales, renferment des vérités universelles et applicables par-tout. C'est ainsi qu'en rapprochant l'étude de notre province de ce qui s'est pratiqué ailleurs, nous procurerons à notre pays les avantages dont il est susceptible.

Votre Commission Intermédiaire, Messieurs, se sera occupée, pendant l'intervalle d'une tenue à l'autre, à rassembler des notions, et à recueillir des faits ; ils vont former, avec ceux que vous avez réunis vous-mêmes, la base de vos délibérations qui prescriront à leur tour, à la Commission Intermédiaire, la suite qu'elle aura à leur donner, et les détails auxquels elle doit s'attacher de préférence : ainsi va commencer entre la province et vous une correspondance qui sera fondée sur la confiance d'une part et sur le zele de l'autre ; ainsi, ces premiers apperçus rapportés en commun, vont faire la premiere base de l'édifice qu'il vous est réservé d'élever.

Déjà nous pouvons entrevoir, comme se liant aux grands et premiers objets que je viens d'énoncer, une foule d'autres intérêts accessoires, dont la surveillance et l'apprécia-

tion nous engageront à des discussions particulieres, ajouteront à nos connoissances, à nos moyens et au bonheur public. La population comparée de lieu à lieu, non pas comme
objet d'une curiosité vaine, mais comme effet de causes
morales ou physiques importantes à connoître ; les accidens
périodiques résultans du climat ou du site local, le succès
de certaines cultures, celui du bétail dans un endroit plus
que dans un autre ; les coutumes anciennes quelle qu'en soit
l'influence, les moyens de communication, de commerce,
d'industrie ; le plus ou le moins de multiplicité, de convenance, d'utilité des foires, des marchés ; les défrichemens
à prévoir, à préparer, à faciliter, à encourager ; les desse-
chemens salutaires à entreprendre et à suivre ; le rapprochement des projets qui auroient pû être anciennement mé-
dités, l'historique de leurs succès, celui des causes qui les
ont fait abandonner ou différer ; les progrès de l'agriculture,
du commerce, de l'industrie ; le soulagement de la mendicité ; enfin mille autres détails imprévus nous éclaireront
sur les besoins et les obstacles de tout genre, qui peuvent
se présenter, et qui demandent tous nos efforts et toute
notre attention.

L'esprit d'émulation qui vous anime va se manifester à
cette époque ; votre Commission Intermédiaire doit en être
la dépositaire, et vous lui devez, autant qu'à vous-mêmes, de
déterminer, avant de vous séparer, jusqu'où elle doit aller
à votre place, et le point où elle doit s'arrêter.

Qu'il me soit permis, Messieurs, de vous rappeller, en
finissant, que nous devons à la confiance du Roi, à sa bienfaisance, que nous devons même à sa gloire, de ne point

Du 17 Novembre
1787.

laisser dégénérer entre nos mains la plus noble idée qui soit née dans le cœur des Rois, que nous devons aux Peuples de ne pas altérer le germe naissant d'une félicité qui doit se répandre sur les générations les plus reculées; que ces hautes considérations nous animent, et nous encouragent; n'oublions jamais qu'entrant dans une carriere toute neuve pour nous, nous ne devons y marcher qu'avec plus de circonspection; et si nos premiers pas sont laborieux et pénibles, jettons les yeux dans l'avenir, et pressentons avec attendrissement les heureux fruits de nos travaux. Quels qu'ils soient, Messieurs, quelques succès qu'ils obtiennent, ne nous ralentissons point, et n'oublions jamais qu'en fait d'administration, il faut croire n'avoir rien fait, tant qu'il reste encore à faire, et il reste toujours quelque chose.

L'Assemblée a entendu le Discours de M. le Président avec tout l'intérêt qu'il pouvoit inspirer; elle a applaudi unanimement au désir de l'union qu'il a manifesté, à l'esprit puplic dont il est animé, à celui d'ordre qui le dirige, et pénétrée des mêmes dispositions qu'il veut porter dans les délibérations, elle lui a témoigné que, déja son modele pour les vertus, il seroit son guide pour sa conduite.

Ensuite, le Secrétaire-Greffier a fait lecture des Instructions ministérielles, remises par MM. les Commissaires du Roi, sous la signature de M. d'Agay pere l'un d'eux, et de l'extrait d'un Réglement rendu pour la Province du Berry, le 6 Juin 1785, et il a été arrêté que l'une et l'autre piece seroient déposées aux Archives, et imprimées à la suite du Procès-verbal.

Après

Après cette lecture, M. le Président a dit que les Instructions qui venoient d'être mises sous les yeux de l'Assemblée,
lui avoient fait connoître qu'au moyen de la distraction du
Boulonnois du nombre de ses Départemens, ce n'étoit plus
à titre de Représentant de ce Comté, que M. le Duc de Villequier étoit présent à cette Assemblée; mais que Sa Majesté s'étant déterminée à donner au Département de Mondidier huit Députés à l'Assemblée Provinciale, comme à
celui d'Amiens, elle l'avoit, à raison des biens qu'il possede
dans l'Election de Mondidier, nommé avec M. Prévôt, pour
former, avec un Député Ecclésiastique et un Député du
Tiers-Etat tirés de ce même Département, les quatre nouveaux Députés qu'il doit fournir; qu'ainsi, c'étoit à titre
de Représentans du Département de Mondidier, que M. le
Duc de Villequier et M. Prévôt se trouvoient Membres de
cette Assemblée; que de ces Instructions, il résultoit aussi
qu'il falloit procéder à la nomination du Député Ecclésiastique et de celui du Tiers-Etat, pour compléter ce Département à l'Assemblée Provinciale, et en outre à celle d'un
Député, tant dans l'ordre de la Noblesse que dans celui du
Tiers-Etat, pour l'Assemblée de Département, conformément
au Réglement du 8 Juillet dernier; en conséquence, ayant
été procédé à la nomination de ces Députés par la voie du
Scrutin, M. Paulinier, Prieur de S. Marc près Roye, et M.
Lecomte, Propriétaire à Camp-Remi près Breteuil, ont été
élus pour compléter le Département de Mondidier à l'Assemblée Provinciale, le premier pour l'ordre du Clergé, et
le second pour l'ordre du Tiers-Etat; ensuite M. le Vicomte
de Bétizy, pour l'ordre de la Noblesse, et M. Bonnel, Con-

D

Du 17 Novembre
1787.

Nomination des
Membres & Dé-
putés d'augmenta-
tion accordée au
Département de
Mondidier.

Du 17 Novembre 1787. seiller de la Cour des Monnoies , Propriétaire à Herches près Roye , pour celui du Tiers-Etat, ont été élus pour former avec les deux Membres qui seront nommés par l'Assemblée de Mondidier, le nombre de vingt , auquel a été porté celui des Députés de cette Assemblée.

Ces nominations étant faites , M. le Président a observé que , d'après les instructions , on devoit célébrer le lendemain une Messe du S. Esprit, et que MM. du Chapitre de la Cathédrale d'Amiens et M. l'Evêque , désirant qu'elle le fut dans leur Eglise , avoient fait une députation à l'Assemblée , en sa personne comme Président, pour lui en faire l'offre. L'Assemblée ayant accepté cette proposition avec reconnoissance , M. l'Evêque a été prié de vouloir bien la célébrer le lendemain à dix heures et demie du matin, sous son bon plaisir , et sous celui de MM. du Chapitre , et l'Assemblée a arrêté d'inviter MM. les Commissaires du Roi à s'y trouver.

M. le Président a aussi nommé Commissaires à la rédaction et à la révision des Procès-verbaux , M. le Duc de Mailly et M. Dufresne, et il a été arrêté que l'un de MM. les Procureurs-Syndics assisteroit à ces rédactions et révisions.

La Séance a été terminée par la nomination du sieur Jumel , pour Huissier de la Chambre.

LE DUC D'HAVRÉ ET DE CROï , *Préfident.*

BERVILLE , *Secrétaire-Greffier.* Signés.

*SÉANCE du 18 du même mois, dix
heures du matin.*

L'ASSEMBLÉE s'étant réunie dans le lieu ordinaire
de la tenue de ses séances, s'est rendue en cérémonie en
l'Eglise Cathédrale pour assister à la Messe Solemnelle qui
a été célébrée par M. l'Evêque d'Amiens : et de retour,
sur la proposition de M. le Duc d'Havré et de Croï Président, elle a arrêté de faire les Députations suivantes, savoir ; à MM. les Commissaires du Roi pour les saluer de
sa part ; à M. l'Evêque, lui retiré pendant la délibération,
pour le remercier de ce qu'il avoit bien voulu offrir son
Eglise Cathédrale, et officier à la Messe qui venoit d'être
célébrée ; à MM. du Chapitre, en la personne de M. l'Abbé
de Lestocq leur Doyen, pour lui faire de semblables remerciemens de la même offre ; à MM. du Chapitre encore, en
la personne de M. de Beaufort pour répondre à l'honnêteté
de celle qu'ils avoient faite à M. le Président comme représentant l'Assemblée, et les remercier des Présens qu'ils
lui ont offerts ; à MM. du Bureau des Finances en la personne de M. Dubois leur Président, pour les remercier aussi
de celle faite de leur part à M. le Président pour l'Assemblée ; à MM. les Officiers Municipaux de l'Hôtel-de-Ville,
tant pour répondre à la leur, et les remercier du vin de
présent qu'ils ont offert à M. le Président, que pour leur
donner des témoignages de reconnoissance de la maniere
obligeante avec laquelle ils se sont privés d'une partie de

leur Hôtel, pour fournir un local propre à la tenue des Séances de l'Assemblée, et au service de ses Bureaux, et enfin à MM. de la Chambre du Commerce dans la personne de leur Président, pour même cause que MM. du Bureau des Finances.

M. le Président a nommé pour la premiere, MM. l'Abbé Mellier, le Comte d'Herlye, Levaillant de Brusle, et de Lihu, et pour les cinq autres MM. l'Abbé de Mirmont, le Comte de Crécy, Maillart et de Béhague.

Il a été arrêté de faire dire tous les jours d'Assemblée, dans l'Eglise de S. Firmin le Martyr dit en Castillon, Paroisse de l'Hôtel-de-Ville, une Messe basse à huit heures et demie du matin, de s'assembler ensuite à neuf jusqu'à deux de relevée, et que les séances de l'après dîner seroient indiquées dans celles du matin, tant pour les Assemblées générales que pour celles des Bureaux.

M. le Président a ensuite fait lecture de deux Lettres qui lui étoient adressées, l'une par M. l'Archevêque de Toulouse, Ministre principal, par laquelle il lui marque que l'intention du Roi est que les Présidens et Membres des Assemblées Provinciales réduisent le luxe de leur dépense et notamment de leur table, de la maniere qui convient à l'économie qu'elle entend apporter dans l'administration des provinces, et que Sa Majesté verra de plus avec satisfaction, que les personnes qui seroient par leur fortune en état de faire de la dépense, donnent l'exemple à celles dont le zele ne doit point être à charge à leurs facultés.

La seconde, par M. le Marquis de Caulincourt, qui lui mande que, n'ayant pas reçu de contre-ordre pour rejoindre son Régiment, il a été obligé de partir, et qu'il le prie d'agréer et de faire agréer tous ses regrets à l'Assemblée.

Après la lecture de ces Lettres, M. le Président a proposé de nommer quatre Commissaires pour prendre avec MM. les Procureurs-Syndics connoissance des Lettres et Mémoires, lui en rendre compte particuliérement, ensuite à l'Assemblée, et après les distribuer dans les Bureaux, suivant les matieres qui y seront traitées ; cette proposition ayant été agréée, il a nommé Commissaires MM. l'Abbé Dargnies, le Chevalier du Roux de Varennes, Prévôt et de Boisseran.

LE DUC D'HAVRÉ ET DE CROï, *Préſident.*

BERVILLE, *Secrétaire-Greffier.* Signés.

SÉANCE du 19 du même mois, neuf heures du matin.

L'ASSEMBLÉE étant formée, M. le Chevalier du Roux de Varennes, Commandeur de S. Maulvis, arrivé de la veille, y a pris séance.

Il y a d'abord été rendu compte des députations délibérées la veille.

Ensuite M. le Président a nommé Commissaires aux Archives MM. le Comte d'Herlye et de Chocqueuse.

Après quoi, MM. les Procureurs-Syndics faisant leùr rapport, M. le Comte de Gomer a dit :

Du 19 Novembre
1787.

Premiere partie du rapport de MM. les Procureurs-Syndics sur les opérations de la Commission Intermédiaire, dans l'intervalle des deux Assemblées.

MESSIEURS,

ASSEMBLÉS par la bonté paternelle d'un Monarque qui, vous appellant au partage de l'Administration, vous confie le bonheur de ses peuples ; unis par les sentimens du patriotisme et de la bienfaisance ; déployant sous un Chef qui les possede éminemment, toutes les qualités précieuses qui forment et caractérisent les Bienfaiteurs de l'humanité, c'est à ce spectacle attachant que nous devons la chaleur du zele et l'enthousiasme qui pouvoient seuls étouffer le cri de notre insuffisance, et enhardir nos premiers pas dans la carriere longue et pénible qui s'ouvre à nos yeux : rassurés donc par votre indulgence, éclairés sur-tout et dirigés par vos lumieres, animés de l'amour du bien public que nous partageons avec vous, et du désir de ne pas trahir votre confiance, nous sentons germer dans nos cœurs un espoir qui va redoubler les efforts que nous ne cesserons de faire pour nous rendre dignes et mériter le choix flatteur dont vous nous avez honorés.

Vous allez voir, Messieurs, dans l'Edit de votre création, dont nous allons vous faire lecture, les principes et le but de votre établissement, et dans les Réglemens qui suivront, la marche et la conduite que vous avez à tenir.

Lecture de l'Edit et des Réglemens.

Nous n'anticiperons pas, Messieurs, sur l'examen de ces Réglemens que vous confierez sans doute à l'un de vos Bureaux, ni sur les observations qui en pourront naître. La sagesse et la bonté de **Sa** Majesté ont déja prévenu une partie de vos vœux dans le nouveau Réglement que M. le Commissaire du Roi vous a apporté, et s'il vous en reste encore quelques-uns à former, ils seront sans doute le résultat du travail de votre Bureau; il en est cependant un dont nous ne croyons pas devoir différer de vous présenter l'objet, c'est celui de l'augmentation des Membres de votre Commission Intermédiaire, dont le nombre est insuffisant pour l'importance de leurs fonctions, et exposé en outre à être encore diminué par la circonstance fréquente et inévitable de l'absence de plusieurs d'entr'eux, que les voyages, les maladies ou les affaires personnelles empêcheront de s'y trouver. D'ailleurs, Messieurs, il nous paroît essentiel à sa constitution, qu'établie pour vous représenter et vous suppléer pendant la plus grande partie de l'année, elle soit organisée d'après les mêmes principes et de la même maniere, et par conséquent composée de Membres de tous les Départemens. Il sera sans doute aussi à propos, Messieurs, de prévoir en même temps les remplacemens qui pourroient devenir nécessaires dans le courant de l'année, et de déterminer la maniere de les opérer, la multitude de ses travaux ne lui permettant pas de rester incomplete.

En conséquence, Messieurs, de l'Edit de création des Assemblées Provinciales et des ordres adressés par Sa Majesté, pour commencer à former celle de Picardie, vous vous êtes assemblés le 14 du mois d'Août dernier, pour vous compléter et nommer la premiere partie des Membres des Assemblées de Département. C'est alors que les différens Réglemens concernant votre organisation et vos fonctions, et

Du 19 Novembre
1787.

dont vous venez d'entendre la lecture, vous ont été remis par le Commissaire de Sa Majesté.

C'est, Messieurs, dans votre premiere séance, que MM. les Députés du Boulonnois vous firent part de la délibération prise, le 9 du même mois, par l'Assemblée du Corps et Conseil de l'Administration de ce Département, contenant des observations, réserves et réclamations contre les atteintes que son incorporation à la présente Assemblée, et l'exécution du Réglement du 8 Juillet dernier à cet égard, pourroit porter à son existence et à sa constitution légale ; requirent acte du dépôt qu'ils faisoient de cette délibération, et vous prierent de vous abstenir de nommer aucuns Députés pour le Boulonnois, et de les dispenser de concourir à aucune élection, jusqu'à ce qu'il ait été statué définitivement, par le Conseil de Sa Majesté, sur leur réclamation. Vous jugeâtes, Messieurs, ne devoir point vous opposer à ce qu'il fût fait droit sur ces représentations ; mais que pour ne point anticiper sur les décisions de Sa Majesté, vous deviez satisfaire aux dispositions du Réglement, qui devoient être provisoirement et préalablement exécutées. En conséquence, MM. les Députés du Boulonnois, pour se conformer aux vues de l'Assemblée, ont concouru à toutes ses opérations ultérieures, en se réservant néanmoins dans tous leurs droits.

Vous avez ensuite, Messieurs, procédé à la nomination de votre Greffier, des Procureurs-Syndics, des Membres de la Commission Intermédiaire, et enfin à celle de la premiere partie des Membres des Assemblées de Département.

Ayant rempli le but de cette premiere Assemblée, vous avez, Messieurs, jugé à propos de laisser, avant de vous séparer,

parer, à votre Commission Intermédiaire, des instructions qui pussent la diriger dans sa conduite, et la mettre à même de vous donner à celle-ci, tous les éclaircissemens dont vous pourriez avoir besoin sur les objets dont vous allez vous occuper: vous avez daigné nous consulter à ce sujet; et M. Boullet, après avoir fait le rapprochement des articles de l'Edit de votre création et des différens Réglemens, pour mieux saisir l'esprit de leurs dispositions et vous en présenter l'ensemble, vous a fait observer que vous deviez diriger le travail de la Commission :

1°. Sur les Travaux publics, et l'autoriser en conséquence à se faire rendre compte par les Ingénieurs de la province, des Chemins et Ouvrages publics qui doivent avoir lieu l'année prochaine, et à préparer et recueillir toutes les connoissances préliminaires que pourroit exiger l'exécution du Réglement à intervenir sur les Chemins.

2°. Sur la Taille et les Impositions accessoires, la Capitation des Villes, celle des Campagnes, tant accessoires de la Taille que d'Industrie; et l'autoriser pareillement à se procurer, soit par elle-même, soit par les Commissions Intermédiaires des Départemens, et par ses relations avec le Commissaire départi, toutes les connoissances relatives à cette espece d'Impôt, à sa quotité, au mode et aux principes d'après lesquels il est réparti, soit entre les différentes Elections, soit entre les Paroisses.

3°. Sur la Subvention territoriale, pourquoi, aussi-tôt qu'elle auroit reçu l'Edit de l'établissement de cet Impôt, et les Instructions qui y seront relatives, elle se hâteroit d'entamer avec les Assemblées Municipales, la correspondance nécessaire pour

E

les mettre à portée de faire passer leurs observations aux Assemblées de Département, qui, y joignant les leurs, adresseroient le tout à votre Commission Intermédiaire pour vous en être rendu compte à votre première Assemblée.

. Par votre Délibération du 20 Août, vous avez adopté, Messieurs, les observations de M. Boullet, et vous avez arrêté qu'elles serviroient d'instructions à votre Commission Intermédiaire. Vous verrez, Messieurs, par le compte que nous allons vous rendre de ces opérations, que si elle n'a pas encore atteint votre but et complétement rempli vos vues, ce n'est pas au défaut de zele que vous devez l'attribuer, mais que la briéveté du temps et le retard de l'envoi des diverses instructions annoncées sur les Travaux publics et sur les Impositions, sont les seules causes qui se sont opposées à l'effet que vous deviez vous promettre de son activité. Nous lui devons cette justice, qu'elle se flatte que vous lui rendez vous-mêmes, c'est que rien n'égale le sentiment vif et profond d'amour du bien public, dont tous ses Membres sont pénétrés, si ce n'est peut-être celui de la reconnoissance qu'ils ont du choix flatteur qui les a établis pour y coopérer.

La clôture de votre Assemblée, terminée le 20 Août dernier, donnant l'existence à votre Commission Intermédiaire, elle s'est assemblée, le 27 du même mois, sous la Présidence de M. le Duc d'Havré, et composée, ainsi que vous l'aviez déterminé, de M. l'Abbé Dargnies, pour l'ordre du Clergé; de M. le Comte de Crécy, pour l'ordre de la Noblesse; de MM. Duliege et Delahaye, pour l'ordre du Tiers-Etat; des Procureurs-Syndics et du Greffier.

Après avoir entendu la lecture du Réglement du 5 dudit

mois, et des instructions qui lui étoient données par l'Assemblée Provinciale et insérées dans le Procès-verbal de sa séance
du 20, elle a distribué le travail qu'elle avoit à faire entre
ses Membres; M. l'Abbé Dargnies s'est chargé de celui relatif au Bien-public; M. le Comte de Crécy, de celui des Impositions; M. Duliege, de ce qui concerne les Travaux publics; et M. Delahaye, de tout ce qui regarde le Commerce,
l'Agriculture et la Navigation.

La Commission a ensuite arrêté qu'elle s'assembleroit une
fois par semaine, tous les Vendredis à trois heures après midi.

Dans le courant de ses séances, M. le Contrôleur Général
lui a adressé des Instructions, pour être envoyées aux différens Départemens; ce qu'elle s'est empressé de faire : mais
comme ces Instructions avoient principalement pour objet les
Assemblées préliminaires de Département, déja tenues, et
leurs Commissions Intermédiaires, nous croyons inutile de
vous en faire la lecture; votre Bureau du Réglement pourra
les comprendre dans son rapport, s'il juge qu'il y ait quelqu'objet que vous deviez prendre en considération; M. Boullet
remettra sous vos yeux celles que votre Commission Intermédiaire a données aux Commissions des Départemens, pour
diriger leurs recherches.

Pour se conformer à vos vues, et entamer les objets les
plus essentiels dont elle avoit à s'occuper, votre Commission
Intermédiaire a fait prier M. Delatouche, Ingénieur en Chef
de cette Province, de se trouver à sa prochaine Assemblée,
et après avoir entendu le compte succinct qu'il lui a rendu
de tout ce qui regarde l'état des Chemins et les Travaux des
grandes Routes de cette Généralité, elle a prié M. Duliege

de se charger de cette partie, et de lui en faire le rapport à l'une de ses prochaines séances.

M. Delatouche ayant été depuis obligé de s'absenter par les ordres du Gouvernement, n'a pu donner tous les éclaircissemens ultérieurs dont on a eu besoin, et dont les demandes avoient été rédigées en forme de questions, d'après un projet d'instructions envoyé et lu à la Commiſſion Intermédiaire dans sa séance du 22 Octobre. Le travail de M. Duliege ayant été retardé par cette même circonstance, il n'a pu nous faire part de ce qu'il avoit préparé sur cette partie qu'à l'une de nos dernieres séances. La Commission n'a pas cru devoir insérer dans son Procès-verbal ce commencement de travail qui sera communiqué directement au Bureau chargé des Chemins. A cette occasion, Meſſieurs, et d'après l'observation que tous les objets sur lesquels vous aurez à délibérer, seront soumis à l'examen préliminaire d'un Bureau particulier, nous vous prions de nous indiquer quelle étendue vous desirez que nous donnions par la suite au compte que nous aurons à vous rendre des travaux de la Commission Intermédiaire, relativement au travail particulier de ses Membres.

M. Delatouche, que ses incommodités ont retenu chez lui depuis son retour, a mandé derniérement à M. Boullet, que l'on trouveroit tous les éclaircissemens dont on pourroit avoir besoin dans le travail dont il s'occupoit et qu'il comptoit présenter à l'Assemblée Provinciale : cet objet devient d'autant plus pressant, que les termes qui vous sont prescrits par le dernier Réglement sont très-rapprochés.

La Commission Intermédiaire s'est encore occupée de se procurer les Etats des Impositions des Elections et des Pa-

roisses qui lui avoient été demandés par les différens Départemens, à qui elle en a envoyé des copies auffi-tôt que ces
Etats lui sont parvenus. M. le Comte de Crécy qui a examiné
ces Etats, portera le résultat de son travail au Bureau des
Impositions.

La connoissance des rôles particuliers de la Capitation des
Nobles, Privilégiés, Officiers de Justice et Employés qu'elle
avoit aussi demandée, ne faisant que de lui être envoyée,
elle n'a pu encore en aider les Départemens.

Nous avions enfin jugé, Messieurs, devoir demander au
Directeur des Vingtiemes, des éclaircissemens sur la marche
de l'augmentation progreffive de cette imposition, notamment entre le commencement et la fin des vérifications, ainsi
que l'état de ces mêmes vérifications; mais il n'a pas cru pouvoir nous donner cette satisfaction sans des ordres supérieurs,
et la Commission Intermédiaire s'est en conséquence adressée
à M. l'Intendant, qui vient de nous répondre qu'il avoit donné
des ordres pour se procurer tous ces éclaircissemens, et qu'il
nous les feroit passer aussi-tôt qu'il les auroit reçus. Ils vous
sont d'autant plus nécessaires, que votre position devient plus
délicate entre les deux partis qui vous sont présentés par le
Gouvernement, et que vos délibérations sur un objet aussi
important, dirigées par la sagesse et la circonspection, ne
peuvent être déterminées que par des connoissances appro-
fondics, et d'après l'examen réfléchi que vous en ferez
faire.

Nous vous avons rendu compte, Messieurs, de la réclamation de l'Administration du Boulonnois, contre son incorporation à l'Assemblée de cette Province, et de la délibéra-

Du 19 Novembre
1787.

tion par laquelle vous avez déclaré ne point vous opposer à sa distraction. Il a été adressé par M. l'Intendant, le 26 du mois dernier, à votre Commission Intermédiaire, une copie de l'Arrêt du Conseil du 9 du même mois, qui, faisant droit sur cette réclamation, ordonne que le Comté de Boulonnois continuera à être administré séparement et conformément aux. Lettres-Patentes du 6 Mai 1766, et qu'en conséquence l'Assemblée Provinciale de la Généralité d'Amiens comprendra seulement les sept autres Départemens qui la composent.

La défection du Boulonnois a donné lieu à la demande formée par le Département de Mondidier, d'avoir tant à l'Assemblée Provinciale, qu'à celle de son Département, un nombre de Députés et de Membres égal à celui du Département d'Amiens, de la force duquel il approche le plus, soit pour le nombre des paroisses, soit pour le montant des impositions. M. le Contrôleur Général a envoyé à la Commission Intermédiaire le Mémoire qui lui avoit été adressé à ce sujet, en la chargeant de s'instruire si l'Assemblée complete de ce Département persisteroit dans cette prétention, et d'en rendre compte à l'Assemblée Provinciale, d'après les observations de laquelle Sa Majesté se détermineroit; mais la Commission Intermédiaire, instruite par la Délibération de l'Assemblée du Département de Mondidier du 27 Octobre, de son vœu unanime et constant, fit observer à M. le Contrôleur Général, que la marche qu'il lui prescrivoit, rendroit incomplete votre présente Assemblée; c'est en conséquence que Sa Majesté, disposée à accorder au Département de Mondidier sa demande, a nommé pour Député à votre Assemblée, dans l'ordre de la Noblesse, M. le Duc de Villequier, dont le zele et l'attachement aux intérêts de cette province, vous faisoient Du 19 Novembre 1787. regretter la perte et désirer le retour parmi vous.

La nomination de M. Prévôt dans l'ordre du Tiers-Etat a auffi prévenu votre choix, et vous vous devez à vous-mêmes les deux autres Coopérateurs que vous vous êtes associés.

Votre Commission Intermédiaire a encore été instruite de plusieurs réclamations relatives à la nomination de Membres de Départemens et de Municipalités, l'une entr'autres de l'Hôtel-de-Ville d'Amiens; comme il n'appartenoit pas à votre Commission Intermédiaire de rien statuer sur ces objets, elle vous en a renvoyé la connoissance, et M. Boullet, dans son rapport des Assemblées de Département, vous rendra compte des motifs et des suites de ces réclamations, ainsi que des autres affaires de cette nature qui auront pu y avoir lieu.

Vous aviez enfin chargé, Messieurs, votre Commission Intermédiaire d'arrêter les Mémoires des différens ouvriers que vous pouviez avoir employés, et des dépenses que vous aviez faites; M. Delahaye, chargé de cette partie, ayant été arrêté par quelques circonstances particulieres, et voyant approcher le temps de votre Assemblée, a pensé qu'il étoit plus à propos de laisser au Bureau, auquel vous confieriez la comptabilité, à régler définitivement cet objet.

Vous avez fait vous-mêmes, Messieurs, l'apperçu des frais ordinaires de vos Assemblées et de vos Bureaux, la Commission ne pouvoit y rien ajouter.

Le surplus de son travail a consisté dans une correspondance, tant avec M. l'Intendant qu'avec les Commissions Intermédiaires des Départemens, qui n'a eu pour objet que des détails peu intéressans et qui vous deviendroient fastidieux;

Du 19 Novembre 1787.

vous en retrouverez d'ailleurs une partie dans le rapport de M. Boullet, qui s'est chargé de vous rendre compte des Assemblées de Département.

M. l'Intendant nous a adressé deux Mémoires, l'un est l'ouvrage connu depuis long-temps de M. Tillet sur les bleds noirs, dont la Commission Intermédiaire s'est empressée de distribuer des exemplaires dans les Départemens, suivant l'intention du Gouvernement : l'autre contient des observations de M. Mouvert, Commandant le Corps des Volontaires de Bourbon, sur les divers dégrés de fertilité et de dégradation du sol de la France, suivant l'état des propriétaires ; nous ne préviendrons pas le jugement que vous porterez du système de l'Auteur et de ses effets, lorsqu'il en aura été rendu compte au Bureau de l'Agriculture, par M. Delahaye à qui il a été remis ; il contient des vues sans doute utiles et des principes vrais : l'accensement détaillé des terres du Domaine Royal, et des Communautés ou des gros Propriétaires qui ne peuvent exploiter eux-mêmes, ni faire exploiter sous leurs-yeux, les amélioreroit vraisemblablement et vivifieroit les cantons où elles se trouvent situées, mais peu de gens admettront peut-être l'étendue des effets de ce système impraticable à bien des égards.

M. Scellier, Directeur de l'Ecole des Arts de cette Ville, a aussi envoyé un Mémoire sur la Mendicité : M. l'Abbé Dargnies s'en est chargé, et le Bureau du Bien-public vous fera part du résultat de l'examen qu'il en fera.

Il nous reste enfin, Messieurs, à vous dire un mot des remarques sur la Noblesse qui nous ont été adressées particuliérement, et dédiées par M. Maugeart Généalogiste de l'Ordre de de S. Hubert, aux Assemblées Provinciales. Nous avions fait un extrait de cette petite brochure que nous comptions d'abord vous présenter, mais la quantité de matieres importantes dont vous êtes pressés de vous occuper, nous a engagé à le supprimer. La confusion des rangs, l'usurpation des titres, des dignités, des honneurs, des exemptions et des privileges attribués à la Noblesse; l'insuffisance des moyens employés jusqu'à présent pour les réprimer; la trop grande facilité d'acquérir ces exemptions et ces privileges; enfin les vexations et les injustices que sont souvent dans le cas d'éprouver les vrais Nobles, remis à la discrétion d'un seul homme, lorsqu'ils ont des preuves à faire, voilà, d'après l'Auteur-même, les maux et les abus qui ont fixé son attention, et auxquels il prétend remédier principalement par l'érection d'un Tribunal héraldique. Vous nous indiquerez, Messieurs, si vous désirez le prendre en plus particuliere considération, à quel Bureau nous le remettrons; il paroît appartenir naturellement à celui du Bien-public, et il pourroit être remis à celui du Réglement, si vous désiriez qu'il s'occupe quelque jour des précautions à prendre lors du remplacement des Membres de l'ordre de la Noblesse dans votre Assemblée, pour s'assurer des titres qu'y auroient les prétendans.

Nous aurions désiré, Messieurs, avoir à vous présenter dans cette premiere partie de notre rapport, des détails plus intéressans, des résultas plus déterminés, et des connoissances plus approfondies; mais le temps est court, la route est nouvelle, et la circonspection et une prudente lenteur assurent des succès plus constans que la marche rapide et précipitée d'un zele trop ardent et inconsidéré.

F

M. Boullet de Varennes, continuant le rapport, a dit:

MESSIEURS,

Du 19 Novembre 1787.

Seconde Partie du rapport de MM. les Procureurs-Syndics.
De la tenue des Assemblées de Département.

Nous devons vous rendre compte des Procès-verbaux tenus par les Assemblées completes des sept Départemens d'Amiens, Abbeville, Péronne, Mondidier, St. Quentin, Doullens, Calais Montreuil et Ardres.

La plupart de ces Procès-verbaux n'ont été adressés que fort tard à votre Commission Intermédiaire; celui de S. Quentin ne nous a été remis que samedi dernier; celui des trois Gouvernemens de Calais, Montreuil et Ardres ne nous est pas encore parvenu.

Il seroit à désirer, et peut-être, Messieurs, formerez-vous à cet égard un vœu précis pour la suite, qu'il y eût un plus long intervalle entre les Assemblées de Département et votre Assemblée générale. C'est par les Départemens que doivent vous être portés les vœux, les projets et les réclamations des divers arrondissemens qui composent cette Province. Ce sont leurs travaux qui doivent préparer les vôtres, et sans doute il seroit également avantageux à tous que nous puissions, en rapprochant les vues différentes qu'ils auroient pu présenter sur les mêmes objets, faire sortir de cette contradiction même, la lumiere qui doit éclairer et vivifier les différentes parties de l'administration qui vous est confiée.

Les circonstances ne nous permettent pas de suivre cette marche dans le compte que nous allons vous rendre. La forme des Procès-verbaux ne se seroit même pas prêtée au plan que nous avions cru pouvoir nous tracer; les Départemens n'ayant point encore d'instructions précises sur les objets qui devoient diriger leur travail, n'ont point suivi une marche uniforme. Nous ne pouvons donc, Messieurs, nous ne devons même que vous mettre à portée de distribuer dans vos différens Bureaux, et les matieres traitées et les Mémoires adressés par les Départemens.

Plusieurs d'entr'eux ont dirigé leurs observations sur les deux Réglemens des 8 Juillet et 5 Août dernier, le premier relatif à *la formation & composition des Assemblées qui auront lieu dans la Généralité d'Amiens*, le second plus général, concernant *les fonctions de toutes les Assemblées Provinciales & de celles qui leur sont subordonnées, ainsi que les relations de ces Assemblées avec les Intendans des Provinces.*

Les Départemens d'Amiens, de Mondidier et de Péronne, ont présenté sur ces deux Réglemens des observations dont plusieurs se trouvent déja réglées par les nouvelles Instructions que vous a remises M. le Commissaire du Roi. Nous remettrons au Bureau du Réglement les observations des trois Départemens d'Amiens, de Mondidier et de Péronne; et par l'espece de conférence que nous y joindrons de ces observations, soit entr'elles, soit avec les Instructions qui vous ont été remises, nous mettrons votre Bureau du Réglement à portée de vous proposer des résultats utiles sur l'organisation des différentes Assemblées, et leurs relations entr'elles.

Les Assemblées de Département ont satisfait autant qu'elles l'ont pu aux Instructions adressées par M. le Contrôleur Général à votre Commission Intermédiaire le 4 Octobre, et que votre Commission s'est empressée de faire passer aux Départemens. Ces Instructions dont les circonstances ont retardé l'envoi, étoient adressées aux Assemblées préliminaires; elles avoient pour but principal de déterminer ce qui devoit se faire, soit lors de la premiere tenue des Assemblées préliminaires, soit dans l'intervalle qui devoit s'écouler entre cette premiere tenue et l'Assemblée complete; et il y avoit déja long-temps que les Assemblées préliminaires étoicnt séparées, lorsque le Ministre des Finances vous a adressé ces Instructions. Les Départemens ont suppléé ce qu'ils avoient omis lors de leur premiere tenue, et tous, avant de se séparer, ont chargé leurs Bureaux Intermédiaires de parachever ce qui restoit à remplir. Tels sont, par exemple, Messieurs, et l'état général par Communauté des Assemblées Municipales qui n'est encore absolument complet que dans le Département de S. Quentin, et l'état que le Ministre des Finances a indiqué de former dans chaque Département à l'effet de faire connoître :

1°. S'il s'y trouve des Paroisses qui soient actuellement divisées en deux Communautés ou Collectes particulieres.

2°. S'il s'y trouve aussi des Communautés ou Collectes qui renferment plusieurs Paroisses;

Ou qui renferment une Paroisse entiere avec des Hameaux, Ecarts ou Villages dépendans des Paroisses voisines;

Ou qui, sans comprendre un seul Clocher, ne seroient composées que de portions de Paroisses.

Le zele qui anime les Bureaux Intermédiaires des Départemens, doit nous faire présumer qu'en nous adressant incessamment le résultat de leurs recherches et de leur travail sur ces objets, ils nous mettront à portée de fournir au Bureau du Réglement toutes les instructions qui pourront diriger cette partie de son travail.

Nous lui remettrons également, Messieurs, et les Instruc- tions qui nous sont déja parvenues, et celles qui nous parviendront encore relativement à l'échange qu'il conviendra de faire, entre les Départemens, des Paroisses mi-parties entr'aucuns d'eux, et même de celles que leur trop grand éloignement du Chef-lieu expose à une grande inégalité dans la répartition des Impôts, ou à de plus grands frais pour parvenir au recouvrement de ces mêmes Impôts.

Le Département d'Amiens s'est assemblé le 20 Octobre ; son Procès-verbal n'a été clos que le 8 Novembre.

L'Assemblée complete, conformément aux Instructions adressées par M. le Contrôleur Général, a confirmé les nominations précédemment faites par l'Assemblée préliminaire du mois de Septembre.

On a mis sur le Bureau le travail de la Commission Intermédiaire sur les Arrondissemens avec une Carte du Département que MM. les Syndics avoient fait dresser. Ces Arrondissemens sont au nombre de cinq ; ils sont inégaux entr'eux, soit relativement à leur étendue, soit relativement à l'importance des Impositions qu'ils supportent ; la masse totale de ces Impositions, non compris la contribution en argent pour la Corvée, est de 1205662^{tt} 11^{s}.

Il a été formé cinq Bureaux entre lesquels s'est divisé le travail.

Premier Bureau, des grandes Routes, des Chemins vicinaux, des Canaux et du Commerce.

Deuxieme Bureau, de la Taille, des Accessoires et de la Capitation.

Troisieme Bureau, des Vingtiemes.

Quatrieme Bureau, des Charges locales, des Fonds de Charité et du Bien-public.

Cinquieme Bureau, du Réglement et de l'Agriculture.

Tous ces Bureaux ont fait à l'Assemblée le rapport des mémoires qui avoient été lus par les Membres ; ces mémoires n'ont point été insérés au Procès-verbal, mais seulement numérotés et déposés pour en être délivré des copies qui puissent ensuite se distribuer plus facilement dans les différens Bureaux de l'Assemblée Provinciale. Ces mémoires sont en grand nombre ; ils ont été lus dans les séances des 3, 5, 6 et 7 Novembre. Il seroit inutile de les analyser, et nous croyons qu'en adoptant la marche du Département d'Amiens, il sera plus convenable de faire remettre et ces mémoires et ceux des autres Assemblées à chacun de vos Bureaux, Messieurs, suivant le rapport qu'ils pourront avoir avec leur travail particulier.

Nous ne vous parlerons point quant-à-présent, Messieurs, de l'avis donné par l'Assemblée du Département d'Amiens, sur les frais et dépenses annuelles, indispensables et nécessaires pour la tenue de ses Assemblées. Tous les Départemens ayant dû donner et ayant donné en effet leur avis à cet égard, nous réunirons tous ces avis sous un seul et même coup d'œil.

Les mêmes motifs nous déterminent à suivre la même marche relativement aux réponses faites par les sept Départemens sur les instructions que votre Commission Intermédiaire a cru devoir adresser à tous dans le courant du mois d'Octobre.

Mais avant de terminer notre rapport sur le Procès-verbal

du Département d'Amiens, nous devons vous dire qu'il s'est élévé, pendant la tenue de cette Assemblée, trois contestations; l'une relative à la nomination du sieur Ledoux de Bourseville dans l'ordre du Tiers ; la seconde à la nomination du sieur Maressal aussi dans l'ordre du Tiers : et la troisieme à la préséance entre quelques-uns des Membres de l'ordre du Clergé.

Le sieur Ledoux de Bourseville, nommé dans l'ordre du Tiers, a observé que sa charge de Trésorier de France lui donnoit droit de prendre rang dans l'ordre de la Noblesse ; et sur ce qu'il lui a été répondu qu'on l'avoit nommé en qualité de propriétaire, lorsque le nombre des Représentans de la Noblesse fixé par le Réglement étoit déja rempli, que sa nomination dans l'ordre du Tiers ne pouvoit en aucune maniere déroger aux droits de sa charge, et qu'il pouvoit d'ailleurs ne prendre aucune qualité relative à son état, le sieur Ledoux de Bourseville a pris place et séance suivant sa nomination dans l'ordre du Tiers-Etat, *proteflant que sa nomination et le rang qu'il tiendra ne pourront préjudicier ni porter atteinte aux droits & prérogatives de sa charge, & qu'il n'entend prendre aucune qualité relative à son état.* Le tempéramént adopté par le Département et par le sieur Ledoux se trouve conforme à la décision portée aux Instructions que vous a remises M. le Commissaire du Roi.

A l'égard du sieur Maressal nommé aussi dans l'ordre du Tiers, MM. les Officiers Municipaux de cette Ville ont prétendu que n'étant point et n'ayant point été Officier municipal, on n'auroit pas dû le nommer. Ils ont adressé leur réclamation d'abord à M. le Président, ensuite au Ministre; ils ont même fait signifier tant au sieur Maressal qu'à l'Assemblée du Département dans la personne de son Secrétaire-Greffier un acte extrajudiciaire par lequel ils ont déclaré qu'en attendant la réponse du Ministre, ils sont opposans à ce que le sieur Maressal prenne place et séance dans l'Assemblée.

Le Département a cru et nous pensons avec lui, Messieurs, que jusqu'à ce que la nomination du sieur Maressal fut infirmée par une décision du Ministre, il devoit continuer de prendre place et séance dans l'Assemblée : cet arrêté a eu son effet. Le sieur Maressal a assisté à toutes les Séances. Le Ministre consulté par M. le Duc d'Havré a répondu que la question se trouveroit réglée par les nouvelles Instructions que devoit vous remettre M. le Commissaire du Roi; et en effet il résulte de ces Instructions, Messieurs, que la nomination du sieur Maressal étoit réguliere.

A l'égard de la question de préséance entre quelques-uns des Membres de l'ordre du Clergé, elle n'auroit jamais dû s'élever, puisque les rangs entre les Membres du Clergé se trouvent réglés par les usages et les loix particulieres de ce premier Corps de l'Etat, et vous verrez comme nous avec douleur que des prétentions si faciles à décider à l'amiable, aient pu donner lieu à des actes extrajudiciaires dans une Assemblée dont la concorde et l'union doivent former le premier lien.

Les Départemens de Mondidier et de Péronne, assemblés le 20, ont tous deux clos leurs Séances le 29 Octobre.

Nous avons déja eu l'honneur de vous dire, Messieurs, que
nous

nous remettrions à votre Bureau du Réglement les observations de ces deux Départemens, sur ce qui concerne les Réglemens des 8 Juillet et 5 Août dernier.

Le Département de Mondidier a suivi à-peu-près la même
marche que celui d'Amiens. Il a satisfait autant qu'il étoit en
son pouvoir aux Instructions Ministérielles du 4 Octobre ; il
a pris les mesures les plus sages pour compléter le travail
prescrit par ces Instructions : il s'est divisé en quatre Bureaux.

Premier Bureau, des Impositions.

Deuxieme Bureau, de la Population, des Bestiaux et du
Commerce local.

Troisieme Bureau, du Bien-public,

Quatrieme Bureau, des Propriétés foncieres, Navigation et
Agriculture.

Les mémoires intéressans, lus dans ces différens Bureaux,
n'ont point été envoyés à votre Commission Intermédiaire.
M. le Duc de Mailly, Président du Département de Mondidier, a désiré d'en faire lui-même l'hommage à votre Assemblée. Il a voulu, Messieurs, vous donner une nouvelle preuve
de son zele et de son amour pour le bien public en vous développant lui-même tout le travail du Département qu'il pré-
sidoit. Le mémoire qu'il a préparé, vous inspirera sûrement
plus d'intérêt que l'analyse succincte que nous aurions pu faire
des objets qui ne sont qu'indiqués au Procès-verbal ; ce mémoire facilitera le travail particulier de chacun des Bureaux
auxquels seront remis les objets relatifs à leur formation, et
en renvoyant au tableau général tout ce qui concerne les frais
et la dépense annuelle du Département de Mondidier, nous
nous bornerons à vous dire que l'Imposition totale de ce Dé-

partement, non compris sa contribution à la Corvée, monte à 794880 ^{tt} 15 ^{s} 10 ^{d} divisées entre les quatre arrondissemens qui le composent, et qu'il faudra refondre et augmenter d'un cinquieme, attendu l'augmentation accordée par le Roi à ce Département.

Le Département de Péronne s'est divisé en quatre Bureaux. Premier Bureau, des Impositions.

Deuxieme Bureau, des Chemins et Canaux.

Troisieme Bureau, de l'Agriculture et du Commerce.

Quatrieme Bureau, du Bien-public.

Dans la séance du 23 Octobre, le Bureau d'Agriculture et du Commerce a fait le rapport de plusieurs mémoires dans l'un desquels on prouve la nécessité de supprimer l'établissement des Haras, et de rendre à cet égard la liberté au Cultivateur. Il a été arrêté que chaque année, pendant la tenue de l'Assemblée, il sera donné deux prix à ceux qui auront les plus beaux Poulains, depuis l'âge de trois ans jusqu'à six, et trois prix aux propriétaires des trois plus beaux Taureaux publics. Il a été proposé d'accorder une prime pour multiplier les bêtes à laine et en perfectionner l'espece.

Dans la séance du 24, le Bureau des Impositions a donné la réponse aux questions adressées par votre Commission Intermédiaire à tous les Départemens, réponse que nous vous avons annoncé, Messieurs, devoir réunir sous un seul et même coup-d'œil avec celles faites par les autres Départemens.

Dans la séance du 25, le Bureau du Bien-public a fait le rapport de trois mémoires, l'un sur les moyens de détruire la Mendicité en établissant des Bureaux de charité dans chaque paroisse.

Le second sur les Presbyteres et les moyens de pourvoir à leur entretien.

Et le troisieme sur les moyens de prévenir les Incendies dans les campagnes, en engageant et en forçant même les Habitans de construire leurs bâtimens en pierres ou en briques, et de les couvrir en tuiles ou ardoises.

On a proposé d'introduire dans la province la construction en pizet.

On y a lu un mémoire de MM. les Officiers Municipaux de Péronne, par lequel ils demandent qu'ils soit établi dans la ville un Marché franc chaque mois. L'Assemblée a pensé que cet établissement seroit très-utile et à la ville de Péronne et au commerce du pays; en conséquence, il a été arrêté que copie du mémoire sera présentée à l'Assemblée Provinciale qui sera priée de solliciter de la bonté du Roi l'établissement de ce marché.

Dans les deux séances des 26 et 27, le Bureau des Chemins et Canaux a fait le rapport de deux mémoires sur l'entretien des Chemins.

Dans le premier, on propose d'abolir la Corvée en suppléant à la dépense des chemins par l'établissement d'un droit de péage aux barrieres.

Dans le second, on est entré dans des détails très-étendus concernant les Réparations et Constructions des Chemins suivant le régime actuel et la navigation. Ce mémoire, qu'il ne seroit gueres possible d'analyser, est divisé en cinq sections.

Dans la premiere, on rend compte des dispositions de l'Arrêt du Conseil du 6 Novembre 1786, qui convertit la corvée en nature en une prestation en argent, et des Instruc-

Du 19 Novembre
1787.

tions données par le Conseil à MM. les Intendans des Provinces pour l'exécution de cet Arrêt.

Dans la seconde, on rend compte des éclaircissemens que le Bureau a pu se procurer sur l'état actuel des Routes du Département, et des travaux qui le concernent.

Dans la troisieme, des moyens que le Bureau croit les plus convenables pour porter ce régime à sa perfection.

Dans la quatrieme, des spéculations auxquelles on peut se livrer pour l'ouverture de nouvelles Routes.

Dans la cinquieme relative à ce fameux canal, l'objet de tant d'éloges et de critiques, on propose à l'Assemblée Provinciale de demander la suspension des travaux jusqu'à ce qu'elle ait reconnu le parti qu'elle doit adopter, et le Bureau s'engage à vous procurer, Messieurs, des renseignemens très-exacts, et en général toutes les lumieres que vous pourrez desirer sur cet objet.

Dans les dernieres Séances, il a été fait lecture;

1°. D'un mémoire présenté à l'Assemblée par les Syndics et autres Habitans des villages compris dans l'arrondissement de Péronne du côté de la frontiere. Ces Communautés demandent, entr'autres choses, un cinquieme Député.

2°. D'un mémoire sur les Bleds noirs et le Chaulage.

3°. D'un mémoire sur l'excellence de l'Engrais que les aires des étables et des bergeries peuvent fournir.

4°. D'un mémoire sur la Mendicité.

5°. D'un mémoire sur le Chaume et la cherté du Bois dans la province.

6°. Et enfin, d'une lettre de Messieurs les Officiers Municipaux de Péronne, par laquelle ils se plaignent du peu de proportion qui se trouve entre la Capitation de leur Ville et celle des autres Villes de la Généralité.

De tous ces mémoires, la plupart très-importans par leur objet, les uns ont été simplement annoncés, et les autres détaillés avec plus de soin dans les différentes séances de l'Assemblée.

Il a été arrêté que les uns seroient déposés aux Archives du Département, et que les autres vous seroient adressés, Messieurs.

L'Assemblée a prié M. l'Abbé de la Coarret de vous présenter son vœu et ses délibérations ; la Commission Intermédiaire a été chargée de lui remettre un mémoire contenant l'extrait des délibérations, et des motifs sur lesquels elles sont fondées.

Le Département de Doullens s'est assemblé le 20, et a clos ses séances le 26 Octobre.

Il a achevé de satisfaire à ce que prescrivoient les Instructions Ministérielles adressées par M. le Contrôleur Général.

Il ne s'est point divisé par Bureaux, mais plusieurs Membres des trois Ordres y ont lu différens mémoires.

Le premier, sur le Reculement des Barrieres et la Suppression de la Gabelle.

Le second, concernant les Plantations des Communes, l'utilité indispensable de ces Plantations, et le moyen de les conserver.

Le troisieme, relatif aux Chemins vicinaux.

Il a été arrêté que ces trois mémoires seroient adressés à l'Assemblée Provinciale ; ils ne nous ont point encore été remis.

Il a été fait lecture des observations faites par les Membres de l'Assemblée au sujet du bien public et des améliorations possibles dans l'Election, et il a été délibéré que toutes ces observations seroient remises à l'un de Messieurs les Procureurs Syndics du Département pour en former un précis qui sera envoyé à la Commission Intermédiaire Provinciale.

Il a encore été arrêté, 1°. que la Commission Intermédiaire s'occuperoit de former l'Etat demandé dans les Instructions du 4 Octobre, relativement aux Paroisses divisées en plusieurs Collectes, et des Collectes séparées en plusieurs Paroisses, à l'effet de procéder à leur union ou désunion suivant les circonstances.

2°. Que la Commission Intermédiaire s'occuperoit du soin de ramasser les renseignemens qui lui manquent sur les charges locales, et de les faire passer à la Commission Intermédiaire Provinciale.

Le Département a donné l'apperçu de sa dépense annuelle, dont nous rendrons compte en même-temps que de l'apperçu donné par les autres Départemens.

Il a également donné sa réponse aux questions relatives à l'Impôt, qui lui avoient été adressées par votre Commission Intermédiaire, réponse que nous devons aussi ranger dans une même classe avec celles relatives aux mêmes objets fournies par les autres Départemens.

Enfin le Département de Doullens s'est occupé de la réclamation faite par la paroisse d'Acheux, contre la nomination du sieur Abbé Brunel, Chapelain audit lieu, pour être l'un des Membres de l'Assemblée Municipale d'Acheux. Messieurs du Département ont estimé que cette nomination étoit irréguliere, et ils ont délibéré que leur avis et la requête des habitans vous seroient renvoyés, Messieurs, pour y être statué définitivement. Nous remettrons la requête et les pieces au Bureau du Réglement.

Le Département d'Abbeville assemblé le 20, n'a prorogé ses séances que jusqu'au 27 Octobre. Le travail y a été divisé par Bureaux.

Premier Bureau, du Bien-public.

Deuxieme Bureau, Tailles, Accessoires, Usages, Capitation des campagnes, et Perception des Corvées.

Troisieme Bureau, Vingtiemes des villes et des campagnes, Capitation des villes et autres droits.

Quatrieme Bureau, Travaux publics, Atteliers de Charité, Presbyteres, Demandes des Municipalités et Comptabilité.

Dans la séance du 24, M. le Marquis de Valanglart, Président, a observé qu'il pouvoit arriver qu'un ou plusieurs des Membres de la Commission Intermédiaire ne put remplir ses fonctions pour cause de maladie ou d'absence indispensable; il a été arrêté que, dans ce cas, chacun de Messieurs de la Commission Intermédiaire pourra se faire remplacer par un Membre de l'Assemblée pris dans son ordre.

Nous ne croyons pas, Messieurs, que cet arrêté soit régulier, et nous vous proposerons d'en renvoyer l'examen au Bureau du Réglement. Nous croyons qu'il conviendra de renvoyer au même Bureau l'examen d'un projet de Réglement relatif à la sûreté des papiers du Greffe, proposé dans la même séance par M. le Président, et adopté à la pluralité des voix.

Après s'être occupé de satisfaire aux Instructions Ministérielles, adressées le 4 Octobre par M. le Contrôleur général, et des mesures à prendre pour ce qui restoit à parachever, les différens Bureaux ont rendu compte de leur travail.

L'Assemblée a délibéré d'adresser à votre Commission Intermédiaire ceux des mémoires lus dans ses différentes séances qu'elle avoit cru devoir adopter, et nous avons reçu avec le Procès-verbal :

1°. Un mémoire sur l'Etablissement d'un Médecin dans chaque Département pour les épidémies.

2°. Deux Mémoires dont l'un a pour objet d'établir l'utilité d'un Abonnement général pour toutes les Impositions, et l'autre les avantages d'un Abonnement particulier pour les Vingtiemes.

3°. Un mémoire concernant la Taille dans lequel on trouve la réponse à plusieurs des questions que votre Commission Intermédiaire a adressées à tous les Départemens.

4°. Un mémoire par lequel on propose de procéder à l'Arrondissement des Départemens d'Amiens, de Doullens et d'Abbeville, et de fixer leurs limites respectives par une ligne de démarcation simple, sans aucun mêlange, et qui rapproche le plus qu'il sera possible chaque paroisse du Chef-lieu du Département auquel elle appartiendra ; et comme cette proposition intéresse les Départemens d'Amiens et de Doullens, le Bureau Intermédiaire du Département d'Abbeville demande à être autorisé à se concerter avec ceux de Doullens et d'Amiens pour présenter un projet général d'Arrondissement.

5°. Un état des Impositions générales du Département.

6°. Un état particulier de la Capitation des Privilégiés.

7°,

7°. Un état des charges locales de la ville d'Abbeville et autres villes du Département.

Du 19. Novembre
1787.

8°. Un état des frais de bureaux et d'administration. Nous vous observerons, Messieurs, sur ce dernier état que MM. de la Commission Intermédiaire du Département d'Abbeville, et MM. les Procureurs-Syndics n'ayant voulu accepter aucuns honoraires, le Département ne les a point compris dans l'état des dépenses annuelles de l'administration.

Indépendamment des mémoires que le Département d'Abbeville a adressés à votre Commission Intermédiaire, et que M. l'Abbé Mellier a été prié de faire valoir auprès de l'Assemblée Provinciale, il en a été lu quelques autres que le Département a cru devoir conserver dans ses archives.

Le Département a entendu dans une de ses séances le sieur Anquier, Ingénieur des Ponts et Chaussées à la résidence d'Abbeville. Cet Ingénieur n'ayant pu procurer que peu de lumieres, le Département a autorisé son Bureau Intermédiaire à prendre, du sieur Anquier, ou tous autres, les éclaircissemens qui peuvent lui être nécessaires pour préparer le travail des Routes de ce Département, et adresser le résultat de ses observations à l'Assemblée Provinciale ou à sa Commission Intermédiaire.

Le Département de S. Quentin s'est assemblé le 20 Octobre, et a clos ses séances le 5 Novembre.

Département de S. Quentin.

Il a satisfait à ce que prescrivoient les Instructions Ministérielles du 4 Octobre.

Dans la séance du 22, lecture faite des Instructions adressées le 12 à tous les Départemens par votre Commission Intermédiaire, il a été arrêté d'écrire à la Commission pour faire

H

Du 19 Novembre
1787.
autoriser les Officiers de l'Election, le Contrôleur des Vingtiemes et le Receveur des Impositions à donner les renseignemens que MM. du Département de S. Quentin ont estimé
leur être nécessaires pour les mettre en état de répondre aux
questions adressées par votre Commission Intermédiaire à tous
les Départemens.

Dans la séance du 23, on a divisé l'Election en quatre arrondissement, et l'Assemblée, pour faire connoître quels sont
les arrondissemens qui auront des Députés à fournir au moment de sa régénération, a cru devoir attacher quatre de ses
Membres à chacun desdits arrondissemens.

Sur l'observation faite par M. l'Abbé Duplaquet, l'un des
Membres du Clergé, que dans la régénération, S. Quentin,
seule ville de ce Département, ne fournira que quatre Députés, concurremment avec les quinze paroisses de son arrondissement, tandis qu'il en sera pris douze dans les trois autres
arrondissemens de la campagne, contre le vœu de l'art. 14,
§. 2ème du Réglement du 8 Juillet; que, sur ce principe de
formation, la ville n'aura, avec les communautés qui lui sont
jointes, que quatre voix contre douze dans les délibérations;
que la Commission Intermédiaire devant avoir dans le chef-
lieu du Département une activité non interrompue, le choix
de ses Membres se trouvera presque nécessité par la seule
convenance d'habitation et sans concurrence à l'adoption,
pour ce service, des quatre Députés de la ville ou des paroisses voisines, parce que, parmi les douze Représentans des
campagnes, peu auront la volonté ou le loisir pour l'exercice journalier de ce ministere : l'Assemblée a arrêté que
MM. de l'Assemblée Provinciale seront priés de solliciter

auprès du Ministre un réglement particulier pour la régénération du Département de Saint-Quentin, combiné de
maniere qu'en tout temps la ville puisse fournir la moitié
des Membres et conserver dans sa composition, entre la
ville et les campagnes, l'égalité des Membres, et dans les délibérations l'égalité d'influence, qui sont l'objet de son vœu
unanime.

Dans la même séance, on a mis sur le Bureau le dépouillement des délibérations prises par les Assemblées Paroissiales
des Communautés dont il avoit été formé un état général
avec des observations marginales en conformité des Instructions Ministérielles : l'Assemblée a arrêté qu'une expédition de
cet état seroit adressée à votre Commission Intermédiaire ;
l'expédition nous a été remise avec le Procès-verbal.

Dans la même séance, il a été mis sur le Bureau un autre
état des paroisses du Département qui n'ont point d'écarts,
et qui ne forment qu'une seule communauté ;

De celles qui ont des écarts, et qui ne forment aussi qu'une
même communauté ;

Des hameaux et parties de village qui sont de l'Election
de S. Quentin, quoique les villages et les églises paroissiales soient d'une autre Généralité ;

Des communautés qui renferment plusieurs paroisses.

De celles qui renferment une paroisse entiere avec des
hameaux, écarts ou villages dépendans des paroisses voisines.

Et de celles qui, sans comprendre un seul clocher, ne sont
composées que de parties de paroisses.

L'Assemblée a donné son avis sur chacun des cas particuliers relativement aux différentes hypotheses posées en tête

H ij

Du 19 Novembre 1787.

de l'état, et il a été arrêté qu'expédition du tout seroit adressée à votre Commission Intermédiaire. L'expédition de l'état nous a été remise avec le Procès-verbal.

Le Département a délibéré de vous renvoyer, Messieurs, une Requête présentée par les Habitans d'Estrées, qui sont de la paroisse de Jaucourt, par laquelle ils demandent à être autorisés à continuer de faire avec les autres Habitans dudit Estrées une communauté distincte et séparée de celle de Jaucourt.

L'Assemblée a indiqué sa prochaine séance au 5 Novembre.

Ce jour 5 Novembre, il a été arrêté de demander à votre Commission Intermédiaire :

1°. L'état des fonds destinés aux travaux de charité.

2°. L'état de la partie du travail des Ingénieurs concernant l'Election de S. Quentin.

3°. Copies des comptes des années dernieres, rendus par les Receveurs particuliers au Receveur général des Vingtiemes et de la Capitation, et de ceux du Receveur général, arrêtés par M. l'Intendant.

4°. Copies des derniers comptes des communautés de l'Election de S. Quentin pour connoître leurs charges.

Le même jour le Département a clos son Procès-verbal.

Département de Calais, Montreuil & Ardres.

Nous n'avons point encore reçu, Messieurs, celui des trois Gouvernemens de Montreuil, Ardres et Calais ; ils nous ont seulement adressé l'état de leurs Impositions, montant en total à 295602ᵗᵗ 15ˢ 7ᵈ.

Dans l'état général des Impositions de la province, les Impositions des trois Gouvernemens de Calais, Montreuil et Ardres ne montent, non compris le rachat en argent de la

Corvée, qu'à 225164^{tt} 4^{s} 3^{d} à quoi ajoutant pour la con- tribution à la Corvée 17080^{tt} 15^{s} 11^{d}, ces deux sommes ne donnent que 242244^{tt} 2^{s} au lieu de 295602^{tt} 15^{s} 7^{d}. Cette différence de 53358^{tt} 15^{s} 5^{d} nous a paru venir de ce que dans l'état des Impositions adressé par le Département à votre Commission Intermédiaire, on a compris les charges locales des trois Gouvernemens de Calais, Montreuil et Ardres.

Suivant les Instructions, les Départemens doivent envoyer à votre Commission Intermédiaire trois expéditions de leurs Procès-verbaux, dont une est destinée à rester dans votre Greffe; une autre doit être remise à M. l'Intendant, et la troisieme doit être adressée par votre Commission Intermédiaire avec ses observations à M. le Contrôleur Général.

Les Procès-verbaux n'ayant été remis que fort tard à votre Commission Intermédiaire, il ne lui a pas été possible d'y faire ses observations; elle ne peut plus le faire aujourd'hui qu'elle est sans activité et sans fonction pendant toute votre tenue. Nous vous proposerons, Messieurs, de nommer une Commission particuliere que vous chargerez de faire ces observations, et qui, en vous en rendant compte, vous mettra à portée d'adresser vous-mêmes les Procès-verbaux des Départemens à M. le Contrôleur Général dans la forme et de la maniere prescrite par les Réglemens.

Nous avons annoncé, Messieurs, que nous réunirions sous un seul coup-d'œil l'apperçu que les différens Départemens doivent donner de leurs dépenses annuelles.

L'Assemblée du Département d'Amiens a été d'avis que les

Du 19 Novembre 1787.

différens objets de dépense annuelle pouvoient s'élever et être fixés ainsi qu'il suit :

1°. Loyer pour la tenue des Assemblées et des Bureaux, huit cens livres, ci . . .   800^{tt} »^{s} »^{d}

2°. Honoraire de chacun des Membres de la Commission Intermédiaire, à raison de huit cens livres, ci   3200   »   »

3°. Honoraires de MM. les Procureurs-Syndics, à raison de chacun deux mille livres, ci.   4000   »   »

4°. Appointemens du Secrétaire-Greffier, à raison de quinze cens livres, ci . .   1500   »   »

5°. Frais de Bureaux tels que Commis, papier, plume, encre, cire, bois, chandelles, voyages, ports de lettres, &c. trois mille livres, ci.   3000   »   »

TOTAL.   12500   »   »

Sans y comprendre les frais de voyages et de séjours qu'il convient d'allouer à chacun des Membres externes relativement à la tenue de l'Assemblée, et que le Département d'Amiens a cru ne devoir être réglés qu'avec les frais des Membres des autres Départemens et par l'Assemblée Provinciale.

Péronne;

L'Assemblée du Département de Péronne a cru convenable de déterminer sa dépense annuelle, eu égard et à raison de deux pour cent du produit des Impositions du Département. L'Imposition totale du Département de Péronne pour

Vingtiemes , Taille , Capitation et
Corvée est d'environ . . . . . .   685000^{tt} » »

Les deux pour cent de cette somme
donnent   13700   »   »

Honoraires du Secrétaire - Greffier.   800   »   »
De Messieurs les Procureurs-Syndics
à raison de 1200^{tt} chacun, ci. . . .   2400   »   »
De chacun des Membres de la Commis-
sion Intermédiaire à raison de 400^{tt} ci.   1600   »   »
D'un Commis-Greffier   300   »   »
De trois Commis pour les Bureaux
à raison de 500^{tt} chacun, ci . . .   1500   »   »
De deux Huissiers et d'un Valet. .   168   »   »
Autres dépenses nécessaires telles que
le logement des Membres externes fixées
à 24^{tt} par chacun des Membres et
8^{tt} pour ses frais de routes , la rétribution de la Maréchaussée et des gens
de l'Hôtel-de-Ville, qui ne sont point
attachés à l'Assemblée , les honoraires
de la Messe qui se célebre à l'ouverture
de la tenue annuelle de l'Assemblée , le
papier , les plumes , l'encre , la cire ,
le bois , la lumiere , loyers des Bureaux ,
voyages extraordinaires , ports de lettres
et paquets.   4000   »   »

T O T A L . .   10768   »   »

Du 19 Novembre 1787.

Sur les 13700 ^{tt} à quoi montent les deux pour cent de l'Imposition totale du Département, reste pour les cas imprévus une somme de 2932 ^{tt} que l'Assemblée du Département de Péronne propose d'employer à favoriser les nouveaux établissemens de Tuileries, les projets utiles et les épreuves qui exigeroient quelques avances.

Mondidier.

L'Assemblée du Département de Mondidier a arrêté que le montant des frais annuels de la tenue de son Assemblée seroit présenté à l'Assemblée Provinciale comme évalué à 200 ^{tt}, qu'en déterminant le traitement des différens Membres, et en les fixant à une somme égale pour chacun d'eux, afin d'éviter toute espece de variation, il pourroit être attribué à chacun de Messieurs les Procureurs-Syndics la somme de 1200 ^{tt}, à chacun des Membres de la Commission Intermédiaire celle de 400 ^{tt}, et au Secrétaire-Greffier 500 ^{tt}, sauf à lui accorder une augmentation pour les années de travail extraordinaire, et non compris les frais de Bureaux dont il sera remboursé sur mémoire,   T O T A L .   4700 ^{tt} »^{f} »^{d}

Doullens.

L'Assemblée du Département de Doullens a évalué les frais de la dépense annuelle à . . . . .   8300 ^{tt} »^{f} »^{d}

S A V O I R,

Pour la tenue annuelle des Assemblées, logemens et établissement de Bureaux, chauffage, lumiere, papier, voyages, ports de lettres, gages du Concierge.   .   2100 ^{tt} »^{f} »^{d}

Pour honoraires du Secrétaire Greffier.   1000   »   »

───────────────

3100   »   »

Montant

Montant de ci-contre	3100^{tt}	»^{s}	»$^{\partial}$ Du 19 Novembre
Pour ceux d'un Commis-Greffier . .	800	»	» 1787.

Pour les honoraires des deux Procureurs-Syndics, à raison de 1000^{tt}
chacun, ci.   2000   »   »

Pour les logemens et frais de routes
des Membres non domiciliés. . . .   400   »   »

Pour les honoraires des Membres du
Bureau Intermédiaire, à raison de
400^{tt} chacun.   1600   »   »

Et finalement pour les cas extraordinaires   400   »   »

T O T A L . .	8300	»	»

A quoi il a paru convenable d'ajouter l'ameublement de
l'Hôtel du Département pour l'usage de l'Assemblée et de sa
Commission Intermédiaire, et le logement de M. le Président, le tout évalué à une somme de 3000^{tt} une fois payées.

L'Assemblée du Département d'Abbeville a évalué les dé-   Abbeville.
penses à faire pour l'établissement d'un local destiné à la tenue
de ses Assemblées et de celles de son Bureau Intermédiaire
à . . . .   2133^{tt} »^{s} »$^{\partial}$

Et les dépenses annuelles à. . . .   2400   »   »

S A V O I R ;

Loyers d'une maison	500^{tt}	»^{s}	»$^{\partial}$
Gages d'un Concierge	50	»	»
Bougies. , ...	72	»	»
	622	»	»

I

De l'autre part	622	»	»
Bois	440	»	»
Ports de lettres	600	»	»
Exprès	150	»	»
Registres , papier , plumes , encre , cire d'Espagne	300	»	»
Frais d'impression.	150	»	»
Entretien des meubles.	138	»	»
T o t a l . . .	2400	»	»

Du 19 Novembre 1787.

Vous remarquez , Messieurs , que ni MM. les Procureurs-Syndics , ni les Membres du Bureau Intermédiaire n'ont voulu accepter aucuns honoraires.

St. Quentin.   L'Assemblée du Département de St. Quentin a évalué l'apperçu des dépenses ordinaires ,

S a v o i r ;

Au Secrétaire-Greffier.	800	»	»
A chacun de MM. les Procureurs-Syndics 1200, ci.	2400	»	»
A MM. les Membres de la Commission Intermédiaire , à raison de 400 chacun, ci.	3600	»	»
Pour un Commis-Greffier. . . .	500	»	»
Pour un Commis de Bureau. . .	500	»	»
Frais nécessaires pour papier, plumes, encre , cire , bois , chandelles , loyers de Bureaux , voyages , ports de lettres , paquets et commission.	4000	»	»
T o t a l . . .	9800	»	»

Les six Départemens ont en outre évalué les avances et frais nécessaires des deux premieres tenues, au paiement desquels ils vous prient de faire pourvoir. Nous en remettrons les Etats au Bureau de la Comptabilité.

Du 19 Novembre 1787.

En vertu de la Délibération de votre Commission Intermédiaire du 12 Octobre dernier, il a été adressé aux différens Départemens une espece d'Etat à Colonnes en forme de questions, sur lesquelles ils ont été priés de donner tous les éclaircissemens qu'ils pourroient se procurer

Questions faites par la Commission Intermédiaire aux Départemens.

1°. Sur le montant des Impositions de chaque Election en distinguant la Taille, l'Accessoire de la Taille, la Capitation des campagnes, celle des villes et les Vingtiemes.

2°. Sur la forme des Rôles.

3°. Sur le régime suivi dans les répartitions des Impositions générales et individuelles de la Taille, de l'Accessoire, et de la Capitation des campagnes.

4°. Sur la maniere dont s'exercent les contraintes et les saisies en matiere de Taille.

5°. Sur la forme qu'on emploie pour contraindre les Contribuables en retard, si c'est par la voie des Huissiers aux Tailles, ou par celle des Garnisaires.

6°. Sur le nombre des Huissiers aux Tailles en titre d'Office.

7°. Sur celui des Garnisaires, porteurs de Contraintes et Soldats de Taille enregistrés.

8°. Sur le montant annuel des frais de Contraintes, en observant de prendre pour exemple les deux dernieres années.

9°. Sur le fait de savoir si on emploie la voie de la saisie contre les Contribuables en retard, et si on est dans l'usage de nommer des Séquestres ; si, en ce dernier cas, la saisie est faite sur la totalité de la récolte du Contribuable en retard, ou seulement sur une partie des fruits correspondante à la dete.

10°. Sur le montant des frais de saisie pendant les deux dernieres années.

11°. Sur la Capitation des Privilégiés.

12°. Sur l'Etat des Impositions locales.

Et finalement sur les objets du bien public et d'amélioration qui pourroient intéresser la Province en général et le Département en particulier.

La réponse à cette derniere question, Messieurs, est dans les mémoires envoyés ou promis par chacun des Départemens.

Il résulte des réponses contenues aux différens Procès-verbaux, et des instructions particulieres que nous avons prises, que la Taille, l'Accessoire, et la Capitation des campagnes s'imposent sur un même rôle. Il y a un rôle particulier pour la Corvée, convertie en une prestation en argent, qui se leve sur tous les taillables au marc la livre de la Taille.

Les rôles sont faits par les Collecteurs et sur des bases différentes dans les différentes Elections.

Depuis plusieurs années, on ne se sert plus d'Huissiers aux Tailles, on emploie la voie des Garnisaires payés à raison de trente sols par jour ; le montant annuel des frais de contrainte varie dans les différentes Elections. Ces frais, quoiqu'encore susceptible de réduction, ne coutent pas le tiers de ceux qu'occasionnoient les courses des Huissiers aux Tailles.

La voie de la saisie est très-rare; et quand les Receveurs des Impositions sont forcés d'y recourir, ils suivent la procédure et la marche tracée par l'Ordonnance.

Quelques Départemens ont envoyé, d'autres ont promis d'envoyer l'Etat des Impositions locales.

M. l'Intendant nous a fait passer les Etats de la Capitation des Nobles, des Privilégiés, des Officiers de Justice et des Employés.

Nous n'avons point et nous croyons que vous prendrez les mesures nécessaires pour vous procurer l'Etat et les Rôles de Capitation des villes, objet d'autant plus important qu'il y a dans quelques-uns des Procès-verbaux, beaucoup de plaintes sur la répartition de cet Impôt entre les villes de la Généralité, et dans le public beaucoup de murmures sur la répartition proportionnelle entre les individus.

Nous ne croyons point, Messieurs, que nous devions prévenir quant à présent, votre travail et vos recherches sur la répartition de la Taille, soit entre les Elections de la Généralité, soit entre les Paroisses des Elections, soit entre les individus des Paroisses, objet d'autant plus digne de toute votre attention que la Taille entraîne l'Accessoire, la Capitation et la Corvée en argent, qui tous trois se répartissent au marc la livre de la Taille, en sorte que celui qui se trouve surchargé dans l'Imposition de la Taille, l'est également et par une suite nécessaire dans son Imposition à l'Accessoire, à la Capitation et à la Corvée.

Nous nous bornerons à vous dire que les Impositions, sans y comprendre la Corvée, montent,

SAVOIR;

Dans l'Election d'Amiens, à . . .	1205662^{tt} 11^ſ »ᘔ

Dans l'Election d'Amiens, à . . . 1205662 11 »
Dans l'Election de Ponthieu, à . . 568467 6 4
Dans l'Election de Péronne, à. . . 617263 15 9
Dans l'Election de Mondidier, à. . 794880 15 10
Dans l'Election de St. Quentin, à. . 281813 15 2
Dans l'Election de Doullens, à . . 621919 15 2
Dans les trois Gouvernemens de
Calais, Montreuil et Ardres, à . . . 225164 4 3
Non compris les charges locales de
ces trois Gouvernemens, énoncées dans
les Etats détaillés que le Département a
fait passer à votre Commission Inter-
médiaire.

Total des Imposition 4315172 3 6

A quoi il faut ajouter le rachat en argent de la Corvée,
qui monte pour l'année 1787 à 366098 » 2 qui se
répartissent au marc la livre de la Taille, excepté dans les
trois Gouvernemens de Calais, Montreuil et Ardres; ces trois
Gouvernemens n'étant point assujétis à la Taille, leur contribution particuliere à la Corvée est de 17080 15 11.

Dans cette somme de 4315172 3 6 la Taille, l'Accessoire et la Capitation des campagnes pour les six Elections
en supportent 2456812 15 5.

La Capitation des Villes franches, des Nobles, des Privilégiés, des Officiers de Justice, et des Employés des six
Elections 166100 3 8.

Les Vingtiemes des six Elections et des trois Gouvernemens Du 19 Novembre 1787. de Calais, Montreuil et Ardres 1613644^{tt} 11^{d} »&.

Et les Impositions particulieres à ces trois Gouvernemens qui ne paient point de Taille, 78614^{tt} 13^{d} 5&.

Tel est, Messieurs, le tableau des Impôts dont la répartition est confiée à vos soins : c'est vers ces grands objets que vont se diriger vos travaux. Les obstacles qui arrêtoient les efforts de votre zele sont levés : les instructions qui vous avoient été promises, sont arrivées.

M. le Commissaire du Roi va vous remettre les Etats, qui, en vous faisant connoître tous les détails, pourront vous guider dans la répartition des Impositions ordinaires.

En vous laissant entrevoir l'espérance d'un abonnement pour les Vingtiemes, le Roi vous invite à vous mettre à portée de connoître par vous-mêmes la juste proportion dans laquelle la Province seroit dans le cas d'y contribuer.

Si la crainte d'une augmentation dans le taux actuel des Vingtiemes inspire quelqu'inquiétude aux propriétaires, elle est adoucie par la certitude d'un soulagement prochain dans la dépense des grandes Routes entiérement confiées à votre vigilance paternelle.

Vous justifierez, Messieurs, la confiance du Souverain : guidés par l'exemple d'un Chef qui sait unir les talens aux vertus, et les qualités de l'homme d'Etat à celles du Citoyen, vous parcourerez avec lui la vaste carriere qui vous est ouverte ; vous remplirez les vœux et les espérances de la patrie.

Pour nous, Messieurs, vous ne nous avez laissé qu'un vœu à former en nous associant à vos fonctions, c'est de pouvoir

Du 19 Novembre
1787.
justifier un jour par les efforts de notre zele le choix dont vous avez daigné nous honorer.

M. le Duc de Mailly ayant demandé le Bureau pour faire le rapport particulier du travail de son Département, a dit:

M E S S I E U R S ,

Rapport parti-
culier de M. le
Duc de Mailly,
du travail du
Département de
Mondidier,

C'EST au moment qu'une carriere immense s'ouvre devant vous, que les Départemens sont obligés de déposer dans cette Assemblée les matériaux qui serviront de base à l'édifice national que nous désirons tous. Ces matériaux seront-ils bien choisis ? C'est une question que le Département de Mondidier se fait avec inquiétude. Il sent trop la différence qui existe entre ce qu'il a fait et ce qu'il auroit voulu faire.

Sans instructions relatives à des opérations effectives, réduits à se procurer les renseignemens, que prendroient des Régisseurs à leur premier abord sur un sol destiné à leurs soins, que pourrions-nous vous dire, Messieurs, qui n'eût été apperçu dans cette confusion d'objets qui se présente à l'œil, devant une plaine immense ?

Notre mission, je le sens, sera plus digne de notre zele qu'à la portée de nos forces. Descendre dans les plus petits détails de l'administration, pénétrer pas à pas dans le labyrinthe des loix fiscales, chercher la cause et le remede des abus, indiquer enfin la source des inégalités et des disproportions qui existent dans la distribution des impôts; telles sont, Messieurs, nos obligations, et les précautions que peut prendre votre sagesse pour s'éclairer et prononcer. L'importance

L'importance dont est l'objet sacré du bonheur de nos com-
patriotes, ne nous permettra pas de rien déguiser. Aucun
genre d'abus ne nous coûtera à mettre au jour ; mais en même
temps, Messieurs, nous devons reconnoître que ces abus
tiennent au vice radical plus qu'aux personnes. Je dois ici
me louer au contraire, des facilités que j'ai trouvées dans la
recherche de toutes les connoissances relatives aux Impositions. Je n'ai vu que du zele, où on avoit craint de ne trouver que de la réticence.

Seul parmi vous de l'Assemblée de Département, seul aussi,
je dois vous faire le rapport qu'elle m'a chargé de vous présenter. Les lumieres de mes Co-députés m'eussent été bien
nécessaires ; notre zele est égal ; mais ils ne pouvoient contribuer à la forme du travail de nos séances. Je ne prévoyois
pas même, Messieurs, l'embarras dans lequel je me trouve-
rois, lorsque dans l'Assemblée préliminaire, je hazardai mon
avis sur cet inconvénient. Mon porte-feuille est sans doute
chargé des idées épurées par le patriotisme, qui sont sorties
de notre Assemblée ; mais il faudroit les classer d'une maniere utile, et c'est une tâche que je ne me flatte pas d'avoir
remplie. Il faudroit vous les présenter dans le jour analogue
au local, développer davantage les parties qui m'auroient le
plus frappé ; enfin les traiter à ma maniere, puisque chacun
a la sienne ; mais qu'auriez-vous alors, Messieurs ? l'ouvrage
d'un seul homme, et vous attendez l'ouvrage de seize ! Je
serois dans l'alternative, en ne prenant conseil que de moi-
même, de mettre au jour des idées, qui pourroient mériter
d'être réprouvées ; ou par mon silence de laisser foiblir la
cause de mes Commettans. Je suis donc obligé de vous pré-

K

senter l'état du Département, tel que l'Assemblée l'a vu, ou tel que le peu de fidélité des renseignemens dans les Communautés, nous ont permis de le voir, sans y mêler aucune observation qui soit de mon fonds; puis les mémoires de plusieurs de nos Membres, dont je me contenterai de faire une courte analyse, et dont je remettrai les originaux sur le Bureau.

Le vœu le plus étendu, et que vous trouverez par-tout, Messieurs, le vœu qui tend à trancher toutes les difficultés qu'opposeront toujours les inquiétudes des Contribuables, c'est celui des abonnemens par Généralités. Une de vos vues les plus sages a été de compenser les frais indispensables de nos Assemblées par la suppression des frais de l'ancienne administration; mais combien n'étendriez-vous pas les effets salutaires de notre institution, si la répartition et la perception confiées aux Administrations Provinciales, ajoutoient encore, par les modifications et réductions dont elles sont susceptibles, une masse toute à la décharge de la province. Non, Messieurs, jamais de déclarations véridiques, sans abonnement. Tout propriétaire dont les réserves ne causent aucun accroissement de la cote de son voisin, se croit en droit de se soustraire à l'Impôt; mais l'intérêt si actif qui veillera à ce que le fardeau toujours le même en masse, soit réparti sur des forces proportionnelles, fera l'office en peu de temps d'une armée de Vérificateurs.

Il me reste, Messieurs, à vous remercier au nom de mon Département, de vouloir bien accueillir ses nouveaux Députés auprès de vous. Ce seront des Coopérateurs que vous formerez par votre exemple. Comment ne pas désirer d'être associé à vos travaux, lorsque tous les Ordres réunis, les

Ministres de la Religion, l'Epée qui défend la Patrie, et ces Citoyens non moins respectables qui la vivifient, ne trouvent rien qui leur soit étranger, quand il s'agit de travailler au bonheur commun.

Les Procès-verbaux de nos deux Assemblées, présentent le détail de tous les objets qui nous ont occupés.

Nous croyons qu'il a été satisfait à tout ce qui étoit prescrit par les Instructions générales ou particulieres qui nous ont été remises. Le retard dans l'envoi des éclaircissemens demandés dans les paroisses, est occasionné par leur multiplicité et leur distance du chef-lieu.

Les travaux préparatoires dont étoit chargée notre Commission Intermédiaire, ont porté d'abord sur l'examen des inconvéniens qui peuvent résulter de plusieurs articles des Réglemens des 8 Juillet et 5 Août.

Mais la plupart de ces observations tombent aujourd'hui par le nouveau Réglement dont vous avez entendu la lecture. Ce Réglement émané de l'ame bienfaisante du Roi, ne paroît rien laisser à désirer; du moins la lecture rapide que nous en avons entendue, nous auroit laissé échapper quelques articles sur lesquels les sentimens d'effusion que M. le Commissaire du Roi a démontrés pour la province, ne lui auroient pas permis d'appuyer avec cette énergie qu'emploie ordinairement l'autorité par la bouche de ses Mandataires. Il seroit sans doute à désirer, Messieurs, que ce Réglement, sans être public, pût cependant être à la portée de l'étude de chacun des Membres; sans cela nous nous trouverions sans cesse arrêtés, soit dans le travail du cabinet, soit pour fixer nos idées sur le point d'une délibération.

K ij

Je ne peux cependant me dispenser de faire mention d'une observation sur le Réglement du 8 Juillet, parce qu'en même temps l'article touche particuliérement sur notre Département, et contrarie les intentions visibles du Législateur.

Mondidier est la seule ville de cette Généralité qui soit intéressée à la réforme de l'art. 3 du Réglement du 8 Juillet, qui porte que dans les villes où il y a des Municipalités établies, les Députés aux Assemblées de Département seront pris dans les Membres de la Municipalité. L'article 2 du Réglement du 5 Août, attribue encore à la Municipalité le soin de la répartition de toutes les Impositions.

La ville de Mondidier n'a point racheté les Offices Municipaux pour se conserver le droit d'élire, comme avant l'Edit de Création de 1770. Ces Offices n'y sont remplis que par des Titulaires perpétuels, qui ne doivent leur autorité qu'à la finance qu'ils ont payée, et non au choix de leurs Concitoyens. Or comme l'intention du Législateur, dans l'érablissement de nos Assemblées, est que tout Citoyen puisse y entrer par le vœu des autres, il paroît indispensable de faire cesser le droit exclusif, dont se prévaudroient les Titulaires de ces charges, soit pour leur admission aux Assemblées de Département, soit pour la répartition des Impôts : et il y a lieu, en bornant leurs fonctions à celles qui leur ont été attribuées lors de leur création, de former des Municipalités particulieres pour tout ce qui sera relatif à la nouvelle administration.

Un objet d'un intérêt plus général a fixé l'attention de notre Commission, conformément à ce qui avoit été prescrit à la vôtre. Ce sont les Chemins, qui doivent être arrêtés et exécutés l'année prochaine ; il ne peut être question dans ces premiers

arrangemens, de vous représenter le défaut absolu ou le très-
mauvais état des Chemins qui sont essentiels à la communication entre les villes et autres endroits principaux de l'Election de Mondidier : leur jonction avec les grandes Routes de
Paris à Amiens, et de Breteuil à Beauvais.

L'examen particulier que vous donnerez à l'état des Routes
faites ou à faire, vous convaincra, Messieurs, que l'application des Travaux des corvéables, ou la forte contribution
que paie depuis plusieurs années l'Election de Mondidier, n'a
pas été réglée suivant ses vrais besoins, et suivant le droit na-
turel qu'elle avoit à l'emploi de ses fonds dans son District.
Aussi en est-il résulté un très-grand préjudice, pour le peu de
commerce ou exportation des denrées de cette Election.

Je réclame, Messieurs, votre attention sur l'achevement
prompt d'un Chemin essentiel. C'est celui qui va de Mondidier à la grande route de Flandres, par Cuvilly, qu'on s'est
déterminé enfin à commencer il y a huit ans ; bien moins
parce qu'il intéresse la ville de Mondidier et tous ses environs, que parce qu'il doit faciliter les rapports de commerce
de la Capitale de cette province, avec Reims, Soissons et
toute la Champagne. Cette réunion d'intérêts l'a sauvé d'un
plus long oubli.

Le peu de longueur de ce Chemin qui n'est que de 782½
toises, et qui doit s'étendre sur l'ancien terrain presqu'en
totalité, donnoit de justes espérances qu'il seroit construit
avec plus de célérité. Il en reste le tiers à faire, dont la dépense ne seroit que de 44000^{tt}.

Il paroît d'après des détails estimatifs, remis à votre Commission Intermédiaire, qu'on ne se proposeroit d'employer à

ce Chemin, l'année prochaine, qu'une somme de 10245^{tt} pour construire environ 700 Toises, c'est-à-dire, le quart de ce qui reste à faire ; en sorte qu'en se bornant annuellement à la même dépense, il faudroit encore quatre ans pour achever un chemin, dont la nécessité est reconnue depuis long-temps.

L'intérêt général s'oppose à plus de lenteur ; et si, comme il est de principe, la construction des Chemins, dans l'étendue de chaque Election, doit toujours être proportionnelle à la somme qu'elle paie pour sa contribution aux Chemins, il nous suffira, Messieurs, de vous observer que l'Election de Mondidier paie cette année 72580^{tt} pour cette dépense. L'entretien des autres parties de Routes, qui s'étendent dans ce Département, ne doit pas absorber à beaucoup près la moitié de cette somme ; ces Routes étant d'ailleurs en état de perfection, on peut porter plus de fonds pour l'achevement, en deux ans, de la Route du Cuvilly, qui intéresse cette Capitale.

La surveillance qui vous est confiée pour la construction des Chemins, doit procurer plus d'économie encore dans leur dépense, et sur-tout plus de concurrence dans les adjudications, en subdivisant davantage les atteliers, et mettant les Contribuables à portée de gagner eux-mêmes leur argent et de s'occuper.

Nous ne pouvons, Messieurs, trop insister auprès de vous, pour vous déterminer à faire achever dans les deux années qui vont suivre, cette modique partie de Route, dont l'interruption prolongera le préjudice porté au commerce.

Toutes les mesures relatives à la confection ou entretien des Routes principales de cette Généralité, sont celles qui dans les circonstances où vous vous trouvez, paroissent le Du 19 Novembre 1787. plus en votre pouvoir ; l'exécution ne dépend que de la connoissance que vous êtes à portée de prendre tout d'un coup de l'état actuel des Routes ouvertes, en entretien simple, ou en construction, et des fonds qui y sont nécessaires. Nous avons tout lieu d'espérer ou que les Contribuables seront soulagés, ou que si c'est une nécessité de laisser subsister encore la même quotité d'Imposition, elle mettra au moins en état de faire ou d'entretenir une plus grande étendue de Routes.

Il a été observé que depuis long-temps on a laissé comprendre dans les Travaux, à la charge de la Généralité d'Amiens et de l'Election de Mondidier, une partie de la grande route de S. Just à Wavignies, de plus de 2500 Toises de longueur, qui est de la Généralité de Soissons et de l'Election de Clermont.

Il est intéressant pour le Département de Mondidier de faire cesser cette surcharge. Les fonds qui s'emploient à cette partie seroient bien plus utilement appliqués à la construction du Chemin de Mondidier à S. Just, qui manque, quoique très-essentiel.

L'Assemblée complete du Département de Mondidier, après avoir entendu le rapport de ses Syndics, s'est livrée à l'examen des moyens de se procurer les détails qui lui avoient été demandés par votre Commission Intermédiaire.

La multiplicité des objets à éclaircir devenoit plus embarrassante par le peu de facilité qu'on trouvoit dans la ville de Mondidier, pour faire parvenir promptement à toutes les Paroisses le mémoire de questions auxquelles elles devoient satisfaire ; les méprises, les lenteurs inévitables dans de telles

Du 19 Novembre
1787.
circonstances, n'ont pas permis à l'Assemblée de Mondidier d'attendre le renvoi de tous les mémoires qu'elle a fait parvenir à toutes les Assemblées Municipales. Sa Commission Intermédiaire est chargée de former les résultats de toutes les réponses attendues, et de les envoyer le plutôt possible à votre Assemblée.

Pour simplifier et accélérer le travail qui restoit au pouvoir de notre Assemblée, ses Membres ont été divisés en quatre Bureaux. Celui des Impositions : celui de la Population, des Bestiaux et du Commerce local : celui du Bien - public : celui des Propriétés foncieres, Navigation et Agriculture : et chacun de ces quatre Bureaux a été chargé de la discussion des matieres les plus analogues à son objet principal.

Le zele et l'application des Membres de chaque Bureau à rassembler des connoissances, au moins générales sur chaque objet, les a mis en état de fournir, au bout de quelques jours, des mémoires assez étendus, et qui présentent des détails et des vues propres à fixer votre attention.

Si elle doit augmenter à raison de l'étendue et de la force de chaque Département, celui de Mondidier ne peut manquer de vous paroître intéressant.

Il est sans contredit le plus considérable après celui d'Amiens. Son étendue du nord au midi, est de plus de 10 lieues, et de 14 du levant au couchant ; sa surface est d'environ 120 lieues quarrées. Ses impositions de Taille et Accessoires, Capitation, Vingtiemes et Corvées, y compris les remises des Collecteurs et les frais de Syndics, s'élevent à la somme totale de 880267^{lr}. Cette Election est en outre assujétie aux droits d'Aides les plus forts. Le produit d'un Octroi de 24^s

par

par veltes d'eau-de-vie, montant pour la ville de Mondidier à plus de 1800^{tt} par an et à 2000^{tt} pour la campagne, a été jusqu'à ce moment en pure surcharge et pertes pour les endroits qui le paient, malgré l'extrême modicité des revenus patrimoniaux de la ville de Mondidier, et qui ne lui permet pas de fournir aux dépenses les plus nécessaires. Il faut espérer qu'enfin ses besoins urgens la feront rentrer dans le droit qu'elle avoit, d'y appliquer cet Octroi.

Le peu de commerce qui se faisoit dans cette Election, en étoffes fabriquées à Tricot et Quivy-le-Sec, en ouvrages de bonneterie, est considérablement diminué par des causes qui sont exposées dans trois mémoires sur cet objet. On y indique les moyens de le ranimer.

La culture des terres, qui fait l'occupation la plus générale, ne fournit cependant pas à de grandes exportations, devenues plus difficiles par le mauvais état des chemins. C'est cependant sur le produit des terres, que portent les Impositions.

Leur répartition qui va devenir, Messieurs, l'objet capital des soins des Assemblées, n'offre que des abus à réformer. La connoissance qu'on parviendra, avec les précautions convenables, à acquérir des forces respectives des paroisses, mettra à portée d'établir plus de proportion dans leur contribution.

Le vice de la répartition actuelle de la Taille entre les paroisses, tient à des causes anciennes, et aux manœuvres qui ont été employées pour cacher une partie des propriétés et revenus. Il a été presqu'impossible jusqu'à présent de porter la lumiere dans ce cahos. On en sent enfin la nécessité. Les peuples doivent se rassurer contre la crainte de voir aggraver

L

le fardeau des Impositions : et si une répartition fondée sur des connoissances plus sûres, nécessite des augmentations de cotes particulieres, les plaintes qu'elles occasionneront, seront balancées par l'approbation générale.

Les plans formés dans notre Assemblée pour parvenir à déterminer la force de chaque paroisse et la propriété de chaque contribuable, seront mis sous vos yeux, vous en discuterez la possibilité, les avantages, les inconvéniens. Leur combinaison avec les plans qui vous seront présentés par les autres Départemens, vous mettra en état d'en former un général, dont l'exécution la plus facile et la moins dispendieuse puisse convenir à tous les Départemens. Car il paroît essentiel d'établir une base commune d'opérations, afin de prévenir dans les résultats, des différences toujours difficiles à concilier, et qui entraîneroient de nouvelles erreurs, méprises ou inquiétudes. C'est l'unique moyen de mettre dans un même jour, les forces respectives de chaque Département, et de les apprécier suivant la même proportion.

Vous partagerez, Messieurs, notre satisfaction, lorsque vous saurez avec quel esprit d'économie, d'humanité, le recouvrement de toutes les Impositions se fait dans le Département de Mondidier, par les Receveurs particuliers des Finances. Les frais pendant les deux dernieres années 1785 et 1786, n'ont été qu'à 3400^{tt} pour 880000^{tt} de recouvrement par an, et il n'a été fait qu'une seule saisie et exécution de meubles.

Votre Commission Intermédiaire nous a fait parvenir, pendant la tenue de notre Assemblée, un extrait du Procès-verbal de sa séance du 12 Octobre, par lequel elle engageoit les

Départemens à diriger leurs recherches, et à se procurer des éclaircissemens sur des objets indiqués, et notamment sur ceux du bien public et d'améliorations, qui intéresseroient la province en général et l'Election en particulier.

Il a été satisfait de notre part à tout ce qui étoit demandé, sur le montant des Impositions et sur la forme et les frais du recouvrement.

Les mémoires dont nos Bureaux étoient alors occupés, offrent des détails intéressans, sur ce qui a trait au commerce local et au bien public.

On y démontre la nécessité de ranimer et d'encourager les Manufactures des Serges de Tricot, qui jusqu'à ces derniers temps et pendant plus de cent ans ont servies à l'habillement des troupes, et à celui des gens de la campagne. Les avantages qui en résultent sont l'occupation qu'elles procurent à une multitude d'hommes, de femmes et d'enfans des deux sexes : l'emploi des laines du pays ; ce qui excite à élever des bêtes à laine. On indique les causes de la diminution de ce commerce, les moyens de le rétablir, en tenant la main à l'exécution des Réglemens concernant cette Fabrique.

Un des Membres du même Bureau qui joint la théorie à la pratique, et se livre, avec toute l'ardeur qu'inspire l'amour du bien public, à des essais utiles, a fait part de ses observations sur les moyens d'améliorer les laines. Il insiste sur le changement à apporter dans l'éducation des bêtes à laine ; sur le danger reconnu des étables nécessairement mal-saines par leur peu d'élévation et le défaut d'air. Il rend compte des succès qu'il a eus, en tenant ses bêtes en plein air pendant l'hyver. Il montre les avantages qu'il y auroit à se procurer au moins des Béliers Anglois pour les accoupler avec les Brebis de la meilleure race du pays, et à se livrer à la culture des turneps, choux, raves, grande pimprenelle et autres dont la végétation prompte fournit aux bestiaux une nourriture saine et abondante.

L'autre mémoire fourni par Messieurs du Bureau du Bien-public, réunit tous les faits dont il a été possible de s'assurer, dans un aussi court espace de temps. Il présente des vues utiles sur les moyens d'arrêter les funestes effets de la carie du bled: sur le meilleur parti à tirer de l'établissement des quêtes publiques dans ce diocese, et destinées à secourir les incendiés: on y fait voir que le point capital seroit de prévenir ces incendies, ou au moins d'arrêter la rapidité de ses progrès, soit en isolant les maisons, soit en donnant les moyens d'en construire avec pignons de pierre et couverture en tuiles, à certains intervalles, soit enfin en procurant à chaque village des seaux et des pompes peu couteuses.

On y insiste sur la nécessité de faire rentrer les propriétaires d'une grande partie des Départemens de Mondidier, Péronne et St. Quentin, dans la liberté de changer et de choisir leurs fermiers, de les garantir de la perte qu'ils souffrent par la dépendance où les anciens fermiers se croient permis de les retenir, en leur faisant redouter les effets d'une vengeance, dont les exemples cités font frémir.

La suppression de la mendicité; la sévérité devenue indispensable contre les mendians de profession ; des atteliers de charité à établir, pour occuper les pauvres de bonne volonté, et pour ôter aux autres tous prétextes d'une fainéantise funeste : rien n'a échappé aux observations dirigées par l'amour du bien public.

Les deux Médecins de la ville de Mondidier ; l'un M. Lendormy, Docteur Régent de la Faculté de Médecine de Paris ; l'autre M. Chaudon, Correspondant de la Société Royale de Médecine, se sont empressés de répondre aux désirs de l'Assemblée, et de communiquer dans deux mémoires intéressans, le résultat de leurs observations sur les caracteres des maladies qui regnent le plus ordinairement dans leur canton ; sur leurs causes, sur les précautions à prendre pour les prévenir, sur l'inutilité de certains secours employés par le Gouvernement ; sur les causes de la stagnation des eaux dans les environs de Roye sur-le-Matz, et qui ont occasionné cette année, dans ce village, une maladie épidémique, dont les effets ont porté la désolation dans cette paroisse, et n'avoient pas permis d'achever la moisson à la mi-Octobre.

On y dénonce à l'attention de l'Assemblée les suites funestes de l'empressement que montrent les nourrices de la campagne, à se charger d'enfans trouvés qui leur communiquent bientôt le germe du virus qu'ils tiennent de leurs parens. On y peint avec énergie, la propagation de cette peste vénérienne, et le désespoir d'honnêtes campagnards, qui se sont laissés tenter par un salaire modique. On y propose, pour arrêter cet horrible abus, l'établissement d'hospices, où les enfans trouvés seroient élevés avec le lait des animaux.

Enfin, Messieurs, une Commission particuliere formée de quatre de nos Membres, a été chargée de donner un apperçu

Du 19 Novembre
1787.

sur les frais annuels et extraordinaires de l'Assemblée de Département; sur les honoraires des Procureurs-Syndics et Membres du Bureau Intermédiaire; sur les frais des Municipalités. Guidée par un esprit d'économie, que rendoit plus sévere la crainte de voir accuser la nouvelle administration d'être plus onéreuse au peuple, elle a cru que c'étoit moins des honoraires qu'il falloit déterminer, que des remboursemens de dépenses nécessaires, ou des indemnités de ce que manque de gagner celui dont l'emploi du temps fait une partie de ses revenus. Elle a senti qu'il ne seroit pas juste que la fortune du citoyen, même le plus zélé et le plus désintéressé, souffrit du temps et des soins, qu'il est dans le cas de donner à la chose publique.

Mais il étoit difficile de concilier une fixation générale et perpétuelle, avec les considérations personnelles à chaque Syndic ou Membre du Bureau Intermédiaire; et dans cet embarras, notre Assemblée, en réduisant à 4500^{tt} la totalité du traitement tant des Membres de son Bureau que des deux Syndics et du Greffier, a cru qu'il y avoit moins d'inconvénient à fixer le traitement trop bas que trop haut, sauf à accorder des gratifications, suivant le travail, qui, dans ces premieres années, sera nécessairement plus considérable. Au surplus, Messieurs, c'est à votre sagesse à péser les principes généraux et les considérations personnelles, qui peuvent servir à concilier l'intérêt public avec celui des particuliers qui s'y consacrent.

Les mêmes raisons d'économie se présentent pour la fixation des frais des Municipalités. Il a été observé que jusqu'à présent les Syndics des paroisses n'avoient eu aucuns appointemens ; qu'il paroissoit inutile d'en introduire l'usage ; qu'il suffiroit de leur accorder quelques marques d'honneur, quelques préséances, le remboursement de leurs frais, &c.

On ne peut gueres se dispenser d'accorder quelques gages aux Greffiers des Municipalités ; mais comme les Assemblées Municipales sont autorisées par l'art. 11, §. 1er. du Réglement du 5 Août, à délibérer sur la fixation du traitement de leurs Syndics et Greffiers, on peut attendre que, sur ces délibérations, les Bureaux Intermédiaires aient donné leur avis.

Je dois, en finissant cet exposé, présenter à votre examen, un objet dont nous nous sommes occupés, en conformité des demandes de votre Commission. C'est l'étendue qu'il est possible de donner à la navigation sur la petite riviere du Dom. A présent elle ne commence à porter batteau qu'au bourg de Moreuil jusqu'à Amiens, mais des titres authentiques prouvent qu'elle étoit navigable deux lieues au-dessus, et jusqu'au village de Pierrepont où elle reçoit la riviere d'Avre. On ne peut douter qu'il seroit utile pour la partie du Département de Mondidier qui avoisine cette riviere, de rétablir la navigation.

Il s'agit de faire examiner les lieux par gens experts, de faire estimer la dépense, et de balancer les avantages et les inconvéniens. L'intérêt général de la province paroît même demander que l'on examine si la communication de l'Oise à la Somme ne seroit pas plus facile et moins dispendieuse, en se servant de cette riviere d'Avre, qui vient joindre à Pierrepont celle du Dom, et qui n'est éloignée de l'Oise près Noyon, que de trois à quatre lieues. L'importance de ce projet s'annonce assez. Il ne s'agit que de vérifier sa possibilité, et ses avantages sur tout autre canal de jonction.

Tel est, Messieurs, le compte que nous avions à vous rendre du Département qui nous est confié. Vous en avez vu la situation, sous les rapports du moment, rapports cependant communs pour la plûpart avec tous les Déparmetens dont votre Assemblée est composée, et auxquels les rapports particuliers ne doivent que succéder : aussi, Messieurs, nous sentons que ce qui va vous occuper doit porter sur les objets qui, d'un établissement général dans la province, concourreront aux vues du Roi, en établissant des principes, dont les subdivisions porteront dans toutes les parties subordonnées les fruits d'une heureuse administration.

Dans cette premiere Assemblée complete, les Députés du Département de Mondidier, jaloux comme vous, Messieurs, de justifier que c'est à bon droit que la province de Picardie a toujours été dite *fidelissima*, lui vouent par ma voix l'emploi de toutes leurs facultés. Heureux ! si le concours des vertus qu'on ne trouve réunies à un dégré aussi éminent que chez les François, peut un jour avoir fait le bonheur de tous.

Les rapports ont été faits à la satisfaction de l'Assemblée, qui l'a témoignée à Messieurs les Procureurs-Syndics et à M. le Duc de Mailly.

Après la lecture de ces rapports, les Membres de l'Assemblée ont été distribués en différens Bureaux ainsi qu'il suit.

BUREAU

BUREAU DE L'IMPOT.

M. le Duc d'Havré et de Croï, *Président.*
M. l'Abbé de Lestocq.
M. l'Abbé Mellier.
M. le Comte de Crécy.
M. le Duc de Mailly.
M. Dufresne.
M. Prévost.
M. Bonnel.
M. Levaillant de Brusle.
M. Fouquier d'Hérouel.

BUREAU DES FONDS,
DE LA COMPTABILITÉ, ET DU RÉGLEMENT.

M. le Duc d'Havré et de Croï, *Président.*
M. l'Abbé Dargnies.
M. Paulinier.
M. le Chevalier du Roux de Varennes.
M. le Marquis de Caulincourt.
M. de Chocqueuse.
M. Dequeux de Beauval.
M. Lecomte.
M. de Boisseran.

M

BUREAU DES GRANDES ROUTES
ET TRAVAUX PUBLICS.

M. le Duc d'Havré et de Croï, *Président.*
M. l'Abbé de Mirmont.
M. Fasquel.
M. le Duc de Villequier.
M. le Marquis de la Meth.
M. Duliege d'Izancourt.
M. Douville.
M. Maillart.
M. de Lihu.
M. de Béhague.

BUREAU DE L'AGRICULTURE,
Du Commerce, de la Navigation et du Bien-Public.

M. le Duc d'Havré et de Croï, *Président.*
M. l'Evêque d'Amiens.
M. l'Abbé de la Coarret.
Dom Matthieu.
M. le Comte d'Herlye.
M. le Prince de Poix.
M. Delahaye.
M. Margerin.
M. Bernault.
M. Mouron.

COMMISSION PARTICULIERE
DES VINGTIEMES.

M. l'Abbé Mellier.

M. le Duc de Villequier.

M. Dufresne.

M. Prévôt.

M. Margerin.

Cette Commission a été chargée de prendre les éclaircissemens nécessaires sur les Vingtiemes, et de faire à l'Assemblée un rapport qui la mette en état de délibérer si l'on solliciteroit l'Abonnement.

Sur la représentation de MM. les Députés du Départetement d'Abbeville, il a été arrêté que lorsque MM. du Bureau de l'Agriculture, du Commerce, de la Navigation, et du Bien-Public traiteroient la partie de la Navigation, ils appelleroient MM. l'Abbé Mellier et Dequeux, Députés de ce Département.

La séance a été continuée au même jour, cinq heures de relevée.

Le même jour, cinq heures de relevée.

L'Assemblée ne s'est réunie que pour se rendre à ses Bureaux.

LE DUC D'HAVRÉ ET DE CROÏ, *Président.*

BERVILLE, *Secrétaire-Greffier.* Signés,

M ij

SÉANCE du 20 du même mois, neuf heures du matin.

M. le Président a été prié par l'Assemblée de faire parvenir au pied du Trône l'hommage de son respect et de sa fidélité, celui de sa reconnoissance à M. l'Archevêque de Toulouse, principal Ministre, à M. le Baron de Breteuil, Ministre et Secrétaire d'Etat, ayant le Département de la Province de Picardie, et à M. Lambert, Contrôleur-Général des Finances.

Ensuite, M. le Président a lu une Lettre de M. le Contrôleur-Général, par laquelle il annonce la réception de l'expédition du Procès-verbal de l'Assemblée préliminaire du Département de Doullens. Il y observe en même temps qu'en effet il est bien recommandé d'envoyer au Conseil une expédition des Procès-verbaux des Assemblées de Département, mais que cet envoi devoit être accompagné d'observations sur le plus ou moins de régularité et d'exactitude dans les diverses opérations de ces Assemblées : en conséquence, et prenant en considération l'observation faite par MM. les Procureurs-Syndics dans leur rapport de la veille, il a été arrêté que le Bureau du Réglement s'occuperoit de l'examen de tous les Procès-verbaux des Assemblées de Département, feroit sur chacun d'eux les observations qu'il jugeroit convenables, et en rendroit compte à l'Assemblée.

M. le Président ayant mis sur le Bureau un Mémoire de

l'Hôtel-de-Ville de Montreuil, par lequel les Officiers Mu- nicipaux réclament contre le défaut de nomination d'aucun de leurs Concitoyens à l'Assemblée Provinciale ; cet objet a été renvoyé au Bureau du Réglement.

Il a été aussi arrêté que les Bureaux seroient autorisés à demander tous les éclaircissemens dont ils auroient besoin, par la voie de MM. les Procureurs-Syndics.

L'Assemblée s'est rendue à ses Bureaux, après avoir continué la séance au même jour, cinq heures de relevée.

Le même jour, cinq heures de relevée.

L'Assemblée ne s'est réunie que pour se rendre à ses Bureaux.

LE DUC D'HAVRÉ ET DE CROÏ, *Président.*

BERVILLE, *Secrétaire-Greffier.* Signés.

SÉANCE du 21 du même mois, neuf heures *du matin.*

L'ASSEMBLÉE étant réunie, a continué sa séance au même jour, cinq heures de relevée, et s'est rendue ensuite aux Bureaux.

Le même jour, cinq heures de relevée.

On a été travailler aux Bureaux.

LE DUC D'HAVRÉ ET DE CROÏ, *Président.*

BERVILLE, *Secrétaire-Greffier.* Signés.

SÉANCE *du 22 du même mois, neuf heures du matin.*

M. le Marquis de la Meth et M. Bonnel, Membres de l'Assemblée, étant indisposés, il a été arrêté de leur faire une députation, pour leur témoigner la part qu'elle prend à leur indisposition. MM. de Lestocq et de Boisseran ont été nommés à cet effet.

Ensuite il a été fait lecture d'une lettre de M. le Contrôleur-Général des Finances, qui décide qu'il sera remis journellement à M. le Commissaire du Roi une expédition du rapport de chaque séance du Procès-verbal de l'Assemblée, et il a été arrêté que cette lettre seroit déposée aux archives.

Il a aussi été fait lecture d'une autre lettre de M. de Calonne de Courtebourne, Président de l'Assemblée du Département de Calais, Montreuil et Ardres, qui annonce l'envoi du Procès-verbal de rapport des séances de son Assemblée complete.

Après quoi, l'Assemblée a continué sa séance au même jour, cinq heures de relevée, et s'est rendue dans les Bureaux.

Le même jour, cinq heures de relevée.

L'Assemblée a continué le travail dans les Bureaux.

LE DUC D'HAVRÉ ET DE CROÏ, *Président,*

BERVILLE, *Secrétaire-Greffier*, Signés,

SÉANCE du 23 du même mois, neuf heures du matin.

L'ASSEMBLÉE a arrêté qu'il seroit écrit par Messieurs les Procureurs-Syndics aux Bureaux Intermédiaires des Dé-partemens , à l'effet par lesdits Bureaux Intermédiaires de demander aux Villes et Communautés les états de recette et dépense de tous leurs biens fonds , des octrois patrimo-niaux dont elles jouissent, et des octrois à temps qui leur ont été concédés , ensemble les charges dont est grévée chaque espece desdits biens et octrois , soit patrimoniaux, soit à temps, et leur état actuel de situation, pourquoi elles seroient priées de joindre comme pieces justificatives les deux derniers comptes rendus.

L'Assemblée s'est ensuite rendue dans ses Bureaux , après avoir continué la séance au même jour, cinq heures de relevée.

Le même jour, cinq heures de relevée.

L'Assemblée a été travailler aux Bureaux.

LE DUC D'HAVRÉ ET DE CROÏ, *Président.*

BERVILLE, *Secrétaire-Greffier,* Signés.

SÉANCE du 24 du même mois, neuf heures du matin.

LE Bureau des Travaux publics a fait le rapport suivant:

MESSIEURS,

1ᵉʳ. Rapport du Bureau des Travaux publics,

LE Bureau des Travaux publics s'étoit proposé de ne chercher à fixer votre attention, que lorsqu'il se seroit formé lui-même dès principes mûrement réfléchis sur cette partie importante. Il désiroit soumettre à vos lumieres, dans son premier rapport, un ensemble de connoissances, tant générales que locales, qui pût au moins vous prouver le zele de chacun de ses Membres pour coopérer à vos vues.

L'étendue considérable de ces connoissances à acquérir, ne nous permet point encore de fixer le terme où nous pourrons vous présenter le résultat de nos opérations. Mais la nécessité de connoître promptement les intentions de Sa Majesté sur un des points les plus intéressans de nos travaux préparatoires, nous oblige cependant, Messieurs, de vous présenter, dès-à-présent, un objet de délibération que nous croyons indispensable.

Des Routes finies et mises à l'entretien,

Les renseignemens que votre Bureau des Travaux publics a pris sur les Routes de cette province finies et mises à l'entretien, lui ont fait connoître

1°. Que les adjudications en ont été faites cette année, aux mois de Mars et Avril pour les années 1787, 1788 et 1789.

2°,

2°. Qu'il n'y a eu que quatorze Adjudicataires pour l'entretien actuel des 167 lieues de routes déja finies.

3°. Que plusieurs Adjudicataires ont fait des sous-baux.

Enfin, Messieurs, d'après les devis estimatifs qui nous ont été remis, il paroît que l'entretien de la lieue est porté au prix commun de 1397^{tt}.

L'expérience et les talens reconnus de M. de la Touche, la réputation méritée des Ingénieurs qui sont sous ses ordres, sembleroit ne devoir nous permettre aucune réclamation, si nous n'étions appuyés d'ailleurs, par l'exemple des Administrateurs également zélés et éclairés de Guyenne et du Berri. C'est à l'aide de leurs lumieres que nous cherchons à pénétrer dans une carriere où nos pas eussent été long-temps chancelans, s'ils ne nous eussent servi de guides. Leurs Procès-verbaux nous attestent que les adjudications pour plusieurs années, dont ils ont reconnu les dangereux effets, entraînent de grands inconvéniens; que plus les adjudications sont divisées, plus elles offrent de concurrence, et par conséquent de facilités au rabais. Enfin, ils assurent que le prix commun des plus fortes adjudications d'entretien n'a jamais monté plus haut que 800^{tt} par lieue.

Nous ne chercherons point, Messieurs, les causes de ces différences que nous remarquons, soit dans les principes, soit dans les prix; nous nous bornerons, sur cet objet, à vous observer qu'au commencement d'une administration dont le but, cher à vos cœurs, est l'espérance du soulagement du peuple, vous devez chercher à écarter tous les obstacles qui pourroient vous empêcher d'y parvenir. Le Gouvernement, animé du même désir, s'empressera de vous débarasser des

N

Du 24 Novembre 1787.

entraves que l'administration un peu compliquée des Ponts et Chaussées avoit, sans doute par erreur, mises à la bonne exécution de ses propres travaux.

C'est donc avec confiance qu'à l'exemple de la Haute-Guyenne, le Bureau des Travaux publics vous propose, Messieurs, de délibérer,

De la Résiliation des Baux d'adjudications, faits pour l'entretien des Routes.

1°. Que Sa Majesté sera suppliée de résilier les baux d'adjudications, faits jusqu'à présent, pour l'entretien des Routes.

2°. Que M. le Président sera prié de vouloir bien accorder ses bons offices, pour presser la résiliation desdits baux, et l'obtenir, s'il est possible, avant la fin de la tenue, afin que le Bureau des Travaux publics puisse continuer son travail sur cette partie, et que vous puissiez vous-mêmes donner à votre Commission Intermédiaire, avant votre séparation, les instructions que vous jugerez nécessaires.

Délibération.

L'Assemblée délibérant sur le précédent rapport a arrêté:

1°. Que Sa Majesté seroit suppliée de résilier les baux des adjudications faites jusqu'à présent pour l'entretien des Routes.

2°. Que M. le Président seroit prié de vouloir bien accorder ses bons offices, pour presser la résiliation desdits baux, et l'obtenir, s'il est possible, avant la fin de la tenue, afin que le Bureau des Travaux publics puisse continuer son travail, et que l'Assemblée puisse donner elle-même à sa Commission Intermédiaire, avant sa séparation, les instructions qu'elle jugera nécessaires.

LE DUC D'HAVRÉ ET DE CROÏ, *Président.*

BERVILLE, *Secrétaire-Greffier.* Signés.

SÉANCE du 26 du même mois, neuf heures du matin.

IL a été fait lecture d'une délibération du Bureau Intermédiaire de l'Assemblée du Département de Péronne, par laquelle il a arrêté d'envoyer à l'Assemblée le plan de division de son Département en cinq arrondissemens, en observant qu'aux termes du Réglement, il lui paroissoit que la nomination des quatre Membres du cinquieme arrondissement proposé, devoit être faite, dans le cas où il seroit adopté, moitié par l'Assemblée Provinciale et moitié par celle de Département, à raison de quoi elle joignoit une liste des sujets qu'elle croyoit éligibles. La même délibération porte que l'Assemblée sera priée de faire connoître dans lequel des deux Ordres de la Noblesse ou du Tiers-Etat, les Annoblis doivent être admis dans les Assemblées.

Plan de division du Département de Péronne en cinq arrondissemens.

Cette délibération, le projet d'arrondissement et la liste des Membres éligibles, mis sur le Bureau, et l'Assemblée délibérant sur les objets qui y sont proposés, a arrêté :

Délibération.

1°. Qu'il ne pouvoit y avoir que quatre arrondissemens dans ledit Département de Péronne, conformément à ce qui a été prescrit par l'Arrêt du Conseil.

2°. De renvoyer au Bureau du Réglement l'examen de la composition de ces arrondissemens.

3°. D'y renvoyer également l'objet concernant l'admission des Annoblis aux Assemblées.

Du 26 Novembre 1787.

Ensuite l'Assemblée s'est rendue dans les Bureaux, après avoir continué la séance au même jour, cinq heures de relevée.

Le même jour, cinq heures de relevée.

L'Assemblée s'est rendue dans les Bureaux.

LE DUC D'HAVRÉ ET DE CROï, *Président.*

BERVILLE, *Secrétaire-Greffier.* Signés.

Du 27 Novembre 1787.

SÉANCE du 27 du même mois, neuf heures du matin.

L'ASSEMBLÉE s'étant réunie, et M. Paulinier, Prieur de S. Marc, nommé par la premiere délibération, y ayant pris séance, M. le Chevalier du Roux de Varennes, Commandeur de S. Maulvis, a dit :

MONSIEUR ET MESSIEURS,

JE supplie l'Assemblée de vouloir bien me donner acte de la déclaration que je fais, que j'ai l'honneur de paroître parmi vous comme simple gentilhomme, sujet du Roi, possesseur usufruitier de plusieurs terres et seigneuries dans la province, et par ordre de Sa Majesté.

Qu'en cette qualité, je suis prêt de concourir à tout ce qui se fera par ses ordres, mais que n'étant fondé d'aucun pouvoir de la part de l'Ordre de Malthe dont j'ai l'honneur d'être membre, ma présence ne peut faire présumer le consentement dudit Ordre à tout ce qui pourroit s'y opérer de contraire à

ses privileges, ni altérer les droits de réclamations que l'Ordre
peut avoir, et faire valoir en temps et lieux, quand il plaira
au Roi de faire examiner lesdits privileges, et rendre à l'Ordre
la protection dont il a joui jusqu'à présent, et sans laquelle il
n'a pu depuis tant de siecles subsister et remplir honorable-
ment ses engagemens envers l'Etat et envers toute la Chré-
tienté. Je prie également l'Assemblée d'ordonner qu'il me
soit délivré copie du présent acte pour me servir à ce que
de raison..... sur le registre. *Signé* le Chevalier DU ROUX
DE VARENNES.

Sur quoi, délibérant, l'Assemblée a arrêté de donner acte
à M. le Chevalier du Roux de Varennes, de sa déclaration;
cette déclaration n'étant à considérer que comme un acte con-
servatoire, et a autorisé en conséquence le Secrétaire-Greffier
de lui délivrer expédition de la délibération pour lui valoir
ce que de raison.

Après quoi l'Assemblée a prorogé sa séance au même jour,
cinq heures de relevée pour y entendre M. Laurent de Lionne,
et ensuite s'est rendue dans les Bureaux.

Le même jour, cinq heures de relevée.

M. Laurent de Lionne s'est rendu à l'Assemblée où il a été
entendu sur les détails des Travaux du Canal supérieur de la
Somme.

LE DUC D'HAVRÉ ET DE CROÏ, *Président.*

BERVILLE, *Secrétaire-Greffier.* Signés.

SÉANCE *du 28 du même mois, neuf heures du matin.*

L'ASSEMBLÉE ne s'est réunie que pour aller travailler aux Bureaux, après avoir prorogé sa séance au même jour, cinq heures de relevée.

Le même jour, cinq heures de relevée.

L'Assemblée s'est rendue aux Bureaux pour y continuer le travail.

LE DUC D'HAVRÉ ET DE CROÏ, *Président.*

BERVILLE, *Secrétaire-Greffier.* Signés.

SÉANCE *du 29 du même mois, neuf heures du matin.*

L'ASSEMBLÉE ne s'est réunie que pour aller travailler aux Bureaux, après avoir prorogé sa séance au même jour, cinq heures de relevée.

Le même jour, cinq heures de relevée.

L'Assemblée s'est rendue aux Bureaux et y a continué son travail.

LE DUC D'HAVRÉ ET DE CROÏ, *Président.*

BERVILLE, *Secrétaire-Greffier.* Signés.

SÉANCE du 1ᵉʳ. Décembre, neuf heures du matin.

L'ASSEMBLÉE étant formée, M. le Duc de Mailly a mis sur le Bureau; 1°. un état contenant le dépouillement des délibérations prises par les Assemblées Paroissiales des communautés du Département de Mondidier pour la formation des Assemblées Municipales; 2°. un état des paroisses divisées en deux communautés ou collectes, et des communautés qui en renferment plusieurs dans ce même Département; 3°. enfin un état de sa population : et il a dit que ces trois états complétoient le travail de son Département qu'il avoit annoncé dans le rapport qu'il a fait à l'Assemblée.

Après quoi, MM. les Procureurs-Syndics faisant leur rapport du Procès-verbal des séances de l'Assemblée complete du Département de Calais, Montreuil et Ardres, M. Boullet de Varennes a dit :

MESSIEURS,

EN vous rendant compte des Procès-verbaux d'Assemblées des différens Départemens, nous n'avons pu vous parler de celui des trois Gouvernemens de Calais, Ardres et Montreuil; nous n'avions reçu alors et nous n'avons pu mettre sous vos yeux que l'état de leurs Impositions qui different de celles des pays d'Election, parce que ces trois Gouvernemens ne sont point assujétis à la Taille; ce Procès-verbal nous est enfin parvenu il y a quelques jours.

Rapport de MM. les Procureurs-Syndics.

L'Assemblée a ouvert ses séances le 20 Octobre ; elles les a discontinuées depuis le 26 jusqu'au 10 Novembre ; son Procès-verbal n'a été clos que le 13.

L'envoi de ce Procès - verbal étoit accompagné de trois mémoires ou rapports concernant les desséchemens faits ou à faire dans le Calaisis et l'Ardrésis. Une lettre que nous avons reçue hier, nous annonce l'envoi prochain

1°. De deux mémoires, l'un sur la Chaussée qui traverse la ville de Montreuil, l'autre sur les Chemins du Gouvernement de ladite ville.

2°. D'un état des revenus et des charges de la communauté de Guisnes dans le Gouvernement de Calais, avec indication d'objets d'utilité pour le pays.

3°. De deux liasses concernant le Gouvernement d'Ardres, l'une relative aux Chemins et Travaux publics dudit Gouvernement, avec l'état des revenus et des charges de la ville d'Ardres, l'autre ayant pour objet des établissemens de Charité, et la nécessité de rétablir les bâtimens de l'Hôpital d'Ardres.

Il paroît, Messieurs, que c'est sur-tout vers des objets d'utilité publique, mais relative aux trois Gouvernemens, que se sont portés les travaux et les recherches des Membres de l'Assemblée des trois Gouvernemens de Calais, Montreuil et Ardres.

Ils n'ont point partagé leur travail en différens Bureaux ; mais après s'être occupés dans leur seconde séance du 20 Octobre après midi, de la formation des quatre arrondissemens, à chacun desquels ils ont attaché un Membre de l'ordre du Clergé, un Membre de l'ordre de la Noblesse, et deux Membres de l'ordre du Tiers-Etat, plusieurs Membres ont lu successivement

cessivement dans différentes séances des mémoires ; quelques-uns seulement sont transcrits au Procès-verbal.

L'un de ces mémoires lus dans la séance du 20 Octobre, concernant les sommes versées dans la caisse des Ponts et Chaussées, et l'Imposition annuelle de 4000ᵗᵗ qui se perçoit pour les Ponts et Chaussées dans le Calaisis, contient une réclamation importante que nous croyons devoir être examinée et par le Bureau des Travaux publics et par celui de l'Impôt.

Dans la séance du 23, il a été lu un mémoire sur des vexations attribuées aux Commis des Fermes. Ce mémoire sera remis par nous au Bureau du Bien-Public.

Nous remettrons au même Bureau les mémoires concernant les desséchemens, lus dans les séances suivantes, dont les uns ont été insérés dans le Procès-verbal et les autres s'en trouvent séparés.

Nous porterons au Bureau de l'Impôt tout ce qui concerne les Octrois ou charges locales des trois Gouvernemens.

Et au Bureau du Réglement, un mémoire des Habitans du hameau de la Magdeleine, qui exposent que ne se trouvant dans leur village que deux particuliers, dont les Impositions s'élèvent à dix livres, il ne leur a pas été possible d'exécuter le Réglement concernant les Assemblées Municipales ; sur quoi le Département a estimé par sa délibération du 22 Octobre, qu'il seroit convenable de réunir la communauté du hameau de la Magdeleine à la paroisse de la Calloterie, à laquelle il est contigu, pour ne faire à l'avenir qu'une seule et même communauté.

Nous joindrons au même Bureau trois états concernant la formation des Assemblées Municipales des trois Gouverne-

O

mens, avec des observations en marge de chacun desdits trois états; le premier pour le Gouvernement de Calais; le second pour le Gouvernement d'Ardres; et le troisieme pour le Gouvernement de Montreuil.

En ce qui concerne ses dépenses et frais, tant annuels qu'extraordinaires, l'Assemblée est d'avis que l'état desdits frais doit être composé des sommes ci-après, sauf les changemens qui pourroient y être faits, lorsque l'expérience aura fait connoître la quotité précise à laquelle ils devront être fixés définitivement.

Savoir;

Frais de Routes de quatre Membres députés de l'arrondissement de Montreuil, à la distance de dix-sept lieues de Calais, sur le pied de 3^{tt} par lieue pour chacun d'eux.	204^{tt}	» ^{s}	» ^{d}
Autant pour le retour de Calais à Montreuil.	204	»	»
Frais de Routes de trois Membres députés de l'arrondissement d'Ardres, à quatre lieues de distance, à raison de 3^{tt} par lieue. .	36	»	»
Autant pour leur retour de Calais à Ardres.	36	»	»
Frais de Routes de deux Membres députés de l'arrondissement de Guisnes, à deux lieues de Calais, à 3^{tt} par lieue.	12	»	»
Autant pour leur retour de Calais à Guisnes	12	»	»
	504	»	»

Montant de ci-contre	504^{tt}	»^{s}	»$^{\partial}$

Pour leur logement, à raison de trente-six livres chacun. . . . . 324 » »

Total des frais de Route et de Logement. 828 » »

FRAIS DE BUREAUX.

Pour registres, papier, plumes, encre, cire. . . . . 200^{tt} »^{s} »$^{\partial}$

Pour feu et lumieres. . . . . 150 » »

Pour ports de lettres et paquets. . . . 100 » »

Au Concierge desservant la salle . . . 40 » »

Traitement de MM. les Procureurs-Syndics, à chacun d'eux la moitié des honoraires accordés à MM. les Procureurs Syndics de l'Assemblée Provinciale. . . . . *Mémoire.*

Traitement du Secrétaire-Greffier . . . 1200 » »

Appointemens de deux Commis qui seront nécessaires pour le service de l'Assemblée de Département. . . . . . 800 » »

Pour les gratifications aux Sergens de Ville, à cause de leu service près de l'Assemblée et du Bureau Intermédiaire. . 300 » »

Dont 84^{tt} au nommé Maringue, premier d'entr'eux ,

Et 72^{tt} à chacun des trois autres.

Total des frais annuels et de Bureaux. 2790 » »

non compris les honoraires de MM. les Procureurs-Syndics que l'Assemblée a portés pour mémoire, ni ceux des Membres

Du 1ᵉʳ Décembre 1787.

du Bureau Intermédiaire sur lesquels l'Assemblée ne, s'est pas même expliqué.

Réquisition de M. de Béhague.

Ensuite M. de Béhague a dit qu'il prioit l'Assemblée de vouloir bien délibérer et arrêter de quelle maniere il seroit pourvu au logement de M. le Comte de Rochambeau, Commandant en chef de la Province, résidant à Calais, en observant qu'aux termes des Ordonnances, ce logement devoit être fourni sur les fonds de la province.

Délibération.

Sur quoi délibérant, l'Assemblée a arrêté de renvoyer l'objet proposé au Bureau de l'Impôt, et s'est rendue dans les Bureaux, après avoir prorogé la séance au même jour cinq heures de relevée.

Le même jour, cinq heures de relevée.

L'Assemblée s'est rendue dans les Bureaux.

LE DUC D'HAVRÉ ET DE CROÏ, *Président.*

BERVILLE, *Secrétaire-Greffier.* Signés.

Du 3 Décembre 1787.

SÉANCE du 3 Décembre, neuf heures du matin.

L'ASSEMBLÉE ne s'est réunie que pour proroger sa séance au même jour cinq heures de relevée, et se rendre dans les Bureaux.

Le même jour, cinq heures de relevée.

On a été travailler aux Bureaux.

LE DUC D'HAVRÉ ET DE CROÏ, *Président.*

BERVILLE, *Secrétaire-Greffier.* Signés.

SÉANCE du 4 Décembre, neuf heures du matin.

LE Bureau des Fonds, de la Comptabilité et du Réglement, a lu un projet de Réglement sur la maniere de traiter
les affaires et d'en délibérer à l'Assemblée; sur quoi M. le
Président ayant observé que ce projet contenant un grand
nombre d'articles, pouvoit avoir besoin d'être médité particuliérement par les Membres de l'Assemblée; la délibération
à prendre sur ce Réglement, a été renvoyée à la premiere
lecture, et il a été dit que jusqu'à ce moment il resteroit sur
le Bureau en communication à tous les Membres.

Ensuite MM. du Bureau du Bien-Public ont dit :

MESSIEURS,

IL a été lu dans notre Bureau un mémoire sur les suites des
Dépointemens dans les Bailliages de Péronne, Roye & S.
Quentin, et partie de celui de Mondidier.

Le Bureau effrayé de la multitude de crimes et d'atrocités
de tous genres qu'occasionnent les Dépointemens dans le Santerre, convaincu que ces crimes et ces atrocités sont les suites
d'un préjugé, qui, funeste par ses effets, porte d'ailleurs le
préjudice le plus notable au droit sacré de la propriété; pé-
nétré de la nécessité indispensable d'y apporter remede, a été
d'avis que le mémoire sur les Dépointemens, attendu son importance, seroit lu à l'Assemblée Provinciale, pour qu'elle
pût le prendre dans la plus sérieuse considération.

(marginal note) Rapport du Bureau du Bien-Pu-
blic.

(marginal note) Des Dépointemens dans le San-
terre.

Du 4 Décembre
1787.

Le Bureau considérant encore que ces excès aussi intolérables que fréquens et invétérés, ont résisté à toutes les Loix qu'on leur a opposées jusqu'à ce jour, et notamment à celles portées en la Déclaration du Roi du 20 Juillet 1764, et pensant que peut-être ils ne peuvent être efficacement combattus que par des moyens extraordinaires, qu'il ne croit pas devoir indiquer, a été en outre d'avis que l'Assemblée Provinciale devoit aviser à ceux qu'elle croiroit les plus convenables à proposer, et qu'à défaut d'en trouver desquels elle pût se promettre un succès avantageux, elle seroit priée d'engager M. le Duc d'Havré, son Président, à faire connoître au Roi et à son Conseil, la nécessité de réprimer un pareil fléau ; l'inefficacité des Loix qui ont été promulguées jusqu'à ce jour pour y parvenir ; et à en solliciter auprès de Sa Majesté de nouvelles, qui puissent atteindre à un bien si généralement désiré, et si digne de sa bonté et de sa justice.

L'assemblée prenant en considération le rapport du Bureau du Bien-public, il a été fait lecture du mémoire dans lequel l'auteur a d'abord exposé le genre d'abus qu'il dénonçoit à l'Assemblée, qui consiste dans l'usage où sont les fermiers du Santerre, de se perpétuer par toutes sortes de voies illicites, et contre le gré des propriétaires, dans la jouissance des biens, dont l'exploitation leur a été affermée, ce qui leur donne une espece de propriété fictive qui dépouille presqu'entiérement par le fait le véritable maître de la chose, de sa propriété réelle ; cet abus, suivant l'auteur de ce mémoire, est porté si loin, que les fermiers de ce canton mettent les biens de leurs propriétaires dans le commerce, soit en vendant à

d'autres fermiers la faculté de les exploiter, soit en les donnant en dot à leurs enfans, soit en les laissant dans leurs suc-
cessions à partager entre leurs enfans ou autres héritiers : de-là
passant aux moyens illicites employés par ces fermiers infi-
deles, l'auteur du mémoire a fait connoître que les fermiers
dépointés se livroient à toute sorte d'excès contre ceux qui
avoient la hardiesse de leur succéder dans l'exploitation de
leurs marchés, jusques-là qu'ils devenoient assassins et incen-
diaires ; pour prouver cette assertion, il a présenté un relevé
effrayant, fait au Greffe Criminel du Bailliage de Péronne,
des délits occasionnés par les Dépointemens dans le ressort
de cette Jurisdiction, duquel il résulte que, depuis 1775 jusqu'au mois de Novembre dernier, il s'en est commis vingt-
cinq, plus criminels les uns que les autres, et il en a cité
d'autres encore qui étoient à sa connoissance particuliere ; après
être entré dans ce détail de preuves, l'auteur du mémoire s'est
appliqué à démontrer les inconvéniens de cet abus, et les suites
funestes qui en résultoient pour la chose publique. Il a fait
voir qu'un incendie particulier devenoit presque toujours général, et qu'ainsi la vengeance particuliere d'un fermier dé-
pointé, entraînoit souvent la ruine d'un nombre infini de Citoyens, et les réduisoit au désespoir et à la mendicité ; il a
aussi fait connoître que cet abus portoit les plus fortes atteintes à la propriété, soit parce que le véritable maître du
bien ne pouvoit pas le retirer des mains de son fermier pour
le faire valoir par lui-même sans encourir la vengeance du
fermier dépossédé, soit parce qu'il ne trouvoit souvent pas à
le vendre la moitié de sa valeur, soit enfin parce qu'il ne
pouvoit jamais l'affermer dans une juste proportion du pro-

Du 4 Décembre
1787.

duit. Il a cité, en preuve de sa proposition, l'exemple rapporté dans le Procès-verbal de l'Assemblée du Département de Mondidier, d'un propriétaire qui vendit un héritage qui lui étoit échu par succession, au fermier de la contre-partie, n'ayant pu mieux faire, lequel à son tour vendit le droit de marché le même prix qu'il avoit acheté la propriété, et la paya par ce moyen sans bourse délier : il a aussi exposé qu'il étoit en même temps destructif du commerce et de l'industrie ; qu'il nuisoit à l'agriculture, parce que les fermiers de ce canton, sûrs d'un gain considérable, n'étoient pas aiguillonnés par la nécessité : la réformation d'un abus aussi préjudiciable, a dit en finissant l'auteur du mémoire, doit réintégrer les propriétaires du Santerre dans tous leurs droits de propriété : elle doit rendre aux biens fonds la valeur réelle dont ils sont susceptibles, à l'agriculture toute la liberté qui lui est nécessaire pour prospérer, et l'aurore de l'administration de l'Assemblée sera marquée par un bienfait inappréciable pour cette province, qui lui rendra d'autant plus précieux celui dont Sa Majesté a bien voulu la favoriser, en lui confiant ses plus chers intérêts.

Délibération.

Après la lecture de ce mémoire, du rapport qui l'a précédé, et de la Déclaration du 20 Juillet 1764, l'Assemblée délibérant, a arrêté que le Roi sera très-humblement supplié de renouveller les dispositions portées par la Déclaration ci-dessus citée, de prendre toutes les précautions que lui dictera sa sagesse, pour assurer l'exécution des dispositions y portées, soit en développant davantage les articles qui lui paroîtront en avoir besoin, soit en recommandant plus spécialement au Ministere public d'en surveiller et d'en suivre l'exécution.

Ensuite

Enfuite elle a prorogé sa séance au même jour, cinq heures de relevée, et s'est rendue dans les Bureaux.

Le même jour, cinq heures de relevée.

L'Assemblée a été travailler aux Bureaux.

Le Duc d'Havré et de Croï, *Président.*

B e r v i l l e, *Secrétaire-Greffier.* Signés.

S É A N C E du 5 Décembre, neuf heures du matin.

M. le Président instruit que Messieurs les Commissaires du Roi devoient se rendre ce jour à l'Assemblée, a prié M. le Chevalier du Roux de Varennes et M. Delahaye d'aller les informer que l'Assemblée étoit formée.

MM. le Chevalier du Roux de Varennes et Delahaye de retour, ont annoncé Messieurs les Commissaires du Roi.

Messieurs les Procureurs-Syndics ont été les recevoir au pied de l'escalier, et MM. l'Abbé Mellier, le Comte d'Herlye, Duliege et Bonnel ont été nommés par M. le Président pour aller les recevoir au haut de l'escalier et les conduire dans la salle.

Messieurs les Commissaires du Roi entrés et reçus par l'Assemblée debout et découverte, ils ont été conduits à deux fauteuils d'honneur, élevés d'un dégré, comme celui de M. le Président, et placés en face du sien, en avant du Bureau de Messieurs les Procureurs-Syndics, et de celui du Secrétaire-

P

Greffier ; après quoi chacun ayant pris sa place et s'étant couvert, Messieurs les Commissaires du Roi ont dit :

MESSIEURS,

Discours prononcé & Instructions remises par MM. les Commissaires du Roi.

LEs ordres de Sa Majesté nous ramenent aujourd'hui dans le sein de votre Assemblée, pour y déposer un nouveau témoignage de sa vigilance infatigable pour le bonheur de ses peuples, dans les instructions qu'elle a fait recueillir pour perfectionner l'agriculture et pour la conſervation de l'humanité.

La suppression des corvées a rendu aux Cultivateurs la sécurité, et la liberté de se livrer sans réserve aux travaux des campagnes.

La liberté d'exporter les grains a rétabli la circulation si précieuse aux hommes et aux Empires dans l'échange des productions respectives de leurs climats.

L'attention paternelle de Sa Majesté a renfermé dans les instructions et les ouvrages que nous avons l'honneur de vous remettre par ses ordres, toutes les observations qui peuvent éclairer les provinces, sur les différens genres de culture que la plûpart ignorent peut-être encore.

Les différentes méthodes qui doivent diriger l'inexpérience des cultivateurs, sont également indiquées et classées dans cette précieuse collection, qui assigne aux climats les plus opposés de la France, les procédés propres à les faire jouir de tous leurs avantages naturels.

Cette province qui ne contient aucune partie de terre inculte, sans étendre son agriculture, pourra peut-être la perfectionner par la variété ou par l'analogie de ses productions avec ses fabriques et son commerce.

Sans entrer dans un détail circonstancié, vous regarderez sans doute, Messieurs, comme un objet essentiel à la prospérité de cette province, tous les moyens qui peuvent concourir à perfectionner le lainage, et à favoriser la concurrence des Manufactures de ce genre, avec celles de l'Angleterre si favorisées par la beauté et le bas prix du lainage, et soutenues par l'industrie.

Les communications par les routes et les canaux de navigation vous sont également recommandées par Sa Majesté, comme des moyens très-efficaces pour vivifier promptement l'agriculture et le commerce ; mais ce qui caractérise particuliérement le cœur paternel de Sa Majesté, c'est la tendre vigilance qui dirige ses soins et son attention sur la conservation de l'humanité. Vous en verrez, Messieurs, des preuves bien sensibles dans l'ouvrage qu'elle nous ordonne de déposer entre vos mains, et qui indique les moyens de prévenir ou d'arrêter les accidens les plus funestes à l'humanité, monument bien digne d'un Souverain, pere de ses peuples, et d'un siecle aussi éclairé que bienfaisant.

M. le Président a répondu à Messieurs les Commissaires du Roi, au nom de l'Assemblée, qu'elle recevoit avec respect et reconnoissance les nouvelles preuves qu'ils avoient apportées de la bienfaisance de Sa Majesté.

Ensuite Messieurs les Commissaires du Roi ont mis sur le Bureau l'instruction sur l'Agriculture et le Bien-Public, annoncée dans leurs discours, ainsi que nombre d'exemplaires de différens ouvrages, l'un sur les prairies artificielles, un autre sur la culture des turneps ou gros navets, un troisieme sur la culture, l'usage et les avantages de la betterave champêtre, un quatrieme sur le parcage des bêtes à laine, et le cinquieme enfin, tant entier que par extraits, en différens formats, sur les effets des vapeurs méphitiques, sur les noyés, sur les enfans qui paroissent morts en naissant, et sur la rage ; après quoi ils se sont retirés et ont été reconduits par les mêmes députés avec les mêmes honneurs qui leur avoient été rendus en entrant.

MM. rentrés, lecture a été faite par le Secrétaire-Greffier de l'instruction sur l'Agriculture et le Bien-Public, ainsi que la distribution aux Membres de l'Assemblée des exemplaires des différens ouvrages ci-dessus spécifiés.

M. le Président a fait part à l'Assemblée d'une lettre de M. Bonnel, Conseiller en la Cour des Monnoies, nommé en la séance du 19 Novembre dernier, l'un des quatre Membres qui doivent compléter le nombre de vingt députés accordés à l'Assemblée du Département de Mondidier, par laquelle il prie l'Assemblée de le dispenser d'accepter sa nomination, particuliérement parce que son état l'oblige à résider une grande partie de l'année à Paris ; en conséquence, il a été arrêté que la lettre de M. Bonnel seroit déposée aux archives, et procédant à la nomination d'un autre Membre en son lieu et place par la voie des scrutins, M. Triboulet fils, Maître de Poste à Mondidier, a été élu par l'Assemblée.

Cette nomination faite, Messieurs les Procureurs-Syndics, M. le Comte de Gomer portant la parole, ont dit :

MESSIEURS,

Du 5 Décembre 1787.

Rapport de MM. les Procureurs - Syndics.

De l'augmentation de la Commission Intermédiaire, & du remplacement des Membres de ladite Commission.

NOUS avons eu l'honneur, lors de notre premier rapport, de vous engager à fixer votre attention sur les inconvéniens qui résultoient du petit nombre de Membres de votre Commission Intermédiaire; permettez que nous vous les remettions sous les yeux, en vous priant de prendre incessamment en considération cet objet important, afin que vous puissiez effectuer, avant votre séparation, l'augmentation que vous jugerez sans doute convenable de demander.

Le nombre des Membres des Commissions Intermédiaires, déjà peu proportionné au travail qui leur est confié, souvent réduit encore par des absences que rendent inévitables les circonstances d'affaires, de voyages et de santé, deviendra absolument insuffisant, et peut-être dans les occasions les plus importantes : d'ailleurs, Messieurs, à la connoissance particuliere des lumieres et du zele qui ont déterminé votre choix, se sont jointes des vues d'économie qui l'ont fixé pour la plus grande partie dans le même Département et dans la même ville; mais nous ne pouvons vous dissimuler que l'équilibre des intérêts et de l'influence des différens Départemens, principe constitutionnel des Assemblées Provinciales, se trouve rompu par cette réunion, et cet équilibre paroît cependant aussi essentiel à la Commission Intermédiaire, dans laquelle est pour ainsi dire concentrée toute l'activité de l'Assemblée qu'elle doit représenter et suppléer pendant onze mois de l'année.

Vous n'avez sans doute, Messieurs, aucune partialité à craindre dans la décision des affaires dont elle sera chargée, mais cela ne suffit pas, il ne faut pas même qu'elle soit exposée à un soupçon que ne forme que trop aisément l'intérêt particulier, qui n'obtient pas une décision favorable.

Nous sentons tous les embarras et toutes les difficultés de cette formation; mais nous n'en voyons pas d'autre qui soit juste, et la justice n'entre en compensation avec aucune considération.

Quant au surcroit de dépense qu'entraînera nécessairement l'augmentation de votre Commission Intermédiaire, nous n'osons vous indiquer, pour y suppléer, des retranchemens, possibles peut-être dans les Départemens, mais pour lesquels nous prévoyons une répugnance que nous partageons nous-mêmes, et que la nécessité seule pourroit vous faire vaincre.

Quoiqu'il en soit, et de telle maniere que vous jugiez devoir l'effectuer, nous regardons l'augmentation de votre Commission Intermédiaire comme indispensable, et nous pensons que vous devez la solliciter sans délai. Enfin vous avez encore à vous occuper, Messieurs, du remplacement de ceux de ses Membres qui pourroient venir à manquer dans l'intervalle de vos tenues et sur lequel tous les Réglemens ont gardé le silence.

Délibération. Sur quoi, l'Assemblée délibérant, il a été arrêté de renvoyer la proposition de Messieurs les Procureurs-Syndics au Bureau du Réglement, en priant Messieurs de ce Bureau de s'en occuper le plus incessamment possible.

M. le Président a fini par la lecture d'une lettre des Officiers Municipaux de la ville d'Amiens, qui annonce l'envoi d'un mémoire en réponse à la demande qui leur a été faite de l'état de leur recette et dépense, et de leur situation actuelle, et d'une délibération y relative : lecture ayant été aussi faite du mémoire et de la délibération, l'Assemblée a sursis à leur examen, jusqu'à ce que, par la réponse des autres Corps Municipaux auxquels on a fait la même demande, on ait été à portée de prendre un arrêté général sur cet objet.

Ensuite l'Assemblée ayant prorogé sa séance au même jour cinq heures de relevée, s'est rendue dans les Bureaux.

Du même jour, cinq heures de relevée.

L'Assemblée n'a travaillé qu'aux Bureaux.

LE DUC D'HAVRÉ ET DE CROÏ, *Président.*

BERVILLE, *Secrétaire-Greffier.* Signés.

SÉANCE du 6 Décembre, neuf heures au matin.

LE Bureau du Réglement a fait le rapport suivant :

MESSIEURS,

LE Bureau du Réglement s'est occupé des représentations que vous ont faites hier Messieurs les Procureurs-Syndics au sujet du petit nombre des Membres qui composent votre Commission Intermédiaire. Ils vous l'ont fait considérer comme insuffisant, relativement à la multitude des objets qui sont confiés à cette Commission, sur-tout lorsque quelque cause imprévue force quelqu'un de ses Membres de s'absenter. Nous ne vous remettrons pas de nouveau sous les yeux les raisons

1er Rapport du Bureau du Réglement.

De l'augmentation de la Commission Intermédiaire.

sur lesquelles Messieurs les Procureurs-Syndics se sont appuyés et qu'ils ont développées avec autant de sagesse que de clarté. Le Bureau qui les a pesées, n'a pu qu'en reconnoître la solidité. Il a donc statué de vous proposer, Messieurs, de demander que la Commission Intermédiaire soit augmentée, et que cette augmentation soit de deux Membres, un du Clergé et de la Noblesse alternativement, et un du Tiers-Etat. Nous n'ignorons pas que la Commission Intermédiaire de la Haute-Guyenne est composée de huit Membres, et que cet exemple auroit pu nous autoriser à vous proposer le même nombre pour la vôtre ; mais il a été judicieusement observé que la Haute-Guyenne ne connoît pas d'Assemblées de Département à qui il appartient de préparer en premiere instance les matieres des délibérations, de prendre des renseignemens, des détails, de discuter les questions, ce qui fait un grand secours pour la Commission Intermédiaire Provinciale. Nous avons donc pensé que l'avis que nous avons l'honneur de vous proposer, qui tient le milieu entre celui qui ne voudroit aucune augmentation, et celui qui voudroit que cette augmentation fut portée au double, obvieroit aux inconvéniens qu'on pourroit reprocher à l'un et à l'autre. Vous voudrez bien observer, Messieurs, que cette addition de deux Membres ne dérangera en rien l'équilibre observé dans la composition de la Commission Intermédiaire, ainsi que dans toutes les autres Assemblées; c'est-à-dire, que la moitié sera de l'ordre de la Noblesse et du Clergé réunis, et l'autre moitié du Tiers-Etat. Il sera de la prudence de l'Assemblée de choisir ces deux nouveaux Députés dans deux Départemens différens de celui d'Amiens, qui

fournit

fournit déjà trois Membres à la Commission Intermédiaire ; un Du 6 Décembre Membre nouveau tiré de ce Département lui donneroit trop 1787. d'influence dans les délibérations.

Voilà, Messieurs, les observations que nous avons cru ne devoir pas tarder à vous présenter, tant parce que votre décision entrera dans le projet du Réglement général que nous espérons sous peu de jours soumettre à votre jugement, que parce qu'il seroit important d'obtenir la réponse du Gouvernement assez à temps pour faire votre choix, avant l'époque de votre séparation.

Quant à la seconde question proposée par Messieurs les Procureurs-Syndics, au sujet du remplacement de ceux des Membres de la Commission Intermédiaire qui viendroient à manquer dans le courant de l'année, une lettre de M. le Contrôleur Général, décide que pour ce remplacement on attendra la tenue de l'Assemblée générale qui seule pourra l'opérer.

L'Assemblée, délibérant sur le précédent rapport, et en Délibération. même-temps sur la réquisition faite par Messieurs les Procureurs-Syndics en la séance de la veille, a arrêté de supplier Sa Majesté de lui accorder l'augmentation de deux Membres dans la composition de sa Commission Intermédiaire, lesquels seroient choisis dans deux Départemens différens de celui d'Amiens, savoir, un du Clergé et de la Noblesse alternativement, et un du Tiers-Etat : et que M. le Président seroit prié d'interposer ses bons offices auprès des Ministres du Roi pour l'obtenir.

Le même Bureau a fait un second rapport, ainsi qu'il suit :

Q

Du 6 Décembre
1787.

Second Rapport
du Bureau du Ré-
glement.
De la nomina-
tion de M. Mares-
sal de la Houssoye
à la place de Mem-
bre du Départe-
ment d'Amiens.

MESSIEURS,

VOUS n'avez point oublié la difficulté qui a été élevée par Messieurs les Officiers Municipaux de la ville d'Amiens contre la nomination de M. Maressal de la Houssoye, à la place de Membre du Département de cette ville ; vous n'avez point oublié l'assertion de ces Messieurs, que le sieur Maressal de la Houssoye ne pouvoit être élu, ni comme cultivateur habitant de la campagne, ni comme domicilié à Amiens. Il ne pouvoit l'être en la première qualité, attendu, disent-ils, qu'il est notoire que la métairie qu'il exploite est de l'Election de Doullens ; il ne pouvoit l'être en la seconde, parce qu'il n'est ni n'a été Membre de la Municipalité : il y a même plus, ajoutent-ils, c'est qu'aux termes du Réglement il ne pouvoit être élu Membre d'une Municipalité, attendu qu'il ne paie que 24^{tt} de capitation, et que suivant l'article 11 du Réglement du 8 Juillet, il faut payer au moins 30^{tt} d'Impositions foncieres ou personnelles dans le lieu de l'Assemblée.

Vous n'avez point oublié non plus, Messieurs, ce qui est consigné dans la lettre écrite à ce sujet par M. le Contrôleur Général à M. le Duc d'Havré notre Président, qui vous a été communiquée ; que le point qui détermineroit le Conseil de Sa Majesté, est de savoir si le sieur Maressal a des exploitations ou non dans l'Election d'Amiens.

Ce que nous avons à vous communiquer, fixera là-dessus votre opinion, et bientôt celle du Ministre qui vous a renvoyé l'examen de cette affaire.

Le Bureau ayant fait ici lecture de l'extrait de quatre baux passés par divers propriétaires au profit dudit sieur Maressal de la Houssoye, desquels il résulte que ses exploitations produisent 4935^{tt} de redevance, et d'une quittance du Receveur des Vingtiemes, qui justifie que ce même particulier est propriétaire d'une maison sise à Amiens, pour laquelle il paie 60^{tt} 10^{d} de Vingtiemes, a continué son rapport ainsi qu'il suit.

Voilà donc, Messieurs, une somme de 4935^{tt} que paie de redevance annuelle le siéur Maressal de la Houssoye, pour des biens qu'il exploite dans divers lieux, tous situés dans le district du Département d'Amiens. Personne de vous, Messieurs, ne doute que sur des fermages aussi considérables, ne soient assises des Impositions qui seules suffiroient pour rendre M. Maressal de la Houssoye, susceptible de devenir Membre de l'Assemblée de Département, au moins comme cultivateur.

Il est d'ailleurs imposé, comme vous venez de le voir, à 60^{tt} 10^{d} de Vingtiemes pour la maison qu'il possede dans la ville, d'où il suit que Messieurs de la Municipalité d'Amiens ont fait, et à M. le Contrôleur Général à qui ils se sont adressés, et à l'Assemblée du Département d'Amiens, un exposé peu exact, en disant que le sieur Maressal de la Houssoye ne payoit pas 30^{tt} d'Impositions dans le Département.

Mais plusieurs d'entre vous, Messieurs, sont tentés sans doute de nous demander pourquoi nous ne vous présentons pas nettement un relevé, fait sur les rôles, des Impositions qu'il paie dans les diverses paroisses pour les exploitations qu'il a dans presque tous les arrondissemens du Département. La réponse à cette question, Messieurs, se trouve dans un extrait que nous devons vous communiquer du registre aux délibérations du Bureau Intermédiaire du Département d'Amiens : il contient un fait qui vous étonnera sans doute et qui vous paroîtra

Q ij

Du 6 Décembre
1787.

digne peut-être de devenir un objet de délibération de cette
Assemblée.

Le Bureau a encore fait ici lecture de la délibération prise
par le Bureau Intermédiaire de l'Assemblée du Département d'Amiens, de laquelle il résulte que le Greffier de
l'Election de cette ville a refusé de donner aux Membres dudit Bureau Intermédiaire les éclaircissemens dont ils
avoient besoin, parce qu'il n'en avoit pas reçu d'ordres
supérieurs.

Délibération.

Sur quoi l'Assemblée après avoir fait lecture, indépendamment de celles des pieces ci-dessus relatées, de la copie de la
lettre de Messieurs les Officiers Municipaux de la ville d'Amiens,
du 10 Septembre dernier, à Messieurs de l'Assemblée de Département de ladite ville, et de celle de M. le Contrôleur Général
des Finances, du 27 Novembre aussi dernier, à M. le Président,
délibérant sur le tout, a arrêté sur le premier objet concernant
l'Election de M. Maressal de la Houssoye, comme représentant
du Tiers-Etat dans ladite Assemblée du Département d'Amiens,
qu'elle étoit d'avis que cette Election avoit été réguliér-
ement faite, pourquoi extrait de la Délibération seroit délivrée à M. le Président, pour l'adresser à M. le Contrôleur
Général.

Et sur le second objet, que M. le Président seroit prié
d'écrire à ce Ministre pour lui demander d'autoriser l'Assemblée
Provinciale et celles de Département ainsi que leurs Commission et Bureaux Intermédiaires, à prendre dans les Greffes des
Tribunaux et dans les autres dépôts publics, tous les éclaircissemens et renseignemens dont ils auroient besoin, et que cependant MM. les Procureurs-Syndics seroient aussi priés d'écrire

à M. le Président de l'Election d'Amiens, sur le refus fait par le Greffier de cette Jurisdiction.

Le Bureau des Travaux publics a aussi fait le rapport qui suit :

MESSIEURS,

VOTRE Bureau des Travaux publics croit devoir commencer le rapport de ses différentes opérations par vous rendre compte de l'examen réfléchi qu'il a fait de la partie des Instructions que M. le Commissaire du Roi vous a remises, qui traite de la confection des Routes et de la répartition des fonds qui y sont destinés.

Cette partie de vos Instructions nous a paru susceptible de deux divisions.

La premiere contient les vues dont Sa Majesté désire que vous vous occupiez. Vous devez aviser aux moyens de les réaliser et en faire l'objet de vos délibérations, afin que Sa Majesté puisse vous faire connoître ses intentions pour 1789.

La seconde fixe la conduite que vous devez suivre pour les Travaux de 1788, et vous prescrit des loix provisoires dont les principes sont dictés par la sagesse et la prévoyance la plus attentive.

La premiere nous ayant paru donner lieu à quelques observations, nous croyons, Messieurs, avant d'en faire l'analyse, devoir vous faire la lecture des premiers articles des Instructions.

Cette lecture ayant été faite, le Bureau a continué ainsi qu'il suit :

Nous ne pouvons nous dissimuler, Messieurs, que le Con-

Du 6 Décembre
1787. scil ne se soit déterminé, d'après les principes d'une véritable justice distributive, à vous proposer la répartition des fonds de la contribution, suivant l'intérêt plus ou moins direct que les contribuables auroient aux Routes ; mais Sa Majesté, en ne nous faisant point une loi précise de suivre la marche qu'elle nous indique, en nous permettant au contraire de lui présenter nos observations avant qu'elle prononce définitivement, s'est acquise de nouveaux droits à notre reconnoissance et à notre soumission respectueuse.

Sa sagesse lui a fait prévoir qu'il pourroit se trouver des circonstances locales, qui, dans certaines provinces, exigeroient des modifications aux vues qu'elle se proposoit.

En effet, Messieurs, la province de Picardie est peut-être celle de toutes au régime de laquelle la méthode proposée par les Instructions, peut le moins s'adapter; et il résulte des états détaillés qui vous seront présentés incessamment, et de la position de cette province relativement à ses grandes Routes, que les distinctions indiquées par les Instructions ne peuvent lui être appliquées.

Vous verrez par le rapport qui sera mis sous vos yeux,

1°. Que la Généralité est percée de vingt-deux Routes.

2°. Que ces Routes ont été divisées avec autant de justice que d'intelligence, par M. Delatouche, en trois classes.

3°. Que ces vingt-deux Routes intéressent également le général de la province.

4°. Enfin, que de ces vingt-deux Routes formant un total de 210 lieues, 175 seront finies cette année, et qu'en 1789, époque où le Gouvernement paroît désirer que nous adoptions un nouveau régime, il ne restera plus que sept lieues

et demie à réparer , et 23 lieues $\frac{1}{4}$ 34 toises à construire à
neuf.

Il paroîtra sans doute à Sa Majesté, ainsi qu'à vous, Messieurs , d'autant moins nécessaire de soumettre la province à une nouvelle forme de répartition pour la confection d'une si petite quantité de Routes à finir, que l'entretien même n'en paroît pas susceptible.

Vous vous rappellerez, Messieurs, que les Instructions portent que, dans le cas où une Route intéresseroit plusieurs Départemens ou même la province entiere, les villes et communautés sur le territoire desquelles cette Route passeroit, contribueroient d'abord pour une somme fixe par chaque paroisse ; que cependant les Assemblées Provinciales pourroient proposer de fixer cette premiere contribution jusqu'à concurrence d'une somme déterminée de leurs impositions foncieres, comme seroit le quart, le cinquieme, le sixieme, &c. ; que ces mêmes villes et communautés devroient ensuite contribuer de nouveau dans la répartition d'un marc la livre général qui seroit imposé sur tout le Département, pour le paiement du surplus de la dépense.

Ne trouveriez-vous pas, Messieurs, qu'il résulteroit de cette forme de répartition, une grande inégalité dans les différentes contributions. Plusieurs villes ou communautés, quoique plus éloignées de ces grandes Routes, ne peuvent-elles pas avoir un intérêt plus direct à la facilité des Chemins, eu égard aux productions de leur sol et de leur industrie, et à l'étendue de leur commerce ? Cette méthode n'auroit-elle pas alors un effet contraire aux intentions de Sa Majesté, puisque ces mêmes villes ou communautés ne paieroient qu'un marc la livre général,

Du 6 Décembre
1787.

Chemins vici-
naux.

et conséquemment très-foible, tandis que les communautés riveraines, qui souvent n'y auroient qu'un intérêt médiocre, supporteroient plus du double de la dépense.

Il ne nous reste plus, Messieurs, pour nous conformer aux vues du Gouvernement, que la partie des Chemins vicinaux, partie d'autant plus intéressante, que ce n'est que par leur confection que toutes les grandes Routes peuvent devenir d'un intérêt général, et qu'il paroît juste que les communautés retirent quelqu'avantage de la portion de contribution qu'elles auront supportée.

L'utilité des Routes a dû fixer l'attention du ministere; et c'est principalement au zele et aux soins de M. d'Agay, que la province doit cette multiplicité de Chemins si essentielle à son commerce. C'est dans ce moment où ils touchent à leur perfection, que vous regarderez sans doute, Messieurs, comme une des parties les plus importantes de votre administration, de vous occuper sérieusement des Chemins de communication dont jusqu'à présent la confection a été forcément négligée.

Nous pensons que les Chemins vicinaux peuvent être divisés en deux classes:

La premiere comprendroit ceux qui formeroient embranchement d'une petite ville ou communauté à une grande Route;

Et la seconde les Chemins de communauté à communauté.

La distinction de ces deux especes de chemins de communication, nous paroît exiger une différente proportion dans la répartition des fonds, suivant leur nature, et le dégré d'utilité dont ils seroient pour la province.

Ceux de la premiere classe, par leurs embranchemens avec
les

les grandes Routes, faciliteront l'importation et l'exportation des denrées dans toutes les parties de la province, et sous ce rapport d'utilité, ils paroissent mériter qu'on applique à leur confection une partie des fonds de l'Imposition générale. Le Bureau croit remplir les vues d'une juste répartition, en proposant de fixer au quart de la dépense la contribution de la communauté qui demanderoit un embranchement, et de répartir le surplus; savoir, un second quart sur le Département, et les deux derniers quarts sur la généralité de la province par un marc la livre uniforme.

C'est ainsi que, peu-à-peu et par des moyens moins onéreux, les communications de proche en proche s'établiroient et formeroient une ramification générale, bien essentielle pour vivifier toutes les parties de la province, et alimenter le commerce en grand, par l'augmentation graduelle de l'agriculture et de l'industrie.

La seconde classe, Messieurs, n'est pas moins digne de fixer votre attention. C'est aux Chemins de communauté à communauté qui en sont l'objet, qu'ont été appliqués, depuis un certain nombre d'années, les atteliers de charité; nous ne pouvons nous dispenser de vous faire remarquer que vos nouvelles Instructions observent le silence le plus profond sur les secours que Sa Majesté daigne accorder annuellement aux différentes provinces, sous la qualification de Fonds de Charité.

La Picardie jouissoit ordinairement de 40 à 50000^{tt} de ces dons du Roi, par chaque année. Sa bonté paternelle ne nous permet pas de douter de la continuation de ce bienfait; mais sa destination qui sembleroit devoir regarder presqu'uniquement les Chemins vicinaux, nous paroît incertaine, puis-

Fonds de Charité.

R

que leur distribution n'a pas encore été confiée à votre administration.

Certains que les principes d'une humanité éclairée dirigeront toujours M. l'Intendant dans la répartition de ces secours, nous n'insisterions pas sur cet objet, si nous n'en regardions pas l'application aux Chemins vicinaux comme infiniment essentielle au bien général.

En effet, les communautés de l'intérieur de la province n'auront jamais des moyens suffisans pour supporter seules les frais d'une Route de communication, sur-tout si elle a quelqu'étendue : elles seroient donc condamnées à rester toujours dans l'indigence et dans l'oubli, ou deviendroient une nouvelle charge pour la province, si le Gouvernement ne leur tendoit une main secourable.

Avec les Fonds de Charité, si Sa Majesté daignoit vous en accorder la disposition, sauf l'approbation du Conseil, vous pourriez, Messieurs, en y ajoutant une contribution des communautés intéressées, déterminée sur leurs Impositions foncieres, et avec le secours des contributions volontaires des Seigneurs des paroisses et des Propriétaires, ouvrir des communications utiles, perfectionner celles qui sont ouvertes, enfin assurer du travail aux indigens de tout âge et de tout sexe.

C'est sous ce dernier point de vue, Messieurs, que les atteliers de charité, appliqués aux Chemins vicinaux, sont vraiment intéressans. Les femmes, les enfans, les vieillards même, qui n'ont souvent que la funeste ressource de la mendicité pour se procurer une subsistance pénible, trouveront dans ces atteliers un salaire, foible en effet, mais proportionné à leurs forces et suffisant à leurs besoins.

Vus sous ce rapport, Messieurs, ces établissemens sont faits ~~Du 6 Décembre.~~ pour vous inspirer déja le plus vif intérêt : mais ce n'est pas   ~~1787.~~ le seul avantage que vous pourrez vous en promettre. Le pere chargé de famille trouvera dans les salaires réunis de ses en- fans, le moyen d'acquitter sa contribution. Le numéraire de- venant plus abondant, facilitera le recouvrement des Impôts et diminuera sensiblement les non - valeurs. On verra fleurir l'agriculture par le libre transport des engrais et des denrées, renaître l'industrie par la circulation facile des productions de toute espece ; enfin la population, presque toujours le par- tage et le fléau de l'indigence, deviendra la véritable richesse de la province.

Pour nous résumer, Messieurs, le Bureau des Travaux pu- blics croit devoir regarder cette province comme une même famille, dont tous les Membres doivent se réunir pour l'a- vantage commun : il estime que le seul moyen d'établir une répartition juste et impartiale, est de continuer les travaux des grandes Routes, comme devant être à la charge de l'universalité de la province.

En conséquence, il a l'honneur de vous proposer de dé- libérer

·1°. Que Sa Majesté sera très-humblement suppliée d'auto- riser l'Assemblée à continuer pour l'année 1788 la prestation en argent pour le rachat de la Corvée sur la totalité de la province au prorata des devis estimatifs des Travaux qui auront été arrêtés par le Conseil, d'après les états qui lui en auront été présentés par l'Assemblée Provinciale ou sa Commission Intermédiaire, sans toutefois que ladite presta- tion puisse excéder le septieme de la Taille, Accessoires et

Du 6 Décembre 1787. Capitation réunis et proportionnellement pour les pays non taillables.

2°. Que Sa Majesté sera également suppliée de vouloir bien continuer le don d'environ 50000 liv. qu'elle a bien voulu accorder chaque année à la province pour les Fonds de Charité.

3°. Qu'elle voudra bien confier à l'Assemblée la distribution desdits fonds pour par elle être employés à la confection des Chemins vicinaux de communauté à communauté.

4°. Qu'elle voudra bien autoriser l'Assemblée à disposer du quart desdits fonds, pour subvenir aux besoins des communautés les plus indigentes, et qui seroient hors d'état de fournir une contribution pour les Chemins vicinaux, à la charge d'en rendre compte tous les ans au Conseil.

5°. Que Sa Majesté voudra bien autoriser l'Assemblée à diviser les Chemins en quatre classes, savoir :

PREMIERE CLASSE.

Les Routes qui peuvent être regardées comme de grande communication.

SECONDE CLASSE.

Les Routes de communication aves les provinces limitrophes.

TROISIEME CLASSE.

Les Chemins d'une ville à l'autre dans l'intérieur de la province.

QUATRIEME CLASSE.

Enfin, les Chemins vicinaux formant deux divisions.

La première, ceux d'embranchement d'une communauté à une grande Route.

La seconde, ceux de communauté à communauté.

6°. Que Sa Majesté sera très-humblement suppliée d'autoriser l'Assemblée à faire exécuter les Travaux des trois premieres classes sur les fonds de l'Imposition générale, comme devant être, eu égard à leur utilité, à la charge de l'universalité de la province.

Ceux des Chemins vicinaux de la premiere division, un quart aux frais de la communauté qui aura demandé l'embranchement, un quart aux frais de l'Election, et le surplus sur les fonds de l'Imposition générale.

Enfin, ceux de la seconde division, partie sur les Fonds de Charité, partie sur une contribution déterminée de l'Imposition fonciere des deux communautés intéressées, et le surplus sur les contributions volontaires des Seigneurs, Propriétaires, Forges, Manufactures et autres Etablissemens intéressés à leur confection.

Le Bureau a aussi l'honneur de vous proposer de recommander à votre Commission Intermédiaire de s'occuper, d'ici à votre prochaine tenue, de classer nominativement les Chemins de communication de la Généralité, suivant la distinction ci-dessus énoncée, et d'après les demandes qui lui en seront faites, si vous approuvez, Messieurs, la division que le Bureau a l'honneur de vous proposer.

L'Assemblée délibérant sur le rapport, il a été arrêté, 1°. que Sa Majesté seroit très-humblement suppliée d'autoriser l'Assemblée à continuer pour l'année 1788, la prestation en argent pour le rachat de la Corvée sur la totalité de la province, au prorata des devis estimatifs des travaux qui auront été arrêtés par le Conseil, d'après les états qui lui en

Délibération.

auront été présentés par elle ou sa Commission Intermédiaire, sans toutefois que ladite prestation puisse excéder le septieme de la Taille, Accessoires et Capitation réunis et proportionnellement pour les pays non taillables.

2°. Que Sa Majesté seroit également suppliée de vouloir bien continuer le don d'environ 50000^{tt} qu'elle a bien voulu accorder chaque année à la province pour les Fonds de Charité.

3°. Qu'elle voudroit bien confier à l'Assemblée la distribution desdits fonds, pour par elle être employés à la confection des Chemins vicinaux de communauté à communauté.

4°. Qu'elle voudroit bien autoriser l'Assemblée à disposer du quart desdits fonds, pour subvenir aux besoins des communautés les plus indigentes et qui seroient hors d'état de fournir une contribution pour les Chemins vicinaux, à la charge d'en rendre compte tous les ans au Conseil.

5°. Que Sa Majesté voudroit bien autoriser l'Assemblée à diviser les Chemins en quatre classes, savoir:

PREMIERE CLASSE.

Les Routes qui peuvent être regardées comme de grande communication.

SECONDE CLASSE.

Les Routes de communication avec les provinces limitrophes.

TROISIEME CLASSE.

Les Chemins d'une ville à l'autre dans l'intérieur de la province.

QUATRIEME CLASSE.

Enfin, les Chemins vicinaux formant deux divisions.

La premiere, ceux d'embranchement d'une communauté à une grande Route.

La seconde, ceux de communauté à communauté.

6°. Que Sa Majesté seroit humblement suppliée d'autoriser l'Assemblée à faire exécuter les travaux des trois premieres classes sur les fonds de l'Imposition générale, comme devant être, eu égard à leur utilité, à la charge de l'universalité de la province.

Ceux des Chemins vicinaux de la premiere division, un quart aux frais de la communauté qui aura demandé l'embranchement; un quart aux frais de l'Election, et le surplus sur les fonds de l'Imposition générale.

Enfin ceux de la seconde division, partie sur les fonds de charité, partie sur une contribution déterminée de l'Imposition fonciere des deux communautés intéressées, et le surplus sur les contributions volontaires des Seigneurs, Propriétaires, Forges, Manufactures et autres établissemens intéressés à leur confection.

7°. Enfin, que la Commission Intermédiaire s'occuperoit, d'ici à la prochaine tenue, de classer nominativement les Chemins des communauté de la Généralité, suivant la distinction ci-dessus énoncée, et d'après les demandes qui lui en seroient faites.

L'Assemblée a prorogé sa séance au même jour, cinq heures de relevée.

Le même jour, cinq heures de relevée.

L'Assemblée s'est rendue dans les Bureaux pour y continuer le travail.

LE DUC D'HAVRÉ ET DE CROÏ, *Président.*

BERVILLE, *Secrétaire-Greffier.* Signés.

SÉANCE du 7 Décembre, neuf heures du matin.

1er Rapport de la Commission particuliere des Vingtiemes.

LA Commission particuliere des Vingtiemes a fait le rapport suivant,

MESSIEURS,

VOUS vous rappellez qu'à l'ouverture de cette Assemblée, M. le Commissaire du Roi vous a annoncé que Sa Majesté vous permettoit de solliciter un Abonnement des Vingtiemes de cette Généralité : un Abonnement étoit l'objet des vœux de toute la province ; il présentoit la perspective flatteuse d'une perception plus douce, plus égale, moins dispendieuse ; le peuple étoit soulagé, les revenus de l'Etat n'en étoient pas diminués ; mais vous vous rappellerez aussi l'impression qu'a dû faire sur vos esprits, le taux auquel la faveur de cet Abonnement a été fixée. Instruits de la situation de la province, de l'épuisement de ses forces, de l'immensité de ses charges, de la nullité de ses ressources, vous avez, du premier abord, senti l'impossibilité où elle étoit de supporter aucune augmentation d'Impôt. Cependant le désir d'entrer dans les vues bienfaisantes d'un Monarque chéri et respecté, et de lui donner des marques de votre dévouement, de votre reconnoissance et de votre zele, vous a fait un instant douter de votre impuissance : vous avez nommé une Commission que vous avez chargée

de

de calculer vos forces, de les comparer à la somme de- mandée, et de vous rendre compte du résultat.

Nous n'avons rien négligé, Messieurs, de tout ce qui pouvoit nous procurer des lumieres sur un objet aussi important. Persuadés que la justice et la bonté de Sa Majesté ne lui auroient pas permis de porter à une somme aussi forte, le prix de l'Abonnement, si, par des calculs mis sous ses yeux, elle n'avoit cru voir que cette somme n'étoit pas audéssus de vos facultés, nous avons demandé la connoissance des bases sur lesquelles ces calculs avoient été faits; et voici, Messieurs, le précis des éclaircissemens qui nous ont été remis.

Le prix de l'Abonnement est de. . 2922000^{tt} $»^{s}$ $»^{d}$
En retranchant pour les biens Ecclésiastiques . . . . 499000 » »

IL RESTE. . 2423000 » »

Or, le montant actuel des deux Vingtiemes et quatre sols pour livre du premier, y compris l'Imposition du Boulonnois, et non compris les Vingtiemes d'industrie et des Offices et Droits est de. . . . . 1715426^{tt} 16^{s} 6^{d}

L'Imposition nouvelle à mettre sur les Domaines et Forêts du Roi, sur les biens patrimoniaux des Princes du Sang, sur ceux de l'Ordre de Malthe et des Hôpitaux, se monte à. . . . . . 81983 » 4

Cent paroisses vérifiées dans les années 1780, 81 et 82 ayant donné une

1797409 16 10

S

Montant de l'autre part. . . . . 1797409^{tt} 16^{d} 10^{d}.
augmentation de 68497^{tt}, les vérifica-
tions qui restent à faire sur huit cens
trente-quatre paroisses, sont présumées
devoir produire celle de 550372 8 8
Les Vingtiemes des douze Villes de la
Généralité, augmenteront de. . . . 12000 » »
Enfin , en ajoutant à toutes ces sommes celle de 63217 14 6
montant des Vingtiemes d'industrie et
des Offices et Droits , le tout forme la
somme de. . . . . 2423000 » »
qui est précisément celle demandée.

Tel est, Messieurs, le résultat des états qui nous ont été
remis. On nous a de plus observé que , si la province s'abon-
noit, elle profiteroit en outre de l'Imposition à mettre sur les
Domaines et Biens du Comté de Ponthieu , qui font partie
de l'apanage de Monseigneur Comte d'Artois , et qui n'a pas
été comprise dans les détails ci-dessus.

Ainsi donc, Messieurs, d'après les calculs qui nous ont été
communiqués de la part du Ministre, il y a deux bases principales de l'augmentation fixée pour l'abonnement ; la premiere
est le produit des Vingtiemes sur les biens nouvellement
imposables ; la seconde est l'augmentation présumée des
Vingtiemes sur les paroisses à vérifier.

Quant à la premiere, quoique nous n'ayons aucune connoissance particuliere ni détaillée des objets qui doivent la
produire, nous ne pouvons avoir aucun doute : M. le Commissaire du Roi vous a assuré que vous pouviez regarder comme

certains les calculs relatifs à l'addition de matiere imposable, cette assertion est une garantie qui doit lever toute inquiétude et dispenser de toutes recherches.

Il seroit à désirer qu'il en fut de même de la seconde; mais elle ne porte que sur des apperçus, sur des présomptions, et la prudence peut-elle vous permettre de contracter au nom de la province, un engagement de cette importance sur une donnée aussi incertaine ?

Cent paroisses vérifiées dans l'espace de trois ans ont donné une augmentation de 68497^{tt} ; mais il ne s'ensuit pas que toutes les vérifications futures produiront dans la même proportion; si cette regle étoit sûre, les 287 paroisses vérifiées antérieurement aux cent dont il est ici question, auroient dû donner une augmentation de 196586^{tt} ; et cependant, suivant les états détaillés qui nous ont été fournis, elles n'ont augmenté réellement que de 129599^{tt}, ce qui fait une différence de 66987^{tt}.

D'ailleurs, que de considérations se réunissent pour faire croire que les augmentations des vérifications futures ne seront pas en proportion avec celles des vérifications passées.

1°. Il est fort à présumer que, dans le choix des paroisses à vérifier, on aura préféré celles où l'on prévoyoit le plus d'augmentation; on ne peut donc en attendre d'aussi considérables dans celles qui restent à vérifier.

2°. Lors des vérifications des cent paroisses prises pour bases de proportion, le prix des grains qui a servi d'évaluation aux revenus, étoit plus haut qu'il ne l'est aujourd'hui.

3°. Pendant les vérifications générales, les paroisses qui restent à vérifier ont subi des augmentations particulieres, qui diminuent d'autant le bénéfice qu'on auroit pu espérer de leur vérification. Nous aurions désiré de connoître le montant de ces augmentations partielles, nous avons demandé les éclaircissemens qui auroient pu nous donner cette connoissance, mais nous n'avons pu les obtenir.

4°. Enfin, ces augmentations sont souvent dues à des causes passageres et locales, telles par exemple que le tourbage, l'abbatis des futaies, &c. et l'on ne peut établir une regle sûre de proportion, d'après des bases aussi variables.

Nous avons cherché, Messieurs, si nous ne pourrions pas vous en présenter de plus certaines : nous avons calculé d'après l'étendue géométrique de la province; elle est de 458 lieues quarrées; chaque lieue quarrée contient 4688 arpens; mais nous avons cru pouvoir les réduire à 4500, à cause des chemins, et, calcul fait, nous avons reconnu qu'en estimant à 10^{tt} le revenu commun de chaque arpent, (ce qui est très-certainement une évaluation outrée) les deux Vingtiemes et quatre sols pour livre du premier étoient bien éloignés d'atteindre à la somme demandée, et que, déduction faite des Biens Ecclésiastiques et autres non imposables, ils égaloient à peine la somme payée actuellement.

Le résultat de ce calcul, dont la base paroît assez positive, se rapproche de l'idée généralement reçue, que la Picardie a été, de toutes les provinces, la plus travaillée relativement aux Vingtiemes : il fait connoître qu'elle n'est susceptible d'aucune augmentation dans cette partie, et que si quelques paroisses sont dans le cas d'en éprouver une, elle sera compensée par la diminution que d'autres seront en droit de réclamer.

Mais, Messieurs, quand même les apperçus généraux vous Du 7 Décembre 1787. présenteroient quelque espérance d'augmentation, comment pourriez-vous porter dès-aujourd'hui votre abonnement au taux de la valeur effective de cette espérance? L'augmentation présumée ne pourra être que le produit de la vérification des 834 paroisses. Combien d'années ce travail n'exigera-t-il pas? et, jusqu'à sa perfection, comment pourrez-vous acquitter le prix de votre abonnement?

Enfin, Messieurs, une derniere considération bien capable de faire impression sur le cœur de Sa Majesté et sur les vôtres, c'est que tout abonnement avec augmentation, fut-il possible, vous exposeroit à perdre la confiance du peuple, cette confiance qui peut seule faire produire à votre administration tout le bien dont elle est susceptible, et sans laquelle le but du Souverain dans votre établissement seroit manqué, et le fruit d'un de ses plus signalés bienfaits seroit perdu.

Ainsi donc, Messieurs, en nous résumant, il paroît 1°. que la base présentée par le Gouvernement est trop incertaine pour vous mettre à portée de connoître la juste proportion dans laquelle vous pourriez faire des offres; 2°. que le calcul, fait d'après l'étendue géométrique de la province, démontre que l'Imposition des Vingtiemes n'y est susceptible d'aucune augmentation; 3°. que, quand même elle en seroit susceptible, vous ne pourriez offrir de payer, dès-aujourd'hui, à titre d'abonnement, la valeur d'une augmentation dont vous ne pourrez profiter qu'après un travail de plusieurs années; 4°. que, dans tous les cas, l'intérêt de l'état, si inséparablement lié avec celui du Souverain, ne vous permet pas de vous exposer à perdre la confiance du peuple, en vous chargeant, pour premier acte de votre Administration, de la répartition d'une augmentation d'Impôts.

Par toutes ces raisons, le Bureau a pensé que dans l'état actuel des choses, et malgré le désir de donner à Sa Majesté des preuves de son zele et de sa soumission, l'Assemblée ne pouvoit proposer un abonnement dont le prix excédat le montant du produit net de l'Imposition actuelle, non compris le Boulonnois, dont l'Administration a été distraite de celle de la Picardie.

Qu'elle devoit en conséquence supplier Sa Majesté de prendre en considération l'état fâcheux de cette province; le déchet que les circonstances présentes lui font éprouver dans son commerce; la diminution considérable qu'elle essuie dans ses revenus, par le baissement du prix du bled, principale et presqu'unique richesse de cette province; baissement dont elle a lieu de craindre la progression, vu la culture de cette espece de grains nouvellement introduite dans les Provinces-Unies de l'Amérique; l'énormité de ses charges, sa sujétion aux grandes Gabelles, aux droits d'Aides les plus forts, à des droits d'entrée et de sortie du Royaume dans une grande partie de son étendue; sa vérification des Vingtiemes plus suivie que par-tout ailleurs; enfin l'aveu consigné dans le livre de l'Administration des Finances, qu'elle est presque celle dans laquelle chaque individu paie une plus forte portion d'Impôts, quoique certainement son sol ne soit pas un des plus productifs, ni son commerce un des plus étendus.

De vouloir bien, en conséquence, se contenter pour prix de l'abonnement, de l'offre qu'elle fait d'une somme égale au produit de l'Imposition actuelle, non compris le Boulonnois, en y ajoutant 1°. les 81923^{tt} 11^{d} 4^{ℓ} produit de celle à mettre sur les matieres nouvellement imposables, 2°. le produit de celle à percevoir sur les Biens et Domaines du Comté de Ponthieu, apanage de Monseigneur Comte d'Artois, suivant l'état que Sa Majesté en fera remettre.

De vouloir bien, en cas d'acceptation desdites offres, remettre et abandonner à l'Assemblée l'administration entiere et la libre perception de tout ce qui concerne cette Imposition, lui en assurer, sur les parties nouvellement imposables, le recouvrement conforme aux états qui lui ont été et seront remis; lui promettre qu'en cas d'obstacle ou retard au paiement desdites parties, il en sera tenu compte à la province, et qu'à la cessation du second Vingtieme, le taux de l'abonnement diminuera en proportion de l'impôt dont il est représentatif, qu'il sera aussi tenu compte de la somme qui sera jugée nécessaire pour faire face aux non-valeurs, décharges et modérations, et lui accorder un Arrêt de son Conseil, qui révoque tous ceux qui auroient pu être précédemment donnés pour des abonnemens particuliers, dans l'étendue de son administration.

Enfin, dans le cas où le vœu actuel de l'Assemblée ne seroit pas accueilli, de lui accorder la grace de ne faire percevoir, dans le cours de la présente année, cette Imposition que sur le pied des rôles subsistans, et d'accorder au moins cet espace de temps à l'Assemblée, pour pouvoir prendre des connoissances plus exactes sur les forces de la province, sans que, dans cet intervalle, ses habitans puissent être fatigués par de nouvelles recherches et vérifications; qu'elle se seroit estimée heureuse, si l'apperçu de ses facultés l'avoit pu mettre à portée de n'écouter que son zele et de donner dès ce moment à Sa Majesté un nou-

Du 7 Décembre 1787.

Délibération.

veau témoignage de la fidélité inviolable qui caractérise particuliérement cette province.

Après quoi, lecture faite de la lettre de M. le Commissaire du Roi du 30 du mois de Novembre, ainsi que des deux états y énoncés, et vu l'état par lui adressé des vérifications générales des paroisses, faites depuis 1772 jusqu'à 1782 seulement, mis fur le bureau, la matiere mise en délibération, l'Assemblée, en adoptant ledit rapport dans toutes fes parties, a estimé que dans l'état actuel des choses, et malgré le défir de donner à Sa Majesté des preuves de son zele et de sa soumission, elle ne pouvoit proposer un abonnement dont le prix excédât le montant du produit net de l'Imposition actuelle, non compris celle du Boulonnois, dont l'administration a été distraite de celle de la Picardie; en conséquence elle a arrêté :

1°. De supplier très-humblement Sa Majesté de prendre en considération l'état fâcheux de cette province, le déchet que les circonstances présentes lui font éprouver dans son commerce, la diminution considérable qu'elle essuie dans ses revenus, par le baissement du prix du bled, principale et presqu'unique richesse de cette province, baissement dont elle a lieu de craindre la progression, vu la culture de cette espece de grains nouvellement introduite dans les Provinces-Unies de l'Amérique; l'énormité de ses charges, sa sujétion aux grandes Gabelles, aux droits d'Aides les plus forts, à des droits d'Entrée et de Sortie du Royaume dans une grande partie de son étendue; sa vérification des Vingtiemes plus suivie que partout ailleurs; enfin l'aveu consigné dans le livre de l'Administration des Finances qu'elle est presque celle dans laquelle chaque

chaque individu paie une plus forte portion d'Impôt, quoique certainement son sol ne soit pas un des plus productifs, ni son commerce un des plus étendus.

2°. Que Sa Majesté seroit aussi très-humblement suppliée de vouloir bien se contenter pour prix de l'abonnement du Vingtieme de la Généralité d'Amiens, non compris le Boulonnois, de l'offre que l'Assemblée lui fait d'une somme égale au produit net de son Imposition actuelle, en y ajoutant, 1°. les 81923^{tt} 11^{s} 4^{d}, produit de celle à mettre sur les matieres nouvellement imposables ; 2°. le produit de celle à percevoir sur les biens et domaines du Comté de Ponthieu, appanage de Mgr. Comte d'Artois, suivant l'état que Sa Majesté en feroit remettre.

3°. De vouloir bien, en cas d'acceptation desdites offres, remettre et abandonner à l'Assemblée l'administration entiere et la libre perception de tout ce qui concerne cette Imposition, lui en assurer sur les parties nouvellement imposables, le recouvrement conforme aux états qui lui ont été et seroient remis, lui promettre qu'en cas d'obstacle ou retard au paiement desdites parties, il en seroit tenu compte à la province, et qu'à la cessation du second Vingtieme, le taux de l'abonnement diminueroit en proportion de l'Imposition dont il est représentatif, qu'il seroit aussi tenu compte de la somme qui seroit jugée nécessaire pour faire face aux non-valeurs, décharges et modérations.

4°. Que Sa Majesté seroit encore suppliée d'accorder à l'Assemblée un Arrêt de son Conseil qui révoqueroit tous ceux qui auroient pu être précédemment rendus pour des abonnemens particuliers dans l'étendue de son administration.

T

5°. Enfin que le Roi seroit supplié, dans le cas où le vœu actuel de l'Assemblée ne seroit pas accueilli, de lui accorder la grace de ne faire percevoir dans le cours de la présente année cette Imposition que sur le pied des rôles subsistans, et d'accorder au moins cet espace de temps à l'Assemblée pour pouvoir prendre des connoissances plus exactes sur les forces de la province, sans que, dans cet intervalle, ses Habitans puissent être fatigués par de nouvelles recherches et vérifications.

Ensuite l'Assemblée a prorogé sa séance au même jour, cinq heures de relevée.

Du même jour, cinq heures de relevée.

Le Bureau du Bien-Public a fait le rapport suivant :

Messieurs,

Second Rapport du Bureau du Bien-Public.
Des Canaux.

LE commerce étant une des branches les plus intéressantes de l'administration du Royaume, tout ce qui peut l'étendre et le faciliter doit occuper l'Assemblée Provinciale. Les pays les plus commerçans, l'Angleterre et la Hollande, sont percés de canaux. En Prusse, où une excessive économie, sous le Grand Frédéric, n'a pas permis de pratiquer un chemin, ce Prince faisoit creuser des canaux pour communiquer dans ses états. Le Bureau du Bien-Public a été chargé d'examiner ceux de cette province, et il va vous être rendu compte, Messieurs, de ces différens travaux et des raisons pour lesquelles ils ont été faits.

La ville d'Amiens est très-considérable; et après Bordeaux, Marseille, Lyon, Rouen et Nantes, elle tient le premier rang entre les villes de commerce ; elle répand dans l'intérieur du Royaume les marchandises et denrées de toute espece, qu'elle reçoit de nos Ports, ainsi que de l'Espagne, l'Angleterre, la Hollande et la Baltique, par le Port de S. Valery. Ce même Port est pour cette province le plus utile pour l'exportation des grains.

Dès l'année 1777, s'est élevée la question de savoir si la situation du Crotoy étoit plus avantageuse pour y créer un Port que celle de S. Valery, qui, par l'encombrement des sables qui l'environnent, nécessitoit des travaux et des réparations considérables. En 1784, Messieurs de Fleurieux et de Borda ont été envoyés dans ces Ports, par M. le Maréchal de Castries, Ministre qui a administré pendant sept ans le Département de la Marine avec tant de distinction et de capacité, et qui a toujours employé les hommes les plus capables dans tous les genres.

L'avis de Messieurs de Fleurieux et de Borda fut que le Port de S. Valery méritoit la préférence, quoiqu'il soit plus éloigné de la mer que le Crotoy, parce qu'il avoit l'avantage par sa position de protéger les bâtimens contre les vents du sud jusqu'à l'ouest-nord-ouest, qui regnent dans la Manche les trois quarts de l'année ; ils ajoutoient qu'à S. Valery tout étoit fait pour le service du port et du commerce ; et que le canal à creuser pour opérer son amélioration, ne formoit qu'un objet de dépense évalué à 934000^{tt}, et porté depuis au-delà de 1200000^{tt}, au lieu que le Crotoy, situé sous le vent relativement à ceux qui dominent ordinairement dans ces parages, n'ayant qu'une côte plate, dépourvue de tout abri, et environnée de sables de tous côtés, n'offroit qu'un asile incertain et mal-assuré aux bâtimens qui y séjourneroient; que tout étoit d'ailleurs à créer au Crotoy, pour y former un établissement, puisqu'il falloit y construire un port, une ville, en un mot tous les secours nécessaires et relatifs à un entrepôt de commerce; qu'en outre si on vouloit y creuser un canal de communication avec Abbeville, sa distance de cette derniere ville étant de cinq lieues, dont deux environ dans des sables toujours exposés aux invasions de la mer, et cette distance étant plus grande d'ailleurs de près d'une lieue que celle de S. Valery, les travaux joints aux difficultés qu'il faudroit vaincre, monteroient à plus de 8000000^{lt}, somme qui rendroit seule ce projet impraticable : c'est l'estimation de M. de la Touche. L'opinion des Négocians d'Abbeville est que cette dépense ne seroit que de 2000000^{lt} au plus.

Sur ces différens avis, Messieurs, le Port de S. Valery ayant été jugé le plus propre au commerce de la Picardie, il fut rendu un Arrêt du Conseil, dès le 22 Mars 1782, et des Lettres patentes le 28 Novembre de la même année, pour la construction d'un Canal, partant de la pointe de Pinchefalise, passant par Boismont et Gouy jusqu'à Sursomme près Abbeville, à l'effet de recevoir les eaux de la riviere de Somme pour les rapporter en masse à la Ferté, où réunies à la petite riviere d'Amboise, elles doivent par leur volume écarter les sables qui encombrent le Port de S. Valery, et contribuer à ouvrir une communication directe avec la pointe du Hourdel, d'où l'appareillage des vaisseaux seroit beaucoup plus sûr et plus commode qu'au Crotoy, en supposant ce dernier endroit pourvu de tous les avantages qui lui manquent.

Canal de Pinchefalise à Sursomme.

Ce même Arrêt, revêtu de Lettres patentes confirmées par

d'autres du 11 Juin 1784, a accordé à la Chambre du Commerce de Picardie, en faveur de ces travaux :

1°. Une somme de 40000^{tt}, pendant dix ans, à fournir par Sa Majesté, dont 10000^{tt} prélevées sur les fonds destinés aux dépenses des canaux de navigation, et 30000^{tt} sur ceux des Ports du commerce.

2°. Un Octroi sur toutes les marchandises qui entrent et sortent des Ports de S. Valery, du Crotoy et d'Abbeville ; ledit Octroi à percevoir également pendant dix ans. Le produit en fut évalué à 67000^{tt} par an ; cependant la premiere année de perception a produit 75000^{tt} environ, et la seconde au-delà de 87000^{tt}, en y comprenant une contribution annuelle de 12000^{tt}, à laquelle la Ferme Générale est obligée par Arrêt du Conseil, pour les sels qu'elle fait circuler par la baie de Somme.

Ces ouvrages ont commencé au mois d'Avril 1786. La premiere adjudication consistante en 1560 toises environ, en a été portée à 303000^{tt} ; ils sont à la veille d'être achevés ; le paiement en a été ordonné à raison de deux cinquiemes sur les fonds donnés par le Roi, et les trois cinquiemes restans sur l'Octroi fourni par le commerce.

Les comptes pour la premiere année de la gestion de l'Octroi ont été mis sous les yeux du Bureau ; ils sont clairs, exacts ; la rétribution de celui qui en est chargé est de six deniers pour livre, et le même traitement est alloué pour les frais de régie.

Le Bureau a examiné avec le plus grand soin, Messieurs, et a discuté avec M. Delatouche, Ingénieur des Ponts et Chaussées, tout le travail de ce Canal ; il paroît bien fait sous tous les rapports quelconques. On a dit qu'il ne pourroit contenir l'eau ; que le fonds étoit mauvais ; que ce Canal coûteroit trois fois le devis. On ne peut croire à une pareille assertion, quand le quart du travail est fait dans le terrain le plus difficile, et qu'il n'y a que 303000^{tt} de dépensées. Ces sortes d'ouvrages sont sujets à des inconvéniens que le plus habile Artiste ne peut toujours prévoir ; et c'est pour cette raison qu'il a été jugé nécessaire pour assurer les travaux de l'adjudication, d'y ajouter un tuinage dont la dépense est estimée au plus de 30000^{tt}. Or, en supposant ces deux sommes réunies, pour ce qui reste à faire, les trois quarts de la dépense ne seront que de 999000^{tt}, actuellement à débourser,

Les fonds de l'Octroi, dont la premiere année a été de 75000^{tt} la seconde de 87000^{tt} en les mettant l'une dans l'autre à 85000^{tt} formeront en dix ans une somme de. . . . . 850000^{tt} »⁵ »ᵈ»

à quoi ajoutant les 40000^{tt} données par an par le Roi, on aura une somme de . . . . 400000 » »

T O T A L. 1250000 » »

Dépenses faites ou à faire. . 1332000 » »

Il y auroit un *déficit* de . . . , 82000 » »
qu'on a lieu d'espérer de gagner par les soins que l'Assemblée apportera aux futures adjudications.

M. Delatouche a répondu, aux questions que le Bureau lui a faites sur le travail de ce Canal, qu'il ne pouvoit s'engager à une garantie générale à défaut d'Entrepreneurs qui (sous cette clause) consentent les adjudications ; mais il promet de déterminer et de fixer toutes les opérations même accessoires, qui auroient lieu pour la confection du Canal, et d'en apprécier la dépense, sauf celles éventuelles. Quant au temps fixé pour la fin de l'ouvrage, tout dépend des fonds et des ouvriers qui se présenteront.

Après l'examen le plus réfléchi, Messieurs, le Bureau a pensé qu'il falloit continuer ce Canal, en demandant que MM. de la Commission Intermédiaire fussent chargés d'arrêter tous les devis et marchés pour l'année 1788.

Le Bureau pense que pour porter ce Canal à sa perfection, rendre le Port de S. Valery infiniment meilleur et son abord plus certain, il y a encore des sommes considérables à dépenser; M. Delatouche n'est pas décidé sur le genre de travail à faire, mais son apperçu est d'environ 600000^{tt} au-delà des 1332000^{tt} de l'emploi desquelles il vous a été rendu compte précédemment.

D'Abbeville à Amiens, les Gribanes ou Barques sont depuis long-temps hallées par des hommes qui sont sur cette côte au nombre de 900 environ; ils font le plus grand tort au commerce par les vols continuels qu'ils se permettent, en employant toute l'adresse dont ils sont capables, pour se soustraire aux réclamations des Négocians qu'ils tâchent de piller impunément. La Chambre du Commerce vient d'obtenir que ce hallage seroit fait à l'avenir par des chevaux; mais il est nécessaire de pratiquer un chemin qui favorise ce hallage; M. l'Intendant a obtenu un ordre du Roi en conséquence. Le devis de la dépense est de 25000^{tt} environ. Le Bureau en approuvant le marché a été d'avis qu'il fut renvoyé à Messieurs de la Commission Intermédiaire pour l'arrêter définitivement, et qu'il fut fait en 1788.

Du 7 Décembre 1787.

Du Hallage des Gribannes d'Abbeville à Amiens.

Il faut passer maintenant, Messieurs, au canal entrepris par feu M. Laurent, et suivi par M. Laurent de Lionne; vous en avez entendu les détails, mais le Bureau les a tous résumés pour les remettre sous vos yeux.

Le Canal part d'Amiens, passe à Corbie, Bray, Péronne, Ham et S. Simon, où il doit se joindre à l'ancien canal de Picardie ou Crozat.

Il y a eu un devis fait par feu M. Laurent : depuis, les ouvrages ont été adjugés au rabais, les doubles sont dans les Bureaux de l'Intendance et chez les Subdélégués.

Il y a dix personnes employées à ce travail. Le traitement de M. de Lionne est de 4000^{tt}. Un Inspecteur a 1200^{tt}. Six Piqueurs, un Dessinateur et un Caissier. Total 10170^{tt}.

Le travail a commencé le premier Juillet 1770, et jusqu'au premier Janvier 1788 la dépense et les indemnités paroissent monter à la somme de 1276000^{tt}.

Le devis de la dépense pour finir ce canal, d'après l'estimation, monte à 1008000^{tt}.

Les fonds de ce travail sont pris sur un octroi de vingt sols par velte mis sur les eaux-de-vie qui se consomment dans cette province.

On a demandé pourquoi dans les endroits où la somme étoit navigable, on en avoit changé le lit; il paroît que ce changement n'a été qu'avantageux et n'a rien coûté; d'ailleurs, il est reconnu que lorsqu'une riviere n'est pas navigable, il est plus utile de construire un canal hors d'œuvre : c'est le cas de la riviere de Somme.

M. de Lionne assure que pour 242000^{tt}, il desséchera tous les marais quelconques; et pour répondre aux plaintes qui ont

été

été faites sur ses opérations, il s'engage à prouver, en faisant vérifier par qui l'Assemblée jugeroit à propos de nommer,
» que de S. Simon à Amiens, le Canal de M. Laurent ne laisse
» pas à dessécher, d'après l'arpentage même de M. Chabaud,
» plus de cinq mille deux cens arpens de terrain, mesure de
» Paris.

» Que sur cette quantité, il y en a plus de deux mille deux
» cens en étangs plus ou moins profonds, plus ou moins pro-
» ductifs, dont quelques-uns sont affermés 12, 14 et 15^{tt} le
» journal (moins grand que l'arpent) et un dixieme au plus
» 4 et 5^{tt} seulement.

» Qu'il ne reste par conséquent pas plus de trois mille arpens
» en marais, au lieu de vingt-cinq mille que l'on a prétendu
» mal-à-propos pouvoir être desséchés.

» Qu'il n'y a pas plus de quinze cens arpens de marais qu'on
» ne puisse dessécher sans supprimer les deux mille deux cens
» arpens d'étangs, et sans déplacer les moulins.

» Que le Canal projetté par M. Chabaud, coûteroit au
» moins 3600000^{tt} de plus que celui de M. Laurent, sans
» avoir d'autre avantage que de dessécher trois mille arpens
» au plus de marais.

» Que le Canal de M. Laurent, loin de nuire au dessé-
» chement et d'ajouter à la submersion, procurera du moment
» qu'on le désirera, (et sans aucun autre surcroît de dépense
» que de donner à trois ponts vingt pieds de largeur au lieu de
» seize) les moyens de supprimer toutes les retenues qui
» barrent la somme, et de reconstruire plus de moulins qu'on
» n'en supprimeroit «.

D'après les engagemens pris et signés par M. de Lionne,

V

il paroît avoir répondu d'une maniere satisfaisante à toutes les objections qui lui ont été faites. Le canal est à moitié fait, et on pourra opérer des desséchemens, si l'Assemblée le juge à propos.

L'avis du Bureau, Messieurs, est que le projet du travail de M. de Lionne, décidé par Arrêt du Conseil et Lettres patentes, soit suivi l'année prochaine 1788, dans la partie de la riviere de Somme, qui coule de Bray à Amiens, en commençant les travaux dans la partie inférieure, et que les fonds destinés pour ce Canal, soient appliqués uniquement à cette partie; il pense aussi qu'il faut que les représentations qui pourroient être faites par les Riverains, s'il y en avoit, sur le mieux à faire dans les parties supérieures, entre Bray et S. Simon, soient produites pour être soumises, s'il est jugé nécessaire, à l'examen de gens de l'art qui en référeroient l'année prochaine à l'Assemblée Provinciale; et que plus on pourra employer de fonds pour accélérer les travaux, plus il en résultera d'économie et d'avantage pour l'exécution totale du projet.

Le Bureau demande que la Commission Intermédiaire soit chargée de toutes les adjudications et marchés à arrêter sur le travail proposé pour 1788, et que les indemnités réclamées par un arrêté de l'Assemblée du Département d'Amiens, du 29 Novembre dernier, soient examinées pour y faire droit le plutôt possible, ainsi qu'à celles des autres propriétaires riverains.

L'avantage à tirer du Canal dont le Bureau vient de vous rendre compte, ne seroit pas à beaucoup près si grand, s'il ne se joignoit à l'Escaut.

Feu M. Laurent a imaginé le projet d'un Canal souterrain, pour éviter des montagnes immenses à excaver; il est ouvert en partie, mais il reste un travail très-considérable à faire pour communiquer de S. Quentin à Cambrai, en joignant le Canal de la Somme à l'Escaut, qui se jette dans la mer à Anvers; ce qui suffit pour en faire sentir l'importance.

Il y a d'autres projets dont il est inutile de vous rendre compte, les dépenses en étoient portées à 12000000^{tt}.

M. de Lionne a obtenu des Lettres patentes; il lui est accordé par le Roi 550000^{tt}, payées graduellement en huit ans, pour subvenir aux intérêts des dépenses à faire pour finir cet ouvrage.

Ces Lettres patentes ne sont pas enregistrées au Parlement à cause des Péages qui ont été regardés comme préjudiciables au commerce de la province; mais quel inconvénient peut-il y avoir à les établir, quand personne n'est forcé à passer par ce Canal? Ceux qui s'en serviront croiront y trouver leur avantage; le chemin ordinaire sera conservé et entretenu avec le même soin.

Le Bureau ne peut prononcer sur la bonté du Canal souterrain; mais il pense que l'Assemblée doit prendre le plus grand intérêt à la communication des rivieres de Somme et d'Escaut, qui sera de la plus grande importance sur-tout en temps de guerre, et qui tient à l'ensemble des Canaux du Royaume.

Il est satisfaisant de penser que les desséchemens que ces grands travaux peuvent procurer, rendront des marais considérables à la culture, et donneront à l'air plus de salubrité.

Quels grands projets, Messieurs, et avec quel intérêt l'As-

Du 7 Décembre
1787.

semblée Provinciale ne doit-elle pas s'en occuper? L'ame s'élève à la vue de ces utiles travaux, qui, par des Canaux immensès, joindront le commerce de la Hollande à celui des principales villes du Royaume. Bénissons à jamais, Messieurs, le jour où notre Souverain a accordé à ses peuples le bienfait des Assemblées Provinciales; jouissons-en pour travailler à porter à la perfection, s'il est possible, l'administration intérieure de ce beau Royaume. Veillons en ce moment à la confection de pareils ouvrages, avec le zele patriotique qui nous anime tous. Réunissons-nous toujours pour le bien général. Banissons à jamais de nos Assemblées l'intérêt personnel. Ne soyons animés que de l'amour du bien public et du désir de procurer à cette province, tous les avantages qu'elle peut espérer de sa situation. Quel bonheur, Messieurs, si, après quelques années d'un travail assidu, nous sommes assurés d'avoir fait quelque bien, d'avoir remédié à quelques abus, d'avoir soulagé les malheureux dont la classe est si nombreuse : ce sont-là les vœux que nous devons former.

La délibération à prendre sur ce rapport, a été remise.

LE DUC D'HAVRÉ ET DE CROÏ, *Président.*

BERVILLE, *Secrétaire-Greffier.* Signés.

Du 10 Décembre
1787.

SÉANCE *du 10 du même mois, neuf heures du matin.*

Délibération sur
le Rapport fait
par le Bureau du
Bien-Public sur
les Canaux.

L'ASSEMBLÉE délibérant sur le rapport du Bureau du Bien-Public, fait en la séance du 7 du même mois, a arrêté:

1°. Que les travaux du Canal de la Basse-Somme dont les projets et états estimatifs ont été approuvés par le Conseil, continueront d'être exécutés, et que les adjudications des ouvrages portés dans ces devis et états seront faites et passées par sa Commission Intermédiaire, l'autorisant à pourvoir aux événemens imprévus qui pourroient arriver pendant la confection desdits ouvrages, ainsi qu'à tout ce qui peut tendre à leur perfection; et que pour le surplus des ouvrages dont les projets et états estimatifs n'ont pas encore été approuvés du Conseil, il y sera sursis jusqu'à ce que les états et projets desdits ouvrages aient été communiqués à l'Assemblée, pour qu'elle y puisse faire ses observations, et ensuite approuvés du Conseil.

2°. Que ce qui concerne le Hallage sera exécuté, et que la Commission Intermédiaire en fera former les devis et en recevra les adjudications.

3°. Que les travaux du Canal supérieur seront suivis l'année prochaine dans la partie de la riviere de Somme qui coule de Bray à Amiens, en les commençant dans la partie inférieure, et que la Commission Intermédiaire sera aussi chargée de tous les devis et marchés à arrêter sur le travail proposé pour 1788.

4°. Que des fonds destinés pour la suite de ces ouvrages à faire en ladite année 1788, il en sera distrait un tiers pour payer les indemnités qui peuvent être dues aux propriétaires riverains, et qu'en opérant ces remboursemens les particuliers seront payés avant les communautés; et d'abord les plus anciens en date entre ces premiers.

5°. Que les mémoires et projets de M. de Lionne seront

envoyés au Département de Péronne, et qu'il lui sera demandé un mémoire détaillé de son vœu relativement à la direction du Canal et au desséchement des marais de son district, ainsi que des moyens d'opérer l'un et l'autre objet, pour que sur le rapport qui en sera fait à la premiere tenue de l'Assemblée, elle puisse aviser au parti qu'elle croira devoir prendre.

6°. Enfin que Sa Majesté sera humblement suppliée d'agréer l'hommage de la reconnoissance de l'Assemblée pour les preuves qu'elle a données de sa bienfaisance à la province, lorsqu'elle a ordonné l'ouverture d'un Canal de communication de la Somme à l'Escaut, et accordé des fonds pour cet objet.

Ensuite l'Assemblée a prorogé la séance au même jour, cinq heures de relevée.

Du même jour, cinq heures de relevée.

Le Bureau du Bien-Public a fait un troisieme rapport, ainsi qu'il suit:

MESSIEURS,

Troisieme Rapport du Bureau du Bien-Public.
Des moyens de prévenir et d'arrêter les Incendies.

VOUS avez chargé votre Bureau du Bien-Public d'examiner plusieurs mémoires qui ont été présentés à l'Assemblée Provinciale de Picardie sur les moyens de prévenir et d'arrêter les Incendies, et de vous rendre compte des avantages et des inconvéniens proposés dans chacun d'eux.

Nous nous en sommes occupés avec soin, et nous avions travaillé une espece de conférence de ces divers mémoires, pour vous offrir un tableau de la réunion des différens moyens proposés sur chaque objet. Nous avions le dessein d'analyser et de discuter les motifs qui pouvoient faire adopter les uns et rejetter les autres. Mais ayant été informés que l'Académie d'Amiens avoit chargé quelques-uns de ses Membres d'analyser tous les mémoires qui lui ont été présentés, pendant trois ans, pour concourir au prix proposé par M. le Duc de Charost sur cette matiere importante, nous avons cru ne pas pouvoir espérer de vous présenter un ouvrage aussi détaillé, que celui projetté par cette Compagnie, et nous ne nous sommes pas permis de vous laisser ignorer les dispositions de l'Académie d'Amiens. Vous nous avez chargé, Messieurs, de nous informer positivement de ses intentions et de vous en rendre compte. Pour remplir vos ordres, l'un des Membres de notre Bureau s'est rendu chez M. Deu, spécialement chargé de ce travail, avec quatre autres Membres de l'Académie; il lui a confirmé la vérité du rapport, et a ajouté que cet ouvrage devoit être lu et examiné sous peu de jours, et ensuite livré à l'impression.

La distribution d'un pareil ouvrage éclairera les Habitans de cette province sur leurs plus chers intérêts; et tout ce que nous aurions pu faire n'auroit pas été capable de fixer vos idées d'une maniere aussi positive et aussi sûre. Vous l'avez bien senti, Messieurs, en nous autorisant à cesser notre rapport, dans l'intention où vous avez paru être de suspendre vos opinions à cet égard jusqu'après la publication du travail de l'Académie, convaincus d'avance que ses lumieres seront propres à fixer vos résolutions et à déterminer les propositions que vous croirez nécessaires de faire au Législateur.

D'après cet exposé, le Bureau a été d'avis de proposer à l'Assemblée Provinciale de suspendre ses délibérations et résolutions jusqu'après l'impression et la publication de l'ou-

Du 10 Décembre 1787.

vrage dont l'Académie d'Amiens s'occupe actuellement, et dont il sera rendu compte à la prochaine Assemblée.

L'Assemblée a adopté les considérations qui ont déterminé le Bureau du Bien-Public à surseoir le rapport des mémoires sur les Incendies.

Le Duc d'Havré et de Croï, *Président*,

Berville, *Secrétaire-Greffier* , Signés.

SÉANCE *du 11 du même mois, neuf heures du matin.*

Ľ'ASSEMBLÉE a prié M. le Président de faire solliciter auprès de Sa Majesté, par M. l'Archevêque de Toulouse, Ministre principal, la permission de porter au pied du trône, par une députation, l'hommage de son respect, de sa fidélité et de sa reconnoissance.

Ensuite, il a été fait lecture d'une partie des observations sur les Réglemens des 8 Juillet et 5 Août derniers, et la séance a été prorogée au même jour, cinq heures de relevée.

Le même jour, cinq heures de relevée.

La lecture des observations sur les Réglemens a été continuée, et cet objet a été remis à un autre jour.

Le Duc d'Havré et de Croï, *Président.*

Berville, *Secrétaire-Greffier.* Signés.

SÉANCE

SÉANCE du 12 Décembre onze heures du matin.

LE Bureau du Bien-Public a fait son quatrieme rapport,
ainsi qu'il suit :

MESSIEURS,

LE Bureau du Bien-Public animé d'un zele pour les intérêts
de la province, qui lui est commun avec toute cette Assemblée, auroit désiré vous donner des résultats plus nombreux
de ses soins et de ses travaux ; mais chargé par vous de l'examen
des Canaux de Haute et Basse-Somme, vous n'ignorez sûrement
pas que cet examen l'a occupé pendant plus de la moitié du
temps qu'il s'est assemblé. La matiere étoit neuve pour nous,
Messieurs, il a fallu la méditer ; elle étoit d'un intérêt majeur
pour la province, il a fallu en approfondir les détails et les
discuter. Mais nous ne regretterons pas le temps que nous
y avons employé, si le rapport, que vous en a fait un des
Membres du Bureau, a justifié votre attente, et a suffisamment
éclairé votre sagesse, pour que l'arrêté que vous avez pris à
ce sujet, soit conforme au vœu de vos cœurs en opérant le
plus grand bien.

Nous vous avions déjà dénoncé le fléau cruel des Dépointemens, vous avez senti la nécessité de vous occuper des
moyens de l'anéantir, et la prudente sagesse qui préside à
vos délibérations, vous a fait préférer les plus doux et les

Quatrieme Rap-
port du Bureau du
Bien-Public.

X

Du 12 Décembre 1787.

mieux appropriés aux sentimens d'humanité qui vous caractérisent.

Une immensité de travail s'offroit encore à notre zele, vous l'avez alimenté par une foule de mémoires, qui tous présentoient des objets d'utilité publique bien dignes d'exciter notre émulation; mais nous avons vu avec regret que le peu de temps qu'il nous restoit à donner à leur examen, ne nous permettroit pas de seconder cette année dans toutes les parties, le zele patriotique de leurs Auteurs. Obligés donc, Messieurs, de nous restraindre à un petit nombre de ces objets si intéressans à traiter, nous avons préféré ceux qui nous ont paru présenter les matieres les plus instantes, et mériter vos plus promptes délibérations, et nous avons renvoyé le surplus de ces mémoires à votre Commission Intermédiaire, pour qu'elle statue sur les objets pour lesquels vous lui en aurez donné l'autorité, et qu'elle remette sous vos yeux à votre prochaine tenue ceux sur lesquels vous vous serez réservé de prononcer.

Projet d'établissement d'un Marché-franc à Péronne.

Nous avons lu, Messieurs, avec attention un mémoire remis par Messieurs les Officiers Municipaux de la ville de Péronne, au Département de cette même ville, tendant à vous prier de solliciter de la bienfaisance de Sa Majesté, l'établissement d'un Marché-franc à Péronne, à tenir les premiers samedis de chaque mois.

La ville de Péronne expose, à l'appui de cette demande, qu'elle jouissoit depuis long-temps de priviléges et distinctions flatteuses que nos Rois lui avoient accordés en récompense des brillans services que ses habitàns leur avoient rendus, et que quoiqu'elle dut espérer de les conserver à jamais, elle les a perdus tous sous le ministere de M. l'Abbé Terray; que

de cette perte il est résulté un préjudice notable pour ses habitans; qu'elle est privée de toute espece de manufactures et de
commerce, et qu'elle voit de jour en jour augmenter sa dépo-
pulation dans la classe indigente de ses habitans, manquant
de travail, et par conséquent de ressources pour subsister; que
la plûpart des villes voisines, même quelques bourgs de ses
environs, jouissent depuis long-temps d'un établissement pareil
à celui qu'elle sollicite aujourd'hui; et enfin que sa situation
favorable offrira un point de réunion bien commode aux Mar-
chands de Paris et de la Flandre, du Brabant et du Hainault,
et que cet établissement sera précieux, non seulement à la
province et à la ville de Péronne, mais encore au commerce
de la Capitale du Royaume.

Le Département de Péronne a pensé que l'établissement
d'un Marché-franc dans cette ville, le premier samedi de
chaque mois, lui sera très-utile, ainsi qu'au commerce du
pays. Il a arrêté que copie du mémoire et de sa délibération
vous seroit présentée, Messieurs, et que vous seriez priés de
solliciter de la bonté du Roi l'établissement de ce Marché-
franc.

Le Bureau se réunit au Département de Péronne pour prier
l'Assemblée Provinciale de solliciter des bontés de Sa Majesté,
par la voie de M. le Président, l'établissement désiré par cette
ville.

L'Assemblée délibérant sur l'objet proposé, et adoptant la
réclamation de la ville de Péronne pour l'établissement d'un
Marché-franc dans cette ville, a arrêté de solliciter cet établissement de Sa Majesté et de son Conseil, et de prier M. le
Président d'être l'interprête du vœu qu'elle a formé.

Du 12 Décembre 1787.

Délibération.

X ij

Du 12 Décembre
1787.

Suite du Quatrieme Rapport du Bureau du Bien-Public.

Des moyens de procurer à la province un plus grand nombre de Chevaux.

Le Bureau s'est ensuite occupé, Messieurs, de l'examen de deux mémoires envoyés à l'Assemblée par les Départemens d'Amiens et de Péronne, sur la nécessité de chercher à procurer à la province un plus grand nombre de Chevaux : ces mémoires exposent que cette branche de commerce la vivifieroit, et l'empêcheroit de porter son argent dans les Pays-Bas et en Allemagne, pour se procurer des Chevaux de labours, et que le Gouvernement trouveroit dans cette province une partie des Chevaux de trait dont il a besoin pour l'artillerie et les vivres, sans être obligé de les aller chercher chez l'Etranger; cette espece de Chevaux étant la seule que la nature de ses pâturages lui permet d'élever avec avantage.

On expose encore que la rareté actuelle des Chevaux dans cette province, doit être attribuée à la rareté des Etalons appellés royaux; que leur nombre qui n'est que de sept à huit pour toute cette Généralité, est trop peu considérable pour celui des Jumens, et qu'il en résulte ou qu'elles n'ont pas de poulains, ou qu'elles n'en produisent que de très-foibles qui ne nous donnent qu'une mauvaise espece de Chevaux.

On propose de multiplier les Etalons, en laissant aux fermiers la liberté d'en avoir chez eux, et pour exciter l'émulation, de donner des prix et des médailles à ceux des fermiers qui auront les plus beaux poulains. On propose les mêmes choses pour ceux qui auroient les plus belles vaches et les plus belles bêtes à laine; et le Département de Péronne a fait un arrêté par lequel il expose que tel est son vœu.

Le Bureau du Bien-Public reconnoît, Messieurs, que cet objet est un de ceux qui méritent le plus votre attention, mais en même-temps il a l'honneur de vous représenter que de pareils établissemens doivent être communs à toute la Généralité, qu'il n'y a eu de moyens proposés que par deux Départemens seulement, et qu'il croit, avant de rien statuer sur cet objet, qu'il est convenable d'attendre de nouveaux éclaircissemens de la part des cinq autres Départemens, et que d'ailleurs vous ne pouvez opérer les encouragemens pécuniaires que lorsque vous aurez une parfaite connoissance des fonds qui seront à votre disposition, et des différens objets auxquels ils seront applicables, pour les répartir ensuite de la maniere que vous jugerez le plus convenable.

En conséquence, le Bureau est d'avis que les deux mémoires des Départemens d'Amiens et de Péronne soient renvoyés à votre Commission Intermédiaire, qui sera chargée d'écrire aux autres Départemens pour leur demander leur vœu et leurs moyens pour l'amélioration des haras, pour celle des bêtes à laine ainsi que des bêtes à cornes; pour le tout être remis sous vos yeux à votre prochaine tenue, et être statué à cet égard par vous, Messieurs, ce que vous jugerez convenable aux intérêts de la province.

L'Assemblée, ouïs Messieurs les Procureurs-Syndics, a *Délibération.* chargé sa Commission Intermédiaire d'écrire aux autres Départemens pour leur demander leur vœu, et les moyens qu'ils auroient à proposer pour l'amélioration des haras et l'éducation des bestiaux, afin de pouvoir prendre un parti en connoissance de cause à sa premiere tenue.

Le Bureau a fait l'analyse d'un mémoire sur les encourage- *De l'éducation* mens qu'il conviendroit de donner à l'éducation des Abeilles. *des Abeilles.*

La matiere mise en délibération, et ouïs Messieurs les Pro- *Délibération.*

Du 12 Décembre
1787.

Suite du qua-
trieme Rapport du
Bureau du Bien-
Public.

De la Disette du
Bois.

cureurs-Syndics, il a été arrêté de suivre sur cet objet la même marche que sur les haras.

Le Bureau a ensuite passé, Messieurs, à l'examen de quatre mémoires sur la Disette du Bois, sa cherté excessive dans la province de Picardie, et sur les plantations des voieries et communes. Deux de ces mémoires vous sont adressés par les Départemens de Péronne et de Doullens, le troisieme par M. le Marquis d'Estourmel, et le quatrieme est sans nom. Ils s'accordent tous à dire qu'il est très à craindre que cette denrée ne vienne incessamment à manquer dans cette province, si le Gouvernement ne prend à cet égard des mesures efficaces. Celui du Département de Péronne appliquant plus particuliérement cette Disette de Bois et sa cherté au Santerre, représente que cela devient d'une conséquence d'autant plus sérieuse pour cette partie de la province, que n'ayant ni tourbes ni charbons de terre, la classe la plus indigente de ce canton, va être incessamment privée de tous moyens de se défendre du froid, et de cuire ses alimens; et que même les fortunes médiocres ne pourront atteindre à l'excessive cherté de cette denrée, que l'on peut néanmoins regarder comme de premiere nécessité.

Tous ces mémoires donnent pour cause de cette Disette la consommation excessive du Bois depuis un demi siecle, et la négligence des plantations. Ils exposent qu'une des causes de cette négligence vient des dégradations journalieres qu'elles éprouvent de la part des habitans de la campagne et des riverains des chemins, et que ces dégradations en rendant les plantations plus onéreuses que profitables aux Seigneurs voyers, les empêchent de planter.

Ces mémoires proposent divers moyens pour remédier à la Disette du Bois dans la province. L'un de ces moyens est que dans les paroisses où il y a des communes, elles soient plantées d'une ceinture d'arbres double ou triple dans les pourtours et le long des rivieres et des chemins qui les traversent. Ils exposent que cette plantation seroit très-avantageuse aux pâturages, les fertiliseroit, et conserveroit la fraîcheur en même-temps qu'elle fourniroit un abri aux troupeaux. On vous dit aussi, Mesieurs, que ces plantations ne peuvent être faites par les paroisses propriétaires des Communes, parce que les frais de leur premiere mise, ceux de leur entretien et de leur conservation sont au-dessus de leurs forces et de leurs moyens ; qu'en outre elles se détermineroient difficilement à une amélioration future acquise par un sacrifice pécuniaire présent, et que, par toutes ces raisons, il seroit plus avantageux d'autoriser les Seigneurs voyers à les planter à leur profit ; que la loi qui les y autoriseroit, en assurant aux Seigneurs la propriété de leurs plantations, pourroit conserver aux communautés celle de leurs Communes et la libré jouissance du pâturage.

Un autre moyen proposé par le mémoire du Département de Péronne pour le Santerre, est que l'Assemblée Provinciale sollicite de Sa Majesté un Arrêt du Conseil qui oblige les Seigneurs haut-justiciers de planter, dans l'espace de deux ans, tous les chemins de leurs Seigneuries susceptibles de l'être, soit des deux côtés, soit d'un seul, suivant leurs différentes largeurs, et conformément à l'article VI du Réglement rendu par le Bailliage de Péronne, homologué au Parlement le 21 Mai dernier ; qu'à défaut par les Seigneurs de faire lesdites plantations dans l'espace de deux ans, les Syndics de l'Assemblée du Département soient autorisés à faire planter tous les chemins susceptibles de l'être, aux frais et dépens des Seigneurs, dont exécutoire seroit délivré sur leur Domaine.

Enfin, Messieurs, tous ces mémoires en présentant la nécessité d'ordonner ou d'encourager les plantations, soit des chemins, soit des communes, exposent en même temps celle de pourvoir à leur conservation ; et pour y parvenir, proposent qu'elles soient mises sous la sauve-garde des communautés et notamment des fermiers détempteurs des terres voisines. Ils exposent, Messieurs, que cette voie vous est tracée par le Parlement même, qui par plusieurs Arrêts a déja mis, sous la sauve-garde des communautés et propriétaires riverains, les plantations de différentes terres dans cette province, et notamment toutes celles de M. le Comte d'Estourmel, du Seigneur de Villers-Saint-Christophe, de la dame Comtesse de la Myre et autres.

Le Bureau du Bien-Public, Messieurs, convaincu de l'extrême rareté du bois en Picardie, et notamment dans le Santerre, qui est clairement démontrée dans les mémoires dont vous venez d'entendre l'analyse, pense qu'il est de la derniere importance de s'occuper des moyens de l'y multiplier, tant par la plantation des communes que par celles des voieries : mais avant de rien statuer sur la plantation des communes, le Bureau est d'avis que les mémoires qui en traitent, soient renvoyés à tous les Bureaux Intermédiaires de vos Départemens, pour qu'ils prennent, chacun dans leur district, les connoissances les plus exactes et les plus détaillées sur les communes propres à être plantées, sur la maniere dont elles peuvent l'être, sur la nature d'arbres qui leur est convenable, sur l'influence

fluence que ces plantations pourroient avoir sur le pâturage, enfin, sur les moyens de concilier à cet égard les intérêts de la province et des Seigneurs avec ceux des communautés propriétaires de ces communes, pour sur leur rapport être pris par vous, Messieurs, à votre prochaine tenue, telle délibération que votre prudence vous suggérera sur les Ordonnances et Réglemens à solliciter pour en opérer la plantation.

Et quant aux plantations des chemins appartenans aux Seigneurs voyers, le Bureau ne pense pas que le moyen proposé dans le mémoire du Département de Péronne, soit admissible. Il le regarde même comme impossible dans son exécution, parce que très-certainement toutes les pépinieres de la province ne fourniroient pas à beaucoup près la quantité d'arbres suffisante pour en planter tous les chemins, voieries et places vagues, en deux ans de temps : mais il est d'avis que pour encourager les plantations reconnues instantes et indispensablement nécessaires, et pour en assurer la conservation, M. le Duc d'Havré soit prié par l'Assemblée Provinciale de solliciter de la bonté et de la justice du Roi, des Lettres patentes enregistrées au Parlement, qui mettent toutes les plantations, faites conformément aux droits résultans des Coutumes et Réglemens, sous la sauve-garde des communautés, et notamment des fermiers et détempteurs des terres voisines, qui seront tenus de veiller à ce que lesdits arbres ne soient point endommagés; par lesquelles Lettres patentes, seront faites en outre défenses à toutes personnes, à peine de punition corporelle d'abattre, altérer, peller, couper, écorcer, couronner lesdits arbres, et les endommager en quelque façon que ce puisse être; que M. le Duc d'Havré soit en outre

Y

prié de solliciter du Gouvernement, ainsi qu'il a été accordé à la Normandie, une diminution de droits d'entrée sur le charbon de terre, venant de l'Etranger et des provinces réputées Etrangeres ; ce combustible devenant de plus en plus nécessaire à la Picardie, tant à raison de ce qu'il est plus à portée des facultés du pauvre, que de l'excessive rareté et cherté du bois.

Délibération.

La matiere mise en délibération, après avoir pris l'avis de Messieurs les Procureurs-Syndics, il a été arrêté : 1°. Que la Commission Intermédiaire écriroit aux Départemens pour avoir leurs avis sur la plantation des Communes et des Voieries. 2°. Que M. le Président seroit prié de solliciter de Sa Majesté et de son Conseil, conformément au vœu des Assemblées, une loi qui rende les communautés responsables des dommages qui seroient faits aux plantations de leur territoire, et y comprenne les cultivateurs même étrangers qui exploitent des terres adjacentes aux plantations endommagées, les indemnités dues aux propriétaires desdites plantations préalablement estimées suivant les formes observées en pareil cas, et sauf le recours desdites communautés, ainsi qu'elles aviseront et contre qui il appartiendra. 3°. Enfin, que Sa Majesté seroit suppliée d'accorder une diminution de droits d'entrée sur les charbons de terre venans de l'Etranger.

Suite du 4ᵉ Rapport du Bureau du Bien-Public.
De la Suppression des Pépinieres Royales établies dans la Généralité d'Amiens.

D'après, Messieurs, ce que nous venons d'avoir l'honneur de vous dire sur la rareté, la cherté du bois et la nécessité d'encourager et faciliter les plantations, vous serez peut-être étonnés de la demande que nous allons vous faire de la suppression des Pépinieres Royales établies dans la Généralité d'Amiens. Voici les motifs de cette demande : Pour que des

Pépinieres produisent de bons arbres, il faut qu'elles soient conduites et soignées par gens à portée de les voir fréquemment, et intéressés personnellement à leur succès. Celles de la Généralité n'ont pas cet avantage, et l'expérience prouve que les arbres que l'on en tire pour les transplanter, réussissent très-mal ; par conséquent les Pépinieres coûtent à la province, sans lui être d'une grande utilité ; leur suppression lui épargnera les frais de garde, de culture et d'entretien. Si les terrains sont à loyers, ce sera encore une dépense annuelle de moins pour la province. S'ils appartiennent au Roi, ils pourront être vendus. Si cette suppression, Messieurs, vous donnoit quelque inquiétude par rapport aux plantations à faire, nous aurons l'honneur de vous observer que l'encouragement que vous donnerez aux plantations sera réversible sur les Pépinieres, et il est fort à croire qu'elles se multiplieront considérablement, dès-lors que le goût des plantations donnera l'espoir d'en vendre les jeunes arbres.

Sous ces considérations, le Bureau est d'avis que les Pépinieres Royales doivent être absolument supprimées, et il pense entrer dans vos vues en vous proposant ce moyen d'économie.

L'Assemblée délibérant sur l'objet ci-dessus, après avoir pris l'avis de MM. les Procureurs-Syndics, a arrêté de demander à Sa Majesté la suppression des Pépinieres Royales, de charger les Départemens d'aviser aux moyens d'en faire établir, chacun dans son district, et de favoriser par des encouragemens l'établissement de ces Pépinieres et la culture des especes d'arbres propres à la nature de leur sol respectif.

Le Bureau a ensuite passé, Messieurs, à l'examen de plusieurs mémoires sur le Chaume qui lui ont été remis, entr'autres de deux du Département de Péronne.

Les Auteurs de ces mémoires voyant avec peine que malgré la rareté du bois dans le Santerre et sa cherté excessive qui le rend inaccessible aux facultés du pauvre, deux Arrêts du Conseil rendus en 1785, en laissant aux cultivateurs la liberté de faire faucher leurs bleds, enlevent encore à la partie la plus indigente de ce canton, la ressource du Chaume, proposent pour la dédommager de l'ancien droit qu'elle avoit sur les deux tiers des Chaumes, une imposition de neuf sols par journal de ce que chaque fermier faucheroit au-delà du tiers, soit en bleds, orges ou seigles, et que la somme provenante de cet impôt seroit remise et répartie aux pauvres en forme de dédommagement par les Municipalités ou Bureaux de Charité.

Ils observent que cet impôt seroit modique, et devroit être considéré, non comme une nouvelle charge, mais comme le rachât d'une charge ancienne et légale, comme un foible dédommagement accordé aux pauvres que la liberté indéfinie de faucher les bleds prive du Chaume qui leur étoit si nécessaire pour se chauffer pendant l'hiver, pour chauffer leurs fours pendant toute l'année, et couvrir leurs bâtimens.

Le Bureau, après avoir mûrement réfléchi sur l'objet de ces mémoires, ne croit pas que l'impôt proposé puisse être admissible; il le regarde comme injuste en lui-même, dangereux et impraticable; il pense qu'il seroit impossible de le percevoir avec égalité et justice, parce qu'il mettroit continuellement en querelle le cultivateur avec le pauvre sur le plus ou le moins de terres sciées ou fauchées; qu'un impôt qui ne seroit pas général, paroîtroit d'autant plus odieux à Du 12 Décembre ceux qui seroient dans le cas de le supporter, et enfin que 1787. nombre de propriétaires ou fermiers seroient exposés à payer pour ce seul impôt jusqu'à 140 et 150^{tt} par an.

Le Bureau estime qu'il n'y a pas lieu à réclamer contre les deux Arrêts du Conseil relatifs aux Chaumes, et que leur exécution est préférable aux moyens qui ont été allégués contre.

L'Assemblée, après avoir entendu MM. les Procureurs- Délibération. Syndics, a été d'avis de laisser les choses dans l'état actuel.

Nous avons ensuite, Messieurs, examiné attentivement un Suite du 4ᵉ Rap- mémoire que vous nous avez envoyé, après en avoir entendu port du Bureau du Bien-Public. la lecture d'un de vos Membres. Ce mémoire a pour objet la Des Chemins de nécessité d'un Réglement uniforme dans la Généralité con- Traverse. cernant les Chemins de traverse.

Il propose que le Réglement à adopter soit l'Arrêt de la Cour de Parlement du 21 Mai 1787, qui ordonne l'exécution d'une Ordonnance rendue le 21 Avril 1787, par les Officiers du Bailliage de Péronne, et que ledit Arrêt soit rendu commun à tous les Bailliages de cette Généralité.

Ce mémoire expose l'excessive rareté du bois, son prix immodéré, sa consommation croissante pour ainsi dire à mesure que la matiere dépérit.

Il représente que la plupart des Chemins vicinaux ne sont devenus, pour ainsi dire impraticables, que par les empiéte- mens journaliers des cultivateurs riverains sur les chemins.

Il ajoute que si le Réglement du 21 Mai 1787, favorise l'entretien des chemins et les plantations comme essentiels à l'avantage et au bonheur de la province, il n'a pas moins

Du 12 Décembre
1787.

respecté les droits de l'agriculture, qu'il facilite le transport des moissons et qu'il protege le commerce et le voyageur.

Le Bureau, Messieurs, a pésé avec la plus grande attention toutes les dispositions de cet Arrêt de Réglement. Il ne peut que louer leur sagesse, et est convaincu qu'il ne peut opérer que le plus grand bien dans le Bailliage pour lequel il a été rendu ; il pense qu'il est favorable à l'agriculture, au commerce, aux transports des récoltes et autres denrées, aux plantations ; qu'il est fait pour prévenir nombre de contestations entre les Seigneurs et leurs vassaux ; et que ses dispositions, relativement aux ruelles et rues des villages et haies qui les bordent, pourront en grande partie et sans dépense remédier à leur mauvais état actuel, la plupart de ces Chemins n'étant dans un pareil état de défectuosité, que parce que les haies hautes et touffues qui les bordent, les entretiennent dans un état d'humidité habituelle, en les privant des rayons du soleil et des effets de l'air qui les sécheroient indubitablement.

Le Bureau propose, Messieurs, à l'Assemblée de se faire lire les dispositions de cet Arrêt de Réglement ; et si elle y trouve les avantages pour l'utilité publique que le Bureau croit y appercevoir, de faire écrire par MM. les Procureurs-Syndics à MM. les Lieutenans-Généraux des Bailliages de cette province au nom de l'Assemblée, pour les engager à demander que cet Arrêt soit rendu commun à chacun de leurs Bailliages, en y ajoutant ou retranchant de leur part ce qu'ils jugeront convenables, relativement aux différentes localités.

Délibération. Sur quoi, lecture prise de l'Arrêt de Réglement ci-dessus cité, mis sur le Bureau, l'Assemblée délibérant, après avoir entendu Messieurs les Procureurs-Syndics, elle les a chargé d'écrire, au nom de l'Assemblée, à Messieurs les Lieutenans-Généraux des Bailliages et Sénéchaussées de la Généralité, pour les engager à adopter le Réglement intervenu pour le ressort du Bailliage de Péronne sur les Chemins de traverse, sous les modifications locales qu'ils jugeront nécessaires.

Du 12 Décembre 1787.

Le Bureau a passé ensuite, Messieurs, à l'examen d'un mémoire sur le Desséchement de la Vallée d'Authie, remis à M. le Président, et dont il vous a fait lecture ; Vallée dont les trois quarts des marais sont inaccessibles, et le reste presque de nulle valeur pour le pâturage. Ce Desséchement rendroit à la culture 6074 arpens de ces marais, et à l'air de cette Vallée beaucoup plus de salubrité. Vous vous rappellez sans doute, Messieurs, que Monseigneur Comte d'Artois, sollicité par M. le Marquis de la Meth, au nom des Seigneurs et autres habitans de cette Vallée, en a promis le Desséchement ; que, par une lettre en date du 13 Avril 1785, M. de Verdun, Surintendant des Finances de ce Prince, dit que, quoiqu'il doive résulter du Desséchement de la Vallée d'Authie, une surcharge pour les Finances du Prince, il s'y détermine néanmoins par l'avantage qu'en retireront ses vassaux, et qu'en conséquence ce Prince lui a donné des ordres pour que les nivellemens soient pris incessamment, et que les plans du canal de navigation soient définitivement arrêtés, de maniere que les travaux dans cette partie puissent être entamés le plutôt qu'il sera possible par les Ingénieurs des Ponts et Chaussées, auxquels Monseigneur a cru devoir confier la suite de ces travaux.

Suite du 4ᵉ Rapport du Bureau du Bien-Public.

Du Desséchement de la Vallée d'Authie.

Malgré toutes ces espérances, Messieurs, les choses sont demeurées dans le même état, et le Desséchement de cette Vallée, désiré depuis si long-temps, et duquel il résulteroit un si grand avantage pour la culture et l'éducation des bestiaux, ne s'opere point.

L'Auteur du mémoire propose qu'il soit écrit au Conseil du Prince, au nom de l'Assemblée, pour l'engager à suivre le plutôt possible une opération qu'il a reconnu lui-même devoir être de la plus grande utilité pour ses vassaux, et que, dans le cas où il ne se détermineroit pas à la mettre à exécution, il voulut bien autoriser l'Assemblée Provinciale à prendre les mesures nécessaires pour opérer ce Desséchement.

Vous vous rappellez sûrement, Messieurs, que dans le cas où le Prince vous donneroit l'autorisation demandée, l'Auteur du mémoire vous a promis pour l'année prochaine tous les plans et devis qui présenteront en même-temps la possibilité de rendre la riviere d'Authie navigable, et celle d'en dessécher les marais, et aussi les moyens d'opérer ce double avantage d'une maniere qui ne sera nullement à charge à cette province.

Le Bureau pense, Messieurs, que tout desséchement de marais doit mériter la protection spéciale de cette Assemblée, et qu'en conséquence elle doit prier M. le Président d'employer ses bons offices auprès du Surintendant des Finances de Mgr. Comte d'Artois, pour obtenir des bontés de S. A. R. une décision précise sur le Desséchement de la Vallée d'Authie; et que dans le cas où ce Prince ne croiroit pas devoir se charger de ce Desséchement, M. le Président veuille bien l'engager à le consentir, et à en laisser l'exécution à l'Assemblée Provinciale, à laquelle dans ce cas l'Auteur du mémoire remettra l'année prochaine tous les plans et devis qu'il a promis.

L'Assemblée delibérant sur cet objet, ouïs Messieurs les Procureurs-Syndics, a été d'avis de prier M. le Président de s'informer s'informer des intentions de Mgr. Comte d'Artois, avant de rien arrêter.

Du 12 Décembre 1787.

Les dernieres séances particulieres du Bureau ont été employées, Messieurs, à l'examen du projet d'un nouveau Canal de navigation, proposé par un mémoire qui a été mis sous ses yeux.

Suite du 4ᵉ Rapport du Bureau du Bien-Public.

Ce mémoire, en reconnoissant tous les avantages du Canal de la Somme, vous expose, Messieurs, que si vous exceptez le Calaisis, distant de trente lieues de cette partie-ci de la Picardie, ce Canal est la seule communication par eau qu'il y ait dans la province dont il est presque sur les limites; qu'un second Canal qui la couperoit en deux seroit pour elle d'un avantage inexprimable, avantage que les deux petites rivieres de l'Avre et du Dom paroissent très-propres à lui procurer.

Projet d'un nouveau Canal de Navigation à ouvrir depuis Avricourt jusqu'à l'Oise.

Ce Canal projetté, Messieurs, ouvriroit une nouvelle communication entre l'Oise et la Mer; il vivifieroit le centre de cette province en lui facilitant l'exportation de ses denrées et l'importation de celles qu'elle est obligée de tirer des autres provinces et même de l'Etranger. Il passeroit à Roye et rendroit cette ville beaucoup plus florissante en donnant plus d'étendue à son commerce des bleds, et en lui facilitant d'autres branches de commerce. Les bleds du Santerre se portent au marché de Roye, l'un des plus considérables de la province pour cette denrée; au moyen de ce Canal on ne seroit plus obligé de leur faire faire un trajet de douze lieues par terre pour les embarquer sur l'Oise à Pont Ste. Maxence, et delà arriver à Paris. On les embarqueroit à Roye même, soit pour les faire arriver à Paris par l'Oise, soit pour les faire descendre

Z

Du 12 Décembre
1787.

à Amiens et même à St. Valery, si leur exportation présentoit des avantages.

Ce Canal ne pourroit porter des bateaux aussi forts que le Canal de la Somme, à moins d'y faire la même dépense ; mais en conformant ce qui est à faire à la partie de la riviere du Dom, qui est déjà navigable pendant un espace de cinq lieues, et que l'on vous propose de rendre navigable avec une dépense de cent pistoles, seulement pendant deux lieues de plus, la dépense qui seroit peu considérable, procureroit néanmoins un grand avantage à la province ; car sans doute c'en seroit un de pouvoir transporter sur un bateau la charge de dix voitures, et l'on auroit cette certitude, puisque l'on assure que cette riviere du Dom porte aujourd'hui des bateaux chargés de trente et trente-cinq milliers.

Il n'y auroit à la charge de cette province, Messieurs, que le travail à faire pour rendre la riviere d'Avre navigable depuis sa source qui est à Avricourt, jusques à Pierrepont, distant de l'autre de cinq lieues seulement.

Le Canal à ouvrir depuis Avricourt jusqu'à l'Oise seroit de trois lieues et demie de longueur seulement, et comme cette partie est de la Généralité de Soissons, la dépense à faire devroit être aux frais de cette Généralité, et ce seroit pour lors une affaire à concerter entre l'Assemblée Provinciale de Picardie et celle du Soissonnois.

Le Bureau du Bien-Public, Messieurs, prenant en considération le mémoire qui traite de cette nouvelle communication par eau, en regarde le projet comme très-intéressant et utile pour le bien de la province ; il fait des vœux pour qu'il ne se rencontre aucun obstacle dans la possibilité de son exécution, et est d'avis que ce mémoire doit être préalablement envoyé au Bureau Intermédiaire du Département de Mondidier, qui sera prié de prendre tous les éclaircissemens et renseignemens relatifs à cet objet, pour ensuite être le mémoire et les renseignemens renvoyés à la Commission Intermédiaire Provinciale, qui sera aussi instamment priée de s'en occuper comme d'un objet très-intéressant pour en référer à l'Assemblée à sa prochaine tenue.

La matiere mise en délibération, l'Assemblée après avoir pris l'avis de Messieurs les Procureurs-Syndics, a renvoyé au Bureau Intermédiaire du Département de Mondidier, pour avoir tous les éclaircissemens relatifs à l'objet du Canal de jonction proposé, lesquels seront adressés à la Commission Intermédiaire Provinciale qui en référera à l'Assemblée à sa premiere tenue.

Enfin, Messieurs, le Gouvernement toujours attentif à faire propager parmi les habitans des campagnes les connoissances relatives à l'Agriculture, vous a fait remettre par MM. les Commissaires du Roi différens ouvrages qui traitent de la culture des betteraves champêtres, de celle des turneps ou gros navets, des prairies artificielles, et du parcage des bêtes à laine.

Le Bureau y a trouvé des explications simples, et des procédés à observer pour toutes ces cultures d'une facile exécution.

Le Gouvernement, Messieurs, non moins attentif pour tout ce qui intéresse l'humanité, vous a aussi fait remettre par MM. les Commissaires du Roi, un ouvrage de M. Portal, sur les moyens de remédier à divers accidens auxquels elle est exposée.

Du 12 Décembre 1787.

Délibération.

Suite du 4ᵉ Rapport du Bureau du Bien-Public.

Des différens Ouvrages relatifs à l'Agriculture, aux Prairies artificielles et au Parcage des Bêtes à laines, remis à l'Assemblée par MM. les Commissaires du Roi.

Z ij

Cet ouvrage a paru au Bureau digne d'être répandu dans tous les Départemens, mais en recommandant de ne confier l'exécution des procédés qu'il indique qu'à des personnes d'une intelligence reconnue, pour éviter les méprises dont les suites sont presque toujours dangereuses et funestes.

Le Bureau sensible comme il doit l'être à cette nouvelle preuve de la bienfaisance de son Souverain, a pensé qu'il conviendroit de prier M. le Duc d'Havré d'adresser les remerciemens de l'Assemblée Provinciale à Sa Majesté.

Délibération.

L'Assemblée pénétrée des sentimens dus aux vues de bienfaisance qui animent Sa Majesté, et dont elle lui a donné de nouvelles preuves par la remise des ouvrages dont le Bureau a fait sentir l'utilité, a prié M. le Président d'être l'interprete de sa reconnoissance.

LE DUC D'HAVRÉ ET DE CROï, *Président.*

BERVILLE, *Secrétaire-Greffier.* Signés.

Du 13 Décembre 1787.

SÉANCE du 13 du même mois, neuf heures du matin.

LE Bureau du Réglement ayant fait lecture des observations qu'il a arrêtées sur les Procès-verbaux des Assemblées de Département, il a été dit qu'il en seroit déposée une minute aux archives, laquelle seroit signée de M. le Président et contre-signée du Secrétaire-Greffier, et qu'expédition en seroit délivrée sous la signature de ce dernier, pour être envoyée avec les Procès-verbaux à M. le Contrôleur-Général des Finances.

. Ensuite il a fait lecture du Réglement provisoire qui suit :

Du 13 Décembre 1787.

3.e Rapport du Bureau du Réglement.

MESSIEURS,

SA Majesté, par les dernieres Instructions que vous a apportées son Commissaire, vous autorise à arrêter un Réglement pour le régime intérieur de vos Assemblées, et vous en permet l'exécution provisoire.

Réglement provisoire pour le régime intérieur des Assemblées.

Persuadé de cette vérité, que, si du choc des opinions jaillit toujours la lumiere, ce n'est jamais qu'autant que l'on met de l'ordre et de la méthode dans leurs discussions, le Bureau du Réglement croit devoir faire précéder les différens rapports dont il s'occupe, par celui d'un projet de Réglement sur la formation des Bureaux, leur régime, la discipline intérieure de vos Assemblées, et l'ordre qui doit régner dans vos délibérations. Notre travail à cet égard s'est borné à fondre ensemble les Réglemens adoptés par le Berri, la Haute-Guyenne, le Réglement du 8 Juillet, et les dernieres Instructions que vous avez reçues.

PREMIERE SECTION.

Formation des Bureaux.

ARTICLE PREMIER.

IL sera formé, dans les deux premiers jours de l'Assemblée, des Bureaux particuliers, chargés de rédiger et de préparer les objets sur lesquels il doit être délibéré.

De la formation des Bureaux.

Du 13 Décembre
1787.

I I.

Le Président proposera à l'Assemblée la composition des Bureaux, et y distribuera tous les Membres de l'Assemblée, en suivant, autant que faire se pourra, les proportions établies dans la composition de l'Assemblée elle-même.

I I I.

Il y aura quatre Bureaux.

L'un, sera le Bureau de l'Impôt.

Le second, celui du Réglement, des Fonds et de la Comptabilité.

Le troisieme, celui des Travaux-Publics.

Le Quatrieme, celui de l'Agriculture, du Commerce et du Bien-Public.

Outre ces quatre Bureaux, s'il étoit question d'examiner et de discuter une affaire très-importante, elle pourra être confiée à une Commission particuliere.

I V.

Il sera aussi formé une Commission particuliere pour la visite du Greffe et des Archives, et nommé des Commissaires à la rédaction et à la révision du Procès-verbal.

V.

M. le Président sera de droit Membre de tous lesdits Bureaux qui seront présidés par lui, lorsqu'il y entrera.

V I.

Les Bureaux s'assembleront à des séances de relevée aussi souvent que l'exigera le travail dont ils seront chargés.

V I I.

Les Bureaux n'admettront aucune requête particuliere, et ne s'occuperont d'aucune de celles qui pourroient être présentées, que sur le renvoi qui en sera fait auxdits Bureaux par l'Assemblée générale, par la voie de MM. les Procureurs-Syndics.

Du 13 Décembre 1787.

VIII.

Lorsqu'un rapport aura été lu et délibéré dans un Bureau, avant qu'il en soit fait lecture à l'Assemblée, MM. les Procureurs-Syndics seront appellés au Bureau pour en prendre communication, et donner sur ledit mémoire leurs observations, s'il y a lieu, soit verbalement, soit par écrit, tant au Bureau qu'à l'Assemblée.

IX.

Les affaires seront rapportées par écrit à l'Assemblée générale par celui que le Bureau en aura chargé, sans que, pour cette raison, lorsqu'on recueillera les voix, aucun Membre de ce Bureau soit privé du droit de donner séparément son avis.

X.

Tout rapport fait à l'Assemblée sera inscrit sur le Procès-verbal des séances, collectivement au nom du Bureau, d'où sera émané le rapport.

SECONDE SECTION.

Des Délibérations des Assemblées.

ARTICLE PREMIER.

A L'ouverture de chaque séance, il sera fait lecture du Procès-verbal et des Délibérations de la séance précédente.

Des Délibérations des Assemblées.

Du 13 Décembre
1787.

I I.

L'Assemblée ne délibérera sur aucune affaire susceptible de quelque discussion, qu'après le rapport du Bureau qui en aura été chargé.

I I I.

Le Président mettra en délibération tous les objets qu'il croira convenables.

I V.

Aucun Député ne pourra personnellement proposer à l'Assemblée un nouvel objet de délibération étranger à ceux qui seroient alors discutés, ni lire aucun mémoire qu'il n'en ait préalablement prévenu M. le Président, et n'ait communiqué son rapport ou son mémoire à celui des Bureaux de l'Assemblée qui se trouvera chargé des objets auxquels seroit analogue la proposition ou le mémoire dudit Député.

V.

Le silence sera gardé dans l'Assemblée pendant qu'on y proposera les affaires; et après la proposition chacun pourra à son tour faire telles observations qu'il jugera convenables, sans qu'il soit permis à personne d'interrompre celui qui parlera.

V I.

La discussion de la proposition préalablement faite, MM. les Procureurs-Syndics présenteront à l'Assemblée un résumé des réflexions auxquelles cette proposition aura donné lieu, et y ajouteront leur avis, après quoi l'on ira aux opinions.

V I I.

Aucune question ne pourra être faite publiquement à aucun Membre de l'Assemblée que par la voie de M. le Président, et la parole lui sera toujours adressée.

VIII,

V I I I.

Aucun des Membres de l'Assemblée ne pourra donner son avis qu'il ne lui ait été demandé par M. le Président ; les opinions seront prises par tête et de maniere qu'on prendra la voix d'un Ecclésiastique, ensuite celle d'un Seigneur laïc, ensuite deux voix de suite du Tiers, et ainsi de suite jusqu'à la fin.

I X.

Aucun des Membres ne pourra interrompre les opinions ; mais s'il a quelque chose à changer ou à ajouter à son avis, il sera obligé d'attendre que le tour des opinions soit révolu.

X.

Dans le cas où il s'éleveroit plusieurs avis, l'Assemblée seroit obligée de se réduire à deux.

X I.

M. le Président opinera le dernier, et aura voix prépondérante en cas de partage.

X I I.

M. le Président pourra en matiere importante renvoyer la délibération au lendemain ou aux jours suivans.

X I I I.

Les délibérations en matiere importante pourront également, sur la demande du quart des délibérans ou à la réquisition de MM. les Procureurs-Syndics, être renvoyées au lendemain ou aux jours suivans.

X I V.

Il ne sera permis à aucun Membre de l'Assemblée de demander acte d'un avis qui n'auroit pas réuni la pluralité des suffrages, ni de prétendre qu'il en soit fait mention sur le

A a

Du 13 Décembre
1787.

registre des délibérations, ni de sortir de l'Assemblée sous prétexte qu'il n'agréeroit pas les opinions qui y seroient portées ou les résolutions qui y seroient prises.

X V.

Si quelque Membre de l'Assemblée étoit personnellement intéressé dans une affaire, il seroit tenu de sortir pendant qu'on en délibéreroit, pour ne rentrer qu'après avoir été averti que la délibération est prise.

X V I.

Il ne sera délibéré sur aucune requête non signée, ni sur celles qui contiendroient contre quelques Membres de l'Assemblée des personnalités étrangeres à l'objet de la plainte ou de la demande.

X V I I.

Dans toutes les Elections, les suffrages seront pris au scrutin.

X V I I I.

Toutes les fois qu'il s'agira de donner par gratification ou autrement une somme d'argent qui ne seroit pas comprise dans les dépenses ordinaires de l'administration, les deux tiers des voix seront nécessaires pour former la pluralité, et elles seront prises au scrutin, si quelqu'un de l'Assemblée le requiert.

X I X.

Lorsque l'Assemblée délibérera pour donner une somme d'argent, & qu'il y aura diversité d'avis, les uns opinans à ne rien donner, d'autres à donner quelque chose, et d'autres à donner davantage; si ceux qui sont d'avis de donner le plus, ne font pas la pluralité requise, c'est-à-dire les deux tiers des voix, ils seront joints à ceux qui donnent moins immédiatement ; et s'ils ne font pas ensemble la pluralité, à ceux qui donnent au-dessous, jusqu'à ce que tous les suffrages ensemble fassent les deux tiers de voix ; et si la totalité des avis tendans à donner, ne formoit pas les deux tiers, la délibération ne passera pas.

X X.

Toutes les délibérations de l'Assemblée et les rapports sur lesquels elles auront été prises, seront recueillis par le Secrétaire-Greffier.

X X I.

Les lettres et paquets adressés à la Commission Intermédiaire seront ouverts par MM. les Procureurs-Syndics, et remis par eux à la Commission Intermédiaire : ce qui aura également lieu pour les Bureaux Intermédiaires de Département.

Le Bureau du Réglement est d'avis d'adopter provisoirement, sous le bon plaisir du Roi, le présent Réglement, et de prier M. le Président d'accorder ses bons offices pour le faire agréer de Sa Majesté, et le faire rendre commun à tous les Départemens de l'Assemblée Provinciale de Picardie.

L'Assemblée délibérant sur ce rapport, a arrêté d'exécuter *Délibération.* provisoirement le Réglement de discipline intérieure qu'il contient.

Après quoi, elle a prorogé sa séance au même jour, cinq heures de relevée.

Le même jour, cinq heures de relevée.

Il a été fait par M. l'Abbé Mellier des observations en réponse à celles du Bureau du Réglement sur le Procès-

Du 13 Décembre
1787.

verbal du Département d'Abbeville, et l'Assemblée a jugé qu'il étoit convenable de les joindre à ces dernieres pour être adressées comme celles-ci à M. le Contrôleur-Général.

L'Assemblée reprenant les observations faites sur les Réglemens des 8 Juillet et 5 Août derniers, dont la délibération avoit été continuée en la séance du 11, et ayant entendu la lecture d'un projet de divers articles de Réglement à ajoûter à ceux des 8 Juillet et 5 Août, après avoir entendu, MM. les Procureurs-Syndics, il a été arrêté que ces observations et projets seroient déposés aux archives, sous la signature de M. le Président, et contre-signés du Secrétaire - Greffier ; et M. le Président a été prié de les soumettre à la sagesse de Sa Majesté et aux lumieres de son Conseil.

LE DUC D'HAVRÉ ET DE CROÏ, *Président.*

B E R V I L L E, *Secrétaire-Greffier.* Signés.

Du 14 Décembre
1787.

SÉANCE du 14 Décembre, dix heures du matin.

Troisieme Rapport du Bureau des Travaux-publics.

LE Bureau des Travaux-publics a fait le rapport suivant:

MESSIEURS,

NOUS diviserons notre troisieme rapport en trois parties.

Dans la premiere, nous vous présenterons un tableau de l'état actuel des Routes de la Généralité.

Dans la seconde, nous vous donnerons l'état des deniers

levés en remplacement de la Corvée en nature sur les taillables, les villes franches et les pays de franchise ou d'abonnement, pendant l'année 1787, et l'état de ces mêmes deniers
dont la levée est proposée pour 1788; nous y joindrons la
note sommaire des fonds du Roi, versés dans la caisse du
Trésorier des Ponts et Chaussées, et d'autres deniers qui sont
à la disposition du Roi.

Dans la troisieme, nous vous présenterons l'état de l'emploi de ces mêmes fonds pendant l'année 1787, ainsi que de
la dépense projettée pour 1788, sur les fonds qui doivent être
levés dans ladite année.

PREMIERE PARTIE.

La Province de Picardie est une des plus importantes du
Royaume, par sa position particuliere, par les avantages de
son sol, par sa population, et par le génie de ses Habitans
naturellement actifs et laborieux.

Les routes multipliées qui y sont établies et qui sont presque toutes fort avancées, nous font connoître combien l'administration s'est toujours occupée de sa prospérité.

Les routes sont en effet les principaux moyens de la richesse publique. Comme les veines portent le sang dans toutes
les parties du corps pour y distribuer la vie, de même les
routes sont les conduits par lesquels le commerce anime et
vivifie les pays qu'il parcourt.

Peu de provinces ont autant à se féliciter à cet égard
que la Picardie; les routes y sont nombreuses, bien conçues,
et supérieurement dirigées; il sembleroit même au premier

Du 14 Décembre 1787.

apperçu qu'elle n'auroit plus rien autre chose à désirer que la perfection des ouvrages commencés.

Nous nous conformerons au tableau des routes qui nous a été remis par l'Ingénieur en chef des Ponts et Chaussées de la Généralité, et nous les diviserons en trois classes.

La premiere, comprendra les routes qui forment la communication du Royaume avec la Flandre et l'Angleterre.

La seconde, celles qui communiquent avec les Provinces voisines.

La troisieme, celles qui conduisent d'une ville à une autre.

PREMIERE CLASSE.

Communication avec la Flandre et l'Angleterre.
De Paris à Londres.

Les routes de la premiere classe sont au nombre de cinq.

La premiere de Paris à Londres par S. Just, Breteuil, Amiens, Abbeville, Montreuil et Calais.

Sa largeur, ainsi que celle de la plupart des autres routes, n'est point par-tout la même, elle est de 42, 48 et 60 pieds. Sa longueur est de 36 lieues (de 2000 toises) $\frac{1}{4}$ 211 toises, non compris 14 lieues $\frac{1}{2}$ 274 toises qui forment la longueur de la partie de cette route dans l'étendue du Boulonnois, et une lieue $\frac{1}{2}$ 154 toises de différentes parties à la charge des villes et des particuliers.

La chaussée de cette route est en plus grande partie en cailloutis sur 18 pieds de large, et deux lieues $\frac{1}{4}$ 40 toises seulement sont pavées sur la largeur de 15 pieds.

35 Lieues 78 toises sont faites et en état d'entretien; une lieue $\frac{1}{4}$ 415 toises sont à réparer, 718 toises sont à faire à neuf.

Suivant le devis estimatif des ouvrages proposés pour

l'année 1788, 457 toises seront réparées pour être mises en état d'entretien, et 442 toises seront faites à neuf.

La seconde de Paris en Flandres par Roye, Péronne et Cambrai;

     Largeur. . . . . . . 60 pieds.

     Longueur . . . . . . 16 lieues $\frac{1}{4}$ 386 toises, non compris une lieue $\frac{1}{4}$ 183 toises de l'enclave de l'Artois au terroir de Goussencourt, et une lieue 104 toises à la charge des villes et des particuliers.

La chaussée de cette route est pavée presqu'en totalité sur 15 pieds de large, et elle est en état d'entretien, sauf 405 toises, dont 93 sont proposées à faire à neuf pour 1788.

La troisieme, de Paris à Dunkerque par Péronne, Bapaume et Arras;

     Largeur. . . . . 48, 60 pieds.

     Longueur. . . . . . . 3 lieues 29 toises, faite et en état d'entretien.

La chaussée de cette route est en cailloutis sur 18 pieds de large, à l'exception d'une partie de 136 toises pavée sur une largeur de 15 pieds.

La quatrieme, de Paris à Valenciennes par Compiegne, Ham et S. Quentin;

     Largeur. . . . . . . 48, 60 pieds.

     Longueur . . . . . . 10 lieues $\frac{1}{4}$ 398 toises, non compris la partie de route qui lui est commune avec celle de Flandres, et différentes autres parties à la charge des villes et des particuliers.

Elle est faite et en état d'entretien.

La chaussée de cette route est pavée sur une longueur de 8 lieues 86 toises, et le surplus est en cailloutis.

La partie de chaussée pavée a 15 pieds de large, et celle en cailloutis a 18 pieds.

Nouvelle route
d'Angleterre par
Beauvais, &c.

La cinquieme, appellée la nouvelle route d'Angleterre, passe par Beauvais, Grandvilliers, Poix, Airaines et Abbeville, où elle se réunit à la route de Paris à Londres, premiere de cette classe ;

     Largeur. . . . . . . 48 pieds.

     Longueur. . . . . . . 14 lieues $\frac{1}{7}$ 259 toises, non compris la partie qui lui est commune avec la route de Paris à Londres, et une partie de 510 toises, à la charge des villes et des particuliers.

Neuf lieues $\frac{1}{4}$ 93 toises 3 pieds sont en état d'entretien.

Trois lieues 162 toises sont à réparer.

Deux lieues $\frac{1}{4}$ 3 toises 3 pieds sont à faire à neuf.

Suivant le devis proposé pour 1788, 179 toises seront faites à neuf dans le cours de cette année.

La chaussée de cette route est en cailloutis sur la largeur de 18 pieds.

Cette route est très-importante en ce qu'elle vivifie des cantons qui étoient ci-devant éloignés des grandes communications, et en ce qu'elle abrege le chemin de Paris à Calais de six lieues et demie, objet d'économie inappréciable pour le commerce.

Nous croyons devoir observer que la partie de cette route du côté de Beauvais dans la Généralité de Paris, n'est point faite ni même commencée, et qu'il seroit à désirer que l'Assemblée
voulût

voulût bien employer ses bons offices auprès de MM. de
l'Assemblée Provinciale de l'Isle de France, pour faire ouvrir
cette route incessamment, afin que le commerce pût en avoir
l'usage.

Nous vous proposerons, Messieurs, d'en faire un objet de
vos délibérations.

Il résulte du tableau des cinq routes de la premiere classe
qu'elles ont en total une longueur de 81 lieues $\frac{1}{4}$ 283 toises.

Que sur cette longueur, 74 lieues $\frac{1}{2}$ 79 toises sont faites
et en état d'entretien.

Quatre lieues $\frac{1}{2}$ 77 toises sont à réparer, et deux lieues
trois quarts 126 toises à faire à neuf.

Nous observerons que les parties de routes à réparer et à
faire à neuf ne se trouvent que dans la route de Paris à Londres et dans celle appellée la nouvelle route d'Angleterre,
les autres routes étant entiérement faites et en état d'entretien.

Suivant le devis estimatif des réparations et des constructions neuves proposées pour 1788, 457 toises seront réparées
pour être mises à l'entretien, et 714 toises seront faites à neuf,
en sorte qu'au premier Janvier 1789, il restera quatre lieues $\frac{1}{4}$
120 toises à réparer, et deux lieues $\frac{1}{4}$ 412 toises à faire à
neuf.

SECONDE CLASSE.

Les routes de la seconde classe sont au nombre de onze.
La premiere, d'Amiens à Rouen par Poix et Aumale;
    Largeur . . . . 48 pieds.
    Longueur. . . . . 9 lieues $\frac{1}{4}$ 27 toises,
déduction faite d'une partie de 340 toises commune avec la

B b

Du 14 Décembre
1787.

Communication
avec les provinces
voisines.
D'Amiens à
Rouen.

Du 14 Décembre 1787. nouvelle route d'Angleterre, cinquieme de la premiere classe.

Sur cette longueur, 8 lieues ¼ 64 toises sont en état d'entretien, et 1463 toises sont à faire à neuf.

La chaussée de cette route est en cailloutis sur 18 pieds de large, sauf une partie de 318 toises, pavée sur une largeur de 15 pieds.

D'Amiens à Dunkerque. La seconde, d'Amiens à Dunkerque, par Doullens, Frévent et Gravelines;

Largeur. . . . . . 48, 60 pieds.

Longueur. . . . 9 lieues ¼ 181 toises 2 pieds, faite et en état d'entretien.

La chaussée de cette route est en cailloutis sur 18 pieds de large, à l'exception d'une partie de 511 toises, pavée de la largeur de 15 pieds.

D'Amiens à Cambrai. La troisieme, d'Amiens à Cambrai, par Albert et Bapaume;

Largeur. . . . . . . 48 pieds.

Longueur. . . . . . . 9 lieues ¼ 26 toises, déduction faite de 346 toises à la charge des villes et des particuliers, et de huit cens cinquante toises de longueur commune avec celle d'Amiens à Dunkerque, seconde de la seconde classe.

La chaussée de cette route est en cailloutis sur 18 pieds de large, à la réserve d'une partie de 186 toises de chaussée pavée de largeur de 15 pieds.

La totalité de cette route est en état d'entretien.

D'Amiens à Soissons et Reims. La quatrieme, d'Amiens à Soissons et Reims, par Roye et Noyon;

Largeur. . . . . 30, 36, 48 pieds.

Longueur. . . . . 11 lieues ¼ 499 toises,

déduction faite de 1089 toises à la charge des villes et des particuliers, et de 193 toises de route commune avec celle de Paris en Flandres.

La chaussée de cette route est en cailloutis sur la largeur ordinaire, sauf deux lieues ¼ 453 toises de chaussée pavée sur une largeur de 15 pieds.

Cette route est faite, et elle est en état d'entretien.

La cinquieme, d'Amiens à Compiegne, par Mondidier et Cuvilly;

Largeur. . . . . 24, 30 pieds.

Longueur. . . . . 11 lieues ¼ 80 toises, distraction faite de 2700 toises de route commune avec celle d'Amiens à Soissons.

Six lieues ¼ 52 toises sont faites et en état d'entretien.

Trois lieues et demie 186 toises sont à réparer.

Une lieue ¼ 342 toises à faire à neuf.

Suivant le devis des ouvrages proposés pour 1788, 1983 toises doivent être réparées pour être mises en état d'entretien, et 431 toises 3 pieds doivent être faites à neuf.

La chaussée de cette route est en cailloutis sur 15 à 16 pieds de large.

La sixieme de Reims à Lille, par la Fere, St. Quentin et Cambrai;

Largeur . . . . 48 pieds.

Longueur. . . . . 1 lieue 334 toises, distraction faite de 860 toises à la charge des villes et des particuliers, et de six lieues 218 toises de route commune avec celle de Paris à Valenciennes, quatrieme de la premiere classe.

Du 14 Décembre 1787.

La chaussée de cette route est pavée dans toute son étendue, sur 15 pieds de large, et en état d'entretien.

D'Amiens en Basse-Normandie.

La septieme d'Amiens en Basse-Normandie, par Breteuil, Beauvais et Gisors;

  Largeur. . . . . 24, 30, 36 pieds.

  Longueur. . . . . 7 lieues 99 toises, distraction faite de 117 toises à la charge des villes et des particuliers, et de 8 lieues 333 toises de route commune avec celle de Paris à Londres, premiere de la premiere classe.

  Sur cette longueur,

  Cinq lieues et demie 276 toises sont en état d'entretien,

  Une lieue un quart 29 toises à réparer,

  Deux cens quatre-vingt-quatorze toises à faire à neuf.

La chaussée de cette route est en cailloutis sur 15 à 16 pieds de large.

Suivant le cahier des devis des ouvrages proposés pour 1788, 956 toises doivent être réparées pour être mises à l'entretien.

D'Abbeville à Dieppe.

La huitieme d'Abbeville à Dieppe, par la ville d'Eu;

  Largeur. . . . . 48 pieds.

  Longueur. . . . . 7 lieues $\frac{1}{2}$ 407 toises, distraction faite de 1819 toises à la charge de la ville d'Eu et de celle d'Abbeville, dont

  Six lieues $\frac{1}{2}$ 117 toises en état d'entretien.

  Une lieue 290 toises à faire à neuf.

La chaussée de cette route est en cailloutis sur la largeur ordinaire.

D'Abbeville à Arras

La neuvieme d'Abbeville à Arras, par Doullens;

  Largeur. . . . . 36 pieds.

  Longueur. . . . . 11 lieues $\frac{1}{4}$ 327 toises;

déduction faite de 315 toises à la charge des villes, et de
600 toises de route commune avec celle de Paris à Londres,
premiere de la premiere classe.

La totalité de cette route est en état d'entretien.

La dixieme de Rouen à Dunkerque, par Blangy, Abbeville
et Hesdin;

  Largeur. . . . . 42 pieds.

  Longueur. . . . . 11 lieues $\frac{1}{4}$ 294 toises,
déduction faite de 1650 toises à la charge des villes, et de
1150 toises de route commune avec celle de Paris à Londres,
premiere de la premiere classe, dont

Neuf lieues $\frac{1}{4}$ 44 toises en état d'entretien.

Une lieue 250 toises à faire à neuf.

Suivant le devis des ouvrages proposés pour 1788, 374
toises un pied doivent être faites à neuf.

La chaussée de cette route est en cailloutis de la largeur
ordinaire.

La onzieme, de Calais à St. Omer, par Ardres;

  Largeur. . . . . 42 pieds.

  Longueur. . . . . 6 lieues 123 toises,
déduction faite de 322 toises de longueur commune avec la
grande route d'Angleterre.

La chaussée de cette route est en cailloutis sur 18 pieds de
large, et elle est en état d'entretien.

Des onze routes de cette classe, la seconde, la troisieme, la quatrieme, la sixieme, la neuvieme et la onzieme
sont faites et en état d'entretien; les cinq autres sont fort
avancées.

Toutes ces routes ont ensemble une longueur de 96 lieues

Du 14 Décembre
1787.

397 toises, dont 86 lieues $\frac{1}{4}$ 43 toises en état d'entretien, quatre lieues $\frac{1}{4}$ 215 toises à réparer, et quatre lieues $\frac{1}{4}$ 139 toises à faire à neuf.

Il résulte du cahier des devis de 1788, qu'une lieue un quart 439 toises seront réparées et mises à l'entretien, et 895 toises 4 pieds seront faites à neuf dans le cours de ladite année 1788.

En sorte qu'au mois de Janvier 1789, il ne restera plus sur les onze routes que trois lieues un quart 276 toises de chemin à réparer, et quatre lieues 333 toises deux pieds à faire à neuf.

TROISIEME CLASSE.

Communication d'une ville à une autre.
D'Amiens à Péronne.

Les routes de cette classe sont au nombre de six.

La premiere d'Amiens à Péronne et St. Quentin;

Largeur . . . . 30, 36, 48 pieds.

Longueur. . . . . 16 lieues $\frac{1}{4}$ 297 toises, déduction faite de trois lieues $\frac{2}{4}$ de route commune avec celle N° 2 de la premiere classe, et celle N° 4 de la seconde classe dont

Sept lieues $\frac{3}{4}$ 118 toises sont en état d'entretien.

Neuf lieues $\frac{1}{4}$ 179 toises sont à faire à neuf.

Nous observerons que dans cette longueur de neuf lieues un quart 179 toises à faire à neuf, sont comprises huit lieues $\frac{1}{4}$ 108 toises qui forment celle de la route de Péronne à Saint Quentin, qui n'est encore que projetée.

La chaussée de cette route est en cailloutis sur 15 à 16 pieds de large.

Suivant le devis des ouvrages proposés pour 1788, 1032 toises doivent être faites à neuf sur la partie d'Amiens à Péronne.

La seconde de Calais à Dunkerque, par Gravelines;

Largeur . . . . 36 pieds.

Longueur. . . . . 4 lieues ½ 254 toises, dont Une lieue ¼ 240 toises en état d'entretien.

Deux lieues ½ 14 toises à faire à neuf.

Suivant le devis des ouvrages proposés pour 1788, 504 toises 3 pieds doivent être faites à neuf pendant ladite année.

La chaussée de cette route est en cailloutis sur 15 à 18 pieds de large.

La troisieme est un embranchement à gauche de la grande route de Paris en Flandres, communiquant aux Bourgs de Chaulnes et Lihons;

Largeur. . . . . 24 pieds.

Longueur jusqu'au Bourg de Chaulnes, 1 lieue ¼ 261 toises, faite et en état d'entretien, et pavée dans toute son étendue.

La partie depuis Chaulnes jusqu'à Lihons n'est qu'ébauchée.

La quatrieme de Desvres à Calais;

Largeur. . . . . 36 pieds.

Longueur. . . . . . . 3 lieues 401 toises, déduction faite de cinq lieues un quart 324 toises, et de 797 toises de longueur commune avec la route de Calais à S. Omer, N° 11 de la seconde classe.

La chaussée de cette route entièrement en état d'entretien est en cailloutis sur 15 à 16 pieds de large.

La cinquieme de S. Valery-sur-Somme à la ville d'Eu;

Largeur. . . . . 36 pieds.

Longueur . . . . 5 lieues ½ 198 toises,

Du 14 Décembre 1787.
De Calais à Dunkerque.
Embranchement à gauche de la grande route de Paris en Flandres.
De Desvres à Calais.
De S. Valery-sur-Somme à la ville d'Eu.

dont 500 toises seulement du côté de la ville d'Eu sont faites et en état d'entretien, et le surplus est à faire à neuf.

La chaussée de cette route doit être en cailloutis sur 15 pieds de large.

Suivant le devis des ouvrages proposés pour 1788, 859 toises un pied trois pouces seront faites à neuf dans le courant de l'année.

De S. Quentin
à Guise.

La sixieme de S. Quentin à Guise;

Largeur. . . . . 48 pieds.
Longueur . . . . 1720 toises.

Suivant le devis des ouvrages proposés pour 1788, cette route qui n'étoit que projetée, doit être ouverte dans le cours de l'année prochaine, et 406 toises 5 pieds seront faites à neuf, ce qui formera près du quart de la route.

Il est d'autant plus instant d'y faire travailler, que la partie de cette route dans le Soissonnois, depuis Guise jusqu'aux limites de la Picardie, est presque faite.

Nous observerons que cette route est très-intéressante pour le commerce des deux Généralités.

Les six routes de cette troisieme classe forment une longueur totale de 32 lieues $\frac{1}{4}$ 131 toises, dont 14 lieues $\frac{1}{4}$ 20 toises en état d'entretien, et 18 lieues $\frac{1}{4}$ 111 toises à faire à neuf.

RÉSUMÉ GÉNÉRAL.

Il résulte du tableau des vingt-deux routes de cette Généralité qu'elles forment une longueur totale de 210 lieues $\frac{1}{4}$ 311 toises.

Que

Que sur cette longueur 175 lieues ⅟₂ 143 toises sont faites et en état d'entretien, 9 lieues ⅟₄ 292 toises sont à réparer, et 25 lieues ⅟₂ 376 toises sont à faire à neuf.

Suivant le cahier des devis des ouvrages proposés pour 1788, une lieue ⅟₂ 396 toises seront réparées et mises à l'entretien, et deux lieues 322 toises seront faites à neuf dans le cours de ladite année; en sorte qu'à l'époque du premier Janvier de l'année 1789, il ne restera plus sur les vingt-deux routes que sept lieues ⅟₂ 396 toises à réparer, et 23 lieues ⅟₂ 54 toises à construire à neuf.

Tel est, Messieurs, l'état détaillé des routes de la Généralité; vous y verrez ce qui vous reste encore à faire pour arriver au terme de la jouissance de toutes ces routes.

Nous serions bien flattés de pouvoir vous annoncer dès-à-présent cette époque que nous désirons tous : mais les apperçus que nous vous présenterions manqueroient d'une base certaine, et nous ne pouvons l'obtenir que de l'expérience.

SECONDE PARTIE.

PREMIERE SECTION.

Contribution au rachat de la Corvée en nature.

L'Arrêt du Conseil du 6 Novembre 1786, ordonne provisoirement la conversion de la Corvée en nature en une prestation pécuniaire, et la Déclaration du mois de Juin dernier a fixé définitivement ce nouvel ordre de choses.

Ces deux loix portent que la nouvelle prestation en argent

Contribution au rachat de la Corvée en nature

C c

Du 14 Décembre
1787.

ne pourra excéder pour les taillables, le sixieme de leurs taille, accessoire et capitation réunis, et pour les villes franches et les pays de franchise ou d'abonnement, les trois cinquiemes de leur capitation roturiere ou de leur imposition.

L'Instruction donnée par le Conseil pour l'exécution de l'Arrêt de 1786, recommande aux Intendans des Généralités de se tenir dans les premieres années au-dessous du taux déterminé par la loi, et de ne porter la contribution à la quotité fixée, que lorsque la jouissance des routes aura mis les contribuables à portée de se convaincre par eux-mêmes de l'utilité de l'emploi de leurs deniers.

D'après ce Réglement, et d'après les ordres particuliers du Conseil, la contribution des taillables de la Généralité pour 1787, a été réduite du sixieme au septieme de leurs taille, accessoire et capitation; celle des fauxbourgs et banlieues des villes franches a été déterminée sur le pied des neuf Vingtiemes de leurs impositions, au lieu des trois cinquiemes.

Celle des Gouvernemens de Montreuil et Ardres l'a été à raison du tiers.

Celle du Gouvernement de Calais sur le pied des neuf Vingtiemes, et il lui a été fait remise par ordre du Conseil d'une somme de 2000^{tt} à répartir en moins imposé sur la masse totale de sa contribution, en sorte qu'il ne paie que les trois huitiemes de son imposition.

Les villes franches, plusieurs villes taillables comme Mondidier, Roye, Doullens et S. Valery, et les trois villes de Montreuil, Ardres et Calais ont été exemptées.

Le rôle de la contribution de toute la Généralité a été arrêté par M. l'Intendant le 15 Novembre 1786, conformément

à ces réductions, et il a été homologué par Arrêt du 21 Décembre suivant.

Ce rôle monte à la somme de. . . 366098^{tt} »^{s} 2$^{\partial}$
Celui proposé pour 1788 ne porte que
la somme de. 364776 15 9
Cette différence vient de ce que les
fauxbourgs et banlieues des villes franches qui ont été imposés en 1787 sur le
pied des neuf Vingtiemes, ne le sont pour
1788 qu'à raison du tiers de leurs impo-
sitions, ce qui opere une diminution de $\qquad$ 1321^{tt} 4^s 5$^{\partial}$

Nous ne nous permettrons que deux observations sur le
systême qui a dirigé la confection de ces rôles.

Il y a une disproportion considérable entre la réduction
du sixieme au septieme pour les taillables, et celle des trois
cinquiemes au tiers et aux trois huitiemes pour les pays de
franchise, d'où il résulte une charge plus forte sur les taillables.

L'exemption accordée aux villes est contraire à l'esprit de
l'Arrêt de 1786, et de la Déclaration de 1787 qui en a con-
sacré toutes les dispositions : en effet le Législateur en éten-
dant la contribution jusques sur les villes franches, paroît
s'être occupé du soulagement des campagnes ; il a senti que
ces villes profitoient plus particuliérement de l'établissement
des routes, et delà il a jugé qu'elles devoient en partager la
dépense.

Rien ne nous paroît plus juste, et nous formerions dès-à-
présent notre réclamation contre une exemption aussi oné-

C c ij

Du 14 Décembre 1787.

reuse au reste des contribuables, si nous ne préférions d'attendre des renseignemens sur la nature, l'espece et le montant des charges particulieres de chacune de ces villes, afin de vous présenter des bases plus certaines que de simples apperçus.

C'est pourquoi, nous croyons devoir nous borner dans ce moment à vous proposer de délibérer que le rôle de la contribution de 1788, qui vous a été présenté par l'Ingénieur en chef des Ponts et Chaussées, sera par vous arrêté et ensuite adressé au Conseil du Roi pour en obtenir l'Arrêt d'homologation.

Nous vous proposerons en même-temps d'autoriser votre Commission Intermédiaire à se faire remettre par les villes tous les renseignemens sur leurs charges locales, dont elle aura besoin, pour être en état de vous présenter à votre prochaine tenue un nouveau projet de rôle de contribution plus conforme aux dispositions de la Déclaration du mois de Juin 1787.

SECONDE SECTION.

Fonds du Roi.

Fonds du Roi

L'ARTICLE IV de la cinquieme partie de la nouvelle Instruction (observations préliminaires) concernant les Ponts et Chaussées, autorise l'Assemblée à se faire remettre, par l'Ingénieur en chef, l'état des ouvrages d'art relatifs aux routes.

L'article XVI autorise la Commission Intermédiaire à délivrer des mandats d'à-compte au profit des Adjudicataires de ces ouvrages, jusqu'à concurrence des deux tiers.

L'article XVIII porte qu'il sera procédé par la même Commission ou par les Bureaux Intermédiaires qu'elle aura délégués, à la réception de ces ouvrages, et qu'il en sera dressé procès-verbal, lequel sera déposé au Greffe de l'Assemblée.

Suivant l'article XIX, un extrait du procès-verbal de réception sera adressé par la Commission à M. l'Intendant, avec un bordereau détaillé des mandats d'à-compte. M. l'Intendant sur le vu de ces pieces, rendra son Ordonnance de paiement définitif, et cette Ordonnance sera envoyée à la Commission pour la viser.

Ces articles rapprochés ne permettent pas de douter que l'administration des routes ne vous soit confiée dans toute son étendue.

Sa Majesté occupée du bien de ses sujets a reconnu qu'elle ne pouvoit remplir l'objet qu'elle s'est proposé, qu'en vous mettant à portée de diriger toutes les parties de l'ensemble vers un même but, et elle a vu qu'elle ne pouvoit y parvenir sans vous confier en même-temps l'administration relative aux ouvrages d'art et celle des ouvrages qui sont à la charge des contribuables.

C'est pourquoi nous nous croyons fondés à croire que vous devez ordonner de l'emploi des Fonds du Roi, ainsi que des deniers de la contribution au rachat de la Corvée en nature.

Suivant l'état du Roi, exercice de 1786, qui nous a été remis par l'Ingénieur en chef des Ponts et Chaussées, ces fonds sont désignés sous trois dénominations, ainsi qu'il suit:

Fonds ordinaires. . . . . 8000^{tt} $_{n}$$\mathcal{J}$ $_{n}$$\partial$
Fonds extraordinaires. 85886   2   5
Calaisis. 4000   »   »

T O T A L. . . . . 97886^{tt} 2^{d} 5∂

Ces fonds sont employés au paiement des ouvrages d'art
des ponts et des chaussées de la Généralité, et à celui des appointemens des Ingénieurs et des gratifications qui leur sont
accordées; ils servent aussi à payer les salaires des Conducteurs et Piqueurs des routes.

Autres Fonds à la disposition du Roi.

Autres fonds à
la disposition du
Roi,

Les arbres qui bordoient les routes de Paris, de Rouen et
autres, furent abatus et vendus par adjudication, il y a quelques années, et les deniers provenans de la vente de ces arbres ont été versés dans la caisse du Trésorier des Ponts et
Chaussées de la Généralité.

Suivant une note de M. Delatouche, ces fonds montent à
la somme de. . . . . 68255^{tt} $_{n}$$\mathcal{J}$ $_{n}$$\partial$

L'emploi de ces deniers ne peut être fait qu'en vertu des
ordres du Conseil.

Nous croyons devoir vous proposer, Messieurs, de délibérer que Sa Majesté sera suppliée de vous faire remettre
ces fonds pour être employés au convertissement en pavés, de
toutes les traverses de route actuellement en cailloutis dans
les villages de la Généralité.

TROISIEME PARTIE.

Dépense de l'année 1787.

Dépense proposée pour 1788.

Le Bureau des Ponts et Chaussées conduit et dirige les travaux des routes sous les ordres du Conseil et de M. l'Intendant de la Généralité.

Ce Bureau est composé d'un Ingénieur en chef et de plusieurs Inspecteurs et Sous-Ingénieurs.

L'Ingénieur en chef a la direction de tous les travaux ; les Sous-Ingénieurs sont au nombre de sept, et sont répartis dans autant de Départemens.

Ces Départemens sont, Amiens, Mondidier, S. Quentin, Albert, Abbeville, S. Valery et Boulogne.

Chaque Ingénieur surveille les travaux de son Département par lui-même et par les Conducteurs et Piqueurs des routes qui sont à ses ordres.

Il dresse les plans et projets des ouvrages à faire pour chaque année ; il en rédige les devis et états estimatifs ; et, son travail fait, il le remet à l'Ingénieur en chef qui l'examine ; et après l'avoir approuvé ou réformé, le comprend dans son travail général dans lequel il subordonne toujours la dépense au montant des fonds qui y sont destinés ; lorsque ce travail est fait, il le présente à M. l'Intendant pour être par lui arrêté, et il l'adresse au Conseil pour en obtenir l'homologation.

Lorsque ces devis sont approuvés, l'Ingénieur en chef envoie à chacun des Ingénieurs des Départemens, la partie de ces devis qui le concerne ; celui-ci sous-divise les travaux dont les projets sont approuvés, par adjudications de 15000^{tt}, et il attribue à chaque un certain nombre de communautés, dont la contribution est égale à cette somme.

A la suite de chaque sous-division, M. l'Intendant donne son Ordonnance pour enjoindre au Subdélégué du Département de procéder à l'adjudication desdits ouvrages, en présence du Sous-Ingénieur et des Syndics des communautés dont la contribution est attribuée à l'attelier.

Aucun Entrepreneur n'est admis aux adjudications sans un certificat de capacité des Sous-Ingénieurs, et il doit être solvable ainsi que sa caution.

L'adjudication faite, le Sous-Ingénieur indique sur les lieux les travaux dont l'entreprise a été adjugée en présence de l'Adjudicataire, les Syndics duement appellés, et il dresse son procès-verbal d'indication.

Il donne des certificats pour paiemens d'à-compte aux différentes époques de l'état où est l'ouvrage ; il fait la réception des ouvrages, les Syndics duement appellés ; en dresse son procès-verbal ; et trois mois après, si personne ne lui porte de plaintes sur la solidité de l'ouvrage reçu, il donne à l'Adjudicataire un certificat de paiement définitif sur le vu duquel M. l'Intendant rend son Ordonnance conforme au certificat.

La Déclaration du mois de Juin 1787, et la derniere Instruction qui vous a été remise par le Commissaire du Roi, renferment les témoignages les plus éclatans de la confiance de Sa Majesté dans votre sagesse et dans votre zele pour le bien public; rien ne paroît avoir été négligé pour vous mettre à portée de remplir le but que Sa Majesté s'est proposé.

La déclaration de 1787 vous confie l'administration des
routes,

routes, et la derniere Instruction contient les Réglemens Du 14 Décembre 1787. que vous avez à suivre en cette partie.

Vous déterminerez chaque année les travaux qui seront à faire l'année suivante ; vous arrêterez le rôle de la contribution des deniers destinés au paiement de la dépense : votre Commiſſion Intermédiaire fera les adjudications par elle-même ou par les Bureaux Intermédiaires qu'elle déléguera ; elle admettra à ces adjudications ceux qu'elle jugera solvables et capables d'exécuter les travaux ; elle délivrera des Mandats d'à-compte aux différentes époques d'exécution des ouvrages ; elle en fera la réception après avoir entendu le rapport des Ingénieurs qui auront examiné les ouvrages à recevoir ; et la réception faite, elle délivrera des Mandats de paiement définitif, sur le vu desquels M. l'Intendant rendra son Ordonnance pour en autoriser le paiement, et cette Ordonnance sera par elle visée avant d'être remise aux Adjudicataires.

Après vous avoir présenté les principes de l'administration qui vous est confiée, nous allons mettre sous vos yeux l'état de la dépense qui a été faite pour 1787, parce que nous croyons essentiel de vous la faire connoître, pour vous mettre à portée de déterminer celle de l'année 1788.

Le devis estimatif des ouvrages à faire sur les routes pendant l'année 1787, a été arrêté par M. l'Intendant le 30 Novembre 1786, et il a été homologué par Arrêt du 20 Décembre suivant.

Ce devis estimatif est divisé en quatre chapitres sous les dénominations d'entretien, de réparations, d'ouvrages neufs et d'ouvrages nouveaux.

D d

Suivant ce devis,

L'entretien de 167 lieues de routes faites à l'époque de Décembre 1786, est estimé devoir couter la somme de . . . . . . 233619^{tt} 5^{s} 4^{d}

L'estimation des répararations est portée à 29021 2 5

Celle des ouvrages à neuf, à . . . 93916 6 ″

Celle des ouvrages nouveaux, à . . 9541 6 5

T O T A L . . . 366098 ″ 2

somme pareille au montant de la contribution arrêtée pour la même année 1787.

Le cahier estimatif des ouvrages proposés pour 1788 est également divisé en quatre chapitres sous les mêmes dénominations.

L'estimation portée en ces devis, monte à la somme de 364776^{tt} 15^{s} 9^{d}, somme pareille au montant du rôle de la contribution au rachat de la Corvée en nature, proposé pour 1788.

Suivant le cahier de devis estimatif des ouvrages proposés pour 1788, il paroît que les baux d'adjudications d'entretien qui ont été passés dans le cours de 1787, ne portent en total que la somme de 231219^{tt} 15^{s} 1^{d} y compris une somme de 7133^{tt} 4^{s} 6^{d}, prix estimé de l'entretien d'une partie de la grande route de Paris à Lille et à Dunkerque par Péronne et Sailly qui est restée en souffrance faute d'Adjudicataire.

Il résulte de ce total des adjudications des entretiens des routes qu'elles ont donné sur l'estimation un bénéfice de 2399^{tt} 9^{s} 1^{d}

que l'Ingénieur en chef doit vous porter en compte dans l'état de situation de la dépense de ladite année, qu'il remettra à votre Commission Intermédiaire dans le mois de Janvier 1788.

N'ayant pas eu sous les yeux la totalité des baux d'adjudications passés pour les réparations, les constructions neuves et ouvrages nouveaux pour 1787, nous n'avons pas été à portée de connoître quel étoit le bénéfice obtenu sur l'estimation de ces différens ouvrages, mais nous présumons qu'il n'a pas été moindre que celui des baux d'entretiens.

L'Ingénieur en chef ne manquera pas sans doute de le porter dans l'état de situation dont nous venons de parler.

Les baux d'entretiens des routes faites ont été passés en Avril 1787, moyennant la somme annuelle portée en chacun desdits baux.

Il en a été fait également à la même époque pour les réparations completes et les ouvrages neufs ; les Adjudicataires s'obligent par ces baux de faire ces réparations et ces ouvrages neufs en l'année 1787, et ils se chargent de leur entretien pendant les années 1788 et 1789, moyennant les sommes portées en chacun de ces baux.

Vous avez demandé, Messieurs, la résiliation des baux d'entretien; votre réclamation contre une opération aussi onéreuse, et qui vous mettroit hors d'état de remplir les vues que vous vous êtes proposées, est aussi fondée qu'elle est intéressante pour le succès de votre administration, et nous avons lieu d'espérer qu'elle vous sera accordée, sans que vous soyez tenus d'aucune indemnité envers les Adjudicataires.

Les baux d'adjudications des réparations completes et des ouvrages neufs à faire en 1787 ont été passés à la charge de les entretenir jusqu'au premier Janvier 1790, moyennant les sommes portées dans les baux; cependant nous retrouvons ces mêmes parties de routes au chapitre de l'entretien des ouvrages dans le devis estimatif de 1788, avec une estimation pour chacune de ces parties pour les années 1788 et 1789; mais les termes de ces baux sont trop précis pour douter que ces Adjudicataires ne soient chargés de l'entretien de ces parties de route, et nous pensons qu'ils doivent être obligés de remplir les conditions auxquelles ils sont tenus, et que les détails estimatifs de l'entretien de ces parties de route doivent être retranchés du cahier des devis de 1788, dont nous venons de parler.

Pour nous résumer, en attendant que le Conseil ait prononcé sur la demande en résiliation des baux d'entretien des routes pour trois années, nous vous proposerons, Messieurs, de délibérer que les Adjudicataires des baux d'entretien des routes faites, et ceux des réparations complètes et des ouvrages neufs faits en 1787, seront obligés de remplir les conditions portées dans les baux qui leur ont été passés dans le cours de 1787; et comme l'entretien des réparations et ouvrages neufs faits en 1787 se trouve à la charge des Adjudicataires, nous vous proposerons d'ordonner que l'estimation de l'entretien de ces parties de routes perfectionnées en 1787, sera distraite du cahier des devis estimatifs des ouvrages proposés pour 1788, et que la somme résultante de l'estimation de l'entretien et réparation, sera employée en augmentation d'ouvrages sur la route de Mondidier à Cuvilly; en conséquence nous proposerons à l'Assemblée d'ordonner à l'Ingénieur en chef de rédiger un nouveau projet d'ouvrages à faire

pour 1788, avec le détail estimatif de chacun de ces ouvrages, et de faire un nouveau devis estimatif des ouvrages
et réparations à faire pour 1788, en subordonnant la dépense
au montant de la contribution proposée pour ladite année,
déduction faite du prix des baux d'entretien des routes, passés en 1787, dans lequel projet et devis estimatif il comprendra l'estimation de la partie de route de Paris à Lille et
Dunkerque entre Péronne et Sailly, qui est restée en souffrance, faute d'Adjudicataire.

Nous demanderons encore qu'il soit enjoint à l'Ingénieur
de sous-diviser l'estimation de l'entretien des routes faites et
des ouvrages de réparations par adjudications de 2000 à 2500^{tt},
et celle des constructions neuves à raison de 6000^{tt} au plus
par chaque adjudication, en observant d'attribuer à chaque
attelier la contribution d'un certain nombre de communautés
qui soit égale à ladite estimation; et nous proposerons à l'Assemblée de délibérer que le cahier de devis estimatif, rédigé
d'après ces principes, soit remis à la Commission Intermédiaire pour être adressé au Conseil à l'effet d'en obtenir l'homologation.

Du 14 Décembre
1787.

Emploi des Fonds versés dans la caisse du Trésorier des Ponts et Chaussées de la Généralité, pour fournir à la dépense de 1787.

É T A T   D U   R O I.

Dépense de l'année 1787.

Dépense de 1787.

C H A P I T R E   P R E M I E R.

Pour l'entretien des Ponts et de plusieurs parties de Chaussées en pavés de grès sur différentes
routes, la somme de . . . . . . 30110^{tt} $_{nd}$ $_{n\partial}$

C H A P I T R E   S E C O N D.

Pour parfait paiement de la construction de 2262 toises 4 pieds de chaussée pavée sur la route de S. Quentin à la Fere, la somme de. . . . . . . 8704^{tt} 4^d 5$^\partial$
Idem, de la construction de l'Arceau
de Châtillon. . . . . 950 $_{n}$ $_{n}$
Idem, du Ponteau de Wavigny. . 1619 10 3
Idem, du Pont de Nampont. . . 2063 11 7

T O T A L. 13337 6 3

C H A P I T R E   T R O I S I E M E.

Pour commencer la construction du Pont de Villers-Bocage, route de Dunkerque à Doullens. . . 10108^{tt} 15^d 4$^\partial$
Pour la reconstruction du Pont de
Marché-le-Pô . . . . 2960 $_{n}$ $_{n}$

13068 15 4

Montant de ci-contre.	13068^{tt}	15^{s}	4^{d}

Pour la reconstruction du Ponteau
d'Urvillers.   2830   »   »

Pour la reconstruction de l'Arceau de
la Terriere   2040   »   »

TOTAL.   17938   15   4

CHAPITRE QUATRIEME.

Pour les appointemens des Ingénieurs en chef, Inspecteurs
et Sous-Ingénieurs des Ponts et Chaussées.   11802^{tt} »^{s} »^{d}

Pour les gratifications à eux accordées
par le Conseil.   4900   »   »

TOTAL.   16702   »   »

CHAPITRE CINQUIEME.

Pour les salaires des Conducteurs, Piqueurs de routes, ensemble pour les imprimés relatifs à l'administration des routes,
pour frais de levée de plans, de nivellement, pour achat et
entretien d'outils, et autres dépenses. .   19798^{tt} 1^{s} 1^{d}

RÉCAPITULATION.

Entretiens. . . . .   30110^{tt} »^{s} »^{d}

Parfait paiement.   13337   6   3

Constructions neuves.   17938   15   4

Appointemens et gratifications des
Ingénieurs.   16702   »   »

Salaires des Conducteurs, &c. . .   19798   1   »

Somme pareille à la recette. . .   97886   2   7

Du 14 Décembre
1787.
Dépense propo-
sée pour 1788.

Suivant un état présenté par l'Ingénieur en chef, la dépense des ouvrages d'art proposée pour 1788, et les années suivantes est portée par apperçu seulement à la somme de 200215^{tt} 13^s 2$^{\partial}$.

Nous ne croyons pas devoir vous faire d'observations sur ce dernier état, vu qu'il ne contient que de simples désignations des ouvrages d'art qui restent à exécuter sur les routes de la Généralité, sans aucun détail, et nous terminerons ici notre troisieme rapport sur les travaux publics.

Nous ne vous avons présenté, Messieurs, que des apperçus sur une administration nouvelle pour nous; mais nous espé-rons que des connoissances plus étendues et plus développées nous mettront à portée de vous offrir par la suite un travail plus complet.

Délibération.

L'Assemblée délibérant sur le précédent rapport, après avoir entendu l'avis de MM. les Procureurs - Syndics, a arrêté; savoir :

ARTICLE PREMIER.

Que le rôle de la contribution proposé pour 1788, sera arrêté provisoirement à la somme de 363578^{tt} 17^s 2$^{\partial}$, au lieu de 364776^{tt} 15^s 9$^{\partial}$, à cause de la diminution ac-cordée au Gouvernement de Calais, dont la contribution a été réduite sur le pied du tiers de son imposition; en conséquence que ledit rôle sera adressé au Conseil pour y être homologué.

II.

Que la Commission Intermédiaire sera autorisée à se faire remettre par les villes franches, villes taillables, et les trois villes de Calais; Montreuil et Ardres, les renseignemens nécessaires

cessaires sur leurs charges particulieres, pour être en état de déterminer si lesdites villes contribueront, et dans quelle proportion elles devront le faire, à la dépense des routes, afin de pouvoir présenter à l'Assemblée, à sa premiere tenue, un nouveau projet de rôle, s'il y a lieu, dans lequel les villes seroient comprises pour une portion de contribution déterminée d'après lesdits renseignemens, sur quoi l'Assemblée se feroit autoriser par Sa Majesté.

I I I.

Qu'il sera dressé par l'Ingénieur en chef un nouveau projet des ouvrages à faire pour 1788, avec les détails estimatifs de ces ouvrages dans lesquels il retranchera l'estimation de toutes les parties d'entretien qui sont à la charge des Adjudicataires des ouvrages de réparations et constructions neuves faits en 1787, aux termes des baux qui leur ont été passés au mois d'Avril de cette même année.

I V.

Que les sommes résultantes de l'estimation de l'entretien d'ouvrages faits et perfectionnés en 1787, mentionnés ci-dessus, seront employées en augmentation d'ouvrages sur la route de Mondidier à Cuvilly.

V.

Qu'il sera enjoint à l'Ingénieur en chef de sous-diviser les parties d'entretien et d'ouvrages de réparations par attelier de 2000 à 2500^{tt}, les ouvrages neufs par attelier de 6000^{tt} au plus, à moins que, par les circonstances, il ne soit spécialement autorisé par la Commission Intermédiaire à les porter plus haut.

E e

V I.

Qu'il lui sera recommandé de subordonner la dépense au montant de la contribution qui sera arrêté par l'Assemblée, déduction faite du prix total des baux d'entretien des routes faites qui ont été passés dans le courant d'Avril 1787.

V I I.

Qu'il lui sera enjoint de compter, dans ses états de situation qu'il remettra dans le courant de Janvier 1788, des bénéfices obtenus sur l'estimation de 1787, par le rabais desdites adjudications, ainsi que de la somme de 7133^{tt} 4^{ƒ} 6^{ð} pour l'estimation de l'entretien de la partie de route entre Sailly et Péronne, restée en souffrance, faute d'Adjudicataire.

V I I I.

Que l'Assemblée se fera remettre un état des ouvrages d'art à exécuter pour l'année 1788, aux fins d'arrêter ces ouvrages, de les faire arrêter du Conseil, et ensuite être procédé à leur adjudication par la Commission Intermédiaire Provinciale, ou les Bureaux Intermédiaires de Départemens qui seront délégués.

I X.

Qu'elle suppliera Sa Majesté de lui accorder la somme de 68255^{tt} provenante de la vente des arbres abbatus sur le bord des routes de la Généralité, et qui a été versée dans la caisse du Trésorier des Ponts et Chaussées, pour être employée à l'établissement des chaussées en pavés dans toutes les traverses des routes des villages et bourgs de la Généralité.

X.

Qu'elle priera l'Assemblée Provinciale de l'Isle de France,

de faire ouvrir incessamment la nouvelle route d'Angleterre, depuis Beauvais jusqu'aux limites de la Généralité, afin que le Commerce puisse faire usage de cette route.

Le Bureau du Bien-Public a fait ensuite le rapport ci-après :

Du 14 Décembre 1787.

MESSIEURS,

SI toutes les branches de commerce en général sont précieuses à l'Etat, et exigent l'attention continuelle du Ministere pour les soutenir et les favoriser, celle du transport des marchandises par terre ou par mer ne mérite pas moins sa prootection et tous les encouragemens qui peuvent l'augmenter dans le Royaume.

Cinquieme Rapport du Bureau du Bien-Public.
Transport des Marchandises: Encouragemens qui peuvent l'augmenter dans le Royaume.

Les Nations voisines qui ont reconnu les avantages de ce transport, y ont puisé leurs richesses, la splendeur de leur navigation et l'étendue de leur commerce : actifs à saisir les moindres objets relatifs à cette branche, les Anglois et les Hollandois n'ont rien négligé de tout ce qui pouvoit employer leurs voitures et leurs vaisseaux, sur-tout aux dépens des autres Nations qu'ils ont rendues tributaires à cet égard, malgré toutes les précautions qu'on a prises pour les priver de cet avantage.

Le commerce considérable et réciproque établi entre l'Allemagne, la Suisse, Geneve et l'Angleterre n'a pas échappé à leur vigilance ; loin de refuser le passage des marchandises venant d'Allemagne, de la Suisse et de Geneve pour l'Angleterre, et celui des productions de l'Angleterre pour l'Allemagne, la Suisse et Geneve, l'Empereur et les Hollandois en ont recherché et favorisé le *transit* à travers leurs états, en accordant toutes les facilités qui ont pu engager les Cantons Suisses et leurs voisins à prendre une voie aussi éloignée, et à cesser les demandes qu'ils faisoient à la France de leur accorder un passage bien plus avantageux pour eux que celui de Hambourg, de Hollande et d'Ostende dont ils sont obligés de se servir, malgré les longueurs, les risques et les frais énormes qu'ils éviteroient à tous égards, si on leur permettoit le *transit* ou passage de leurs marchandises par le Royaume de France.

Les demandes qu'ils en ont faites dans le temps n'ont pas été accordées, parce que sans doute on y a opposé des possibilités de fraude et de reversement de ces marchandises en passant dans l'intérieur du Royaume ; mais d'après les précautions qu'il est aisé de prendre pour éviter toutes fraudes et empêcher tous reversemens quelconques, il est à présumer que c'est plutôt parce qu'on n'a pas assez envisagé les grands avantages qui résulteroient de cette permission, soit pour la circulation des voitures de terre et la navigation par mer, soit pour le commerce en général, et sur-tout par une balance réelle en faveur de la France aux dépens des Etrangers.

Ce *transit* par la France seroit plus prompt, plus certain et moins dispendieux pour ces Nations étrangeres qui le désirent et le demandent ; mais il seroit bien plus avantageux pour la France de le leur accorder, et de ne rien négliger de tout ce qui peut les y attirer, en prenant les précautions convenables pour éviter toutes fraudes.

Il ne s'agiroit, pour prévenir toutes difficultés à cet égard, que de choisir et de fixer les ports, villes et routes les plus convenables à cet objet; d'ordonner que les marchandises, caisses ou ballots, arrivant d'Anglererre dans un des ports indiqués, ou venant de la Suisse, de Geneve, au premier bureau de la frontiere, puissent y être expédiés, vérifiés, cordés, plombés et accompagnés d'acquits à caution en bonne forme, pour être représentés, revérifiés et déchargés à l'autre frontiere au dernier bureau de sortie.

D'établir dans les magasins des Douanes frontieres un entrepôt où lesdites marchandises seroient conduites en arrivant, soit à la décharge des vaisseaux ou voitures; de soumettre toutes marchandises à une déclararion de qualité, quantité et valeur sur laquelle on pourroit imposer un droit léger.

Enfin de n'admettre pour caution que des François domiciliés, capables de satisfaire et de répondre de leurs soumissions : dans tous les cas, l'heureuse situation de Calais, la bonté de son port, la proximité de l'Angleterre, la facilité et la sûreté du passage journalier qui y est établi, rendent cette ville la plus convenable pour ce *transit*, non seulement pour les avantages du Commerce à tous égards, mais encore à cause des murs et des fortifications qui la ferment et qui ne laissent aucune voie ouverte à la fraude.

Les canaux qui communiquent de cette ville à l'Artois, à la Flandre, au Haynaut et jusques dans l'intérieur du Royaume, sont un autre avantage pour les transports par eau.

Les voitures de Bourgogne et de Champagne qui y apportent beaucoup de vins pour la consommation du pays, mais plus encore pour l'exportation en Angleterre, loin de retourner à vide, comme ils font depuis long-temps, trouveroient en retour des portages avantageux qui feroient baisser le prix des voitures, et leur donneroient des bénéfices d'autant plus considérables qu'ils seroient nombreux, réitérés et certains.

Les frais de réception, d'expédition, de commission, &c. répandroient dans cette ville et sur les routes des sommes considérables.

Enfin le port presque désert par la diminution du commerce, seroit fréquenté, et reprendroit même toute son ancienne activité, pour peu qu'on voulût lever quelques obstacles d'imposition mal-entendus pour le bien général et les intérêts de l'Etat.

L'Assemblée Provinciale occupée de tous les objets propres à ranimer le commerce et à faire le bonheur des peuples, est suppliée de prendre cet objet en considération, et de jetter un coup-d'œil sur tous les avantages qu'il y auroit d'obtenir le *transit* ou le passage de ces marchandises étrangeres par la France, en s'assurant de la facilité qu'il y a d'éviter toute fraude et reversement quelconque dans l'intérieur du Royaume d'une frontiere à l'autre, et de juger si ce que les Fermiers Généraux ou autres personnes peuvent opposer à ce projet, peut être regardé comme capable d'empêcher tous les biens qui résulteroient de cette branche inappréciable, pour les pays de passage et pour le Royaume en général.

Délibération.

L'Assemblée considérant les avantages qui peuvent résulter pour la province de la nouvelle branche de commerce proposée par le Bureau du Bien-Public, a arrêté néanmoins de prendre, avant de rien délibérer, l'avis de la Chambre du Commerce d'Amiens, pourquoi extrait de la délibération de ce jour lui seroit adressé.

Après quoi, M. le Président a fait lecture d'une lettre de M. le Contrôleur Général, en réponse à la délibération de l'Assemblée du 7 de ce mois, concernant l'abonnement des Vingtiemes, par laquelle il mande à M. le Président que l'offre d'un abonnement dont le prix n'excede pas le montant du produit net actuel de l'imposition, ne peut être acceptée, et que les besoins de l'Etat ne permettent pas d'accéder à la priere faite à Sa Majesté par l'Assemblée, de ne faire faire la perception des Vingtiemes pour l'année prochaine que sur le pied des rôles subsistans.

Lettre de M. le Contrôleur Général relative à l'Abonnement des Vingtiemes.

Il a aussi fait lecture d'une lettre de M. le Commissaire du Roi, qui annonce que l'imposition du Boulonnois qui avoit été comprise dans les premiers états remis à l'Assemblée, devoit en être distraite ; laquelle lettre étoit accompagnée de nouveaux états dans lesquels ladite imposition n'étoit pas comprise.

Sur quoi il a été arrêté que le tout seroit remis à la Commission particuliere des Vingtiemes, laquelle prendroit de nouveau en considération l'abonnement des Vingtiemes, et l'Assemblée continuée à cinq heures de relevée pour en entendre le rapport.

Le même jour, cinq heures de relevée, en la séance de ladite Assemblée, ouï le rapport de la Commission.

L'Assemblée, considérant que quoique la lettre de M. le Contrôleur Général n'affoiblisse en rien les raisons et les calculs

Délibération relative à l'Abonnement des Vingtiemes.

qui ont motivé la délibération du 7 Décembre, néanmoins le désir qu'elle a de contribuer, autant qu'il est en elle, au soulagement de l'Etat, et de donner à Sa Majesté un nouveau témoignage du zele qui l'anime, doit l'emporter sur tout autre motif de réflexion, et la déterminer à faire un nouvel effort; qu'elle doit le faire d'autant plus volontiers, que l'intention annoncée de Sa Majesté de la traiter favorablement, lui donne lieu d'espérer qu'elle daignera accepter des offres beaucoup inférieures au taux qui a d'abord été fixé; que l'intérêt de la province paroît même en ce moment lui en faire une loi, puisque l'augmentation que les besoins de l'Etat rendent nécessaire, si elle n'est pas offerte par l'Assemblée sera certainement cherchée dans des vérifications inquiétantes et onéreuses; que quelqu'assurance qui soit donnée par Sa Majesté que ces opérations seront faites avec la plus grande exactitude, la répartition qui se fera par l'Assemblée ou par les Contribuables eux-mêmes, sera toujours plus douce et moins onéreuse; qu'on peut même espérer que les frais de perception en seront moins considérables; que si, par événement, consultant plus son zele que ses facultés, la somme offerte se trouvoit excéder le taux de l'Imposition légitime, Sa Majesté seroit trop équitable pour ne pas lui accorder une modération; que même si dans la première année l'Assemblée ne pouvoit se procurer un recouvrement égal à ses offres, elle avoit droit d'attendre de la bonté de Sa Majesté, qu'elle ne la réduiroit pas à l'impossible, et que les raisons et les motifs de sa conduite étant ainsi expliqués, la province ne pourroit que lui savoir gré d'avoir cherché à concilier à la fois ses intérêts particuliers avec ceux de l'Etat,

A

A arrêté que Sa Majesté seroit suppliée d'accepter à titre d'abonnement pour vingt années, en sus des. . . . . 1613644^{tt} 11^{s} »∂. montant des Vingtiemes actuels, l'offre que lui fait l'Assemblée de la somme de. . 261983 » 4 y compris le montant des Vingtiemes à percevoir sur les matieres nouvellement imposables , détaillées dans les états remis par M. le Commissaire du Roi, et sur le Domaine du Comté de Ponthieu, apanage de Mgr. Comte d'Artois , ce qui formera un total de . . . . . 1875627 11 4 le prix duquel abonnement diminuera en proportion des diminutions qui surviendront dans l'Imposition des Vingtiemes dont il est représentatif:

D'autoriser en conséquence l'Assemblée à faire faire à ses frais et par ses Préposés la répartition et la recette du total de ladite Imposition, dont elle versera directement le montant au Trésor Royal, dans les termes accoutumés, à la déduction toutefois 1°. des remises ordinaires accordées aux différens Receveurs de cette Imposition ; 2°. de la somme de 44400^{tt} à laquelle se montent annuellement les frais de Régie de ladite Imposition , tels qu'appointemens , gratifications et frais de Bureaux des Directeur et Contrôleurs:

Que Sa Majesté sera en outre suppliée de faire tenir compte à l'Assemblée de la somme à laquelle se montent les décharges et non-valeurs, et de lui garantir l'Imposition des matieres nouvellement imposables, au moins sur le taux auquel chacune d'elles a été portée dans les états qui ont été fournis:

F f

Enfin, que Sa Majesté sera suppliée d'accorder un Arrêt de son Conseil, portant révocation de tous les abonnemens particuliers qui pourroient avoir été par elle accordés dans le ressort de cette Administration, et des Lettres-Patentes portant autorisation du présent abonnement et de la répartition à faire par l'Assemblée pour son exécution.

LE DUC D'HAVRÉ ET DE CROÏ, *Président.*

BERVILLE, *Secrétaire-Greffier.* Signés.

⟡⟡⟡⟡⟡⟡⟡⟡⟡⟡⟡⟡⟡⟡⟡

Du 15 Décembre
1787.

SÉANCE du 15 Décembre, neuf heures du matin.

LE Bureau des Travaux publics a fait le rapport suivant:

MESSIEURS,

Quarrieme Rapport du Bureau des Travaux publics.

VOUS avez renvoyé à votre Bureau des Travaux publics 253 mémoires, dont 244 vous ont été adressés par les Assemblées Municipales, 4 par celles de Département, et 5 mémoires particuliers.

Des différens Mémoires adressés à l'Assemblée Provinciale par les Assemblées Municipales, par celles de Département, et par des Particuliers.

Nous eussions désiré, Messieurs, pouvoir nous livrer à l'examen de tous ces mémoires, et nous mettre en état de vous en rendre compte avant la fin de vos Assembléés : mais leur multiplicité, l'étendue des recherches dont nous nous sommes occupés, les renseignemens que nous avons été dans le cas de nous procurer, enfin les bornes prescrites à vos séances, ne nous ont pas permis de nous livrer à un travail aussi considérable. Nous nous sommes déterminés, par tous ces motifs, à ne mettre sous vos yeux que les demandes con-signées dans les diverses délibérations des Assemblées de Département, et les deux mémoires particuliers qui nous ont paru mériter toute votre attention.

L'extrait d'un rapport du Département d'Amiens vous présente l'idée de fixer la plus grande largeur des routes de la premiere classe à trente-six pieds ; nous estimons, Messieurs, qu'elles doivent avoir une largeur plus considérable, mais que l'expérience seule doit déterminer la fixation que vous jugeriez à propos de demander au Conseil.

Des demandes et réclamations du Département d'Amiens.

Routés de la 1ere classe fixées à 36 pieds de largeur.

Il propose une répartition de fonds pour l'entretien des chemins par chaque Département ; votre vœu sur cet objet est exprimé dans l'arrêté que vous avez pris par votre délibération du 14 de ce mois, envoyée au Conseil pour 1789.

Répartition des fonds pour l'entretien des Chemins par chaque Département.

Il réclame aussi l'exécution de l'Arrêt du Conseil du 20 Avril 1783, relatif à l'usage des roues à larges bandes, pour les voitures de Rouliers et autres qui conduisent des charges très-pesantes. Cet Arrêt n'a point eu son exécution, et nous n'avons pu nous assurer encore des obstacles qui ont empêché l'effet de ce Réglement si nécessaire pour prévenir la prompte dégradation des routes. Le Bureau est d'avis que cette demande peut être renvoyée à une autre année.

Roues à larges bandes.

Enfin le même Département demande l'ouverture, ou le rétablissement de trois chemins qui paroissent également intéressans.

Ouverture et rétablissement de trois chemins.

Le premier d'Amiens à Conti où se trouvent les plus belles carrieres de la province. Outre le transport des pierres, il faciliteroit encore celui des bois et des marchandises de filature de ce canton. Enfin, il observe qu'il seroit à propos que cette

D'Amiens à Conti.

route fut continuée sur Poix et Grandvilliers, tant pour le passage des troupes, que pour favoriser l'importation des cidres de la Normandie. Il ajoute que les matériaux nécessaires à la construction et réparation de ce chemin sont à portée, et que plus de soixante communautés offrent d'y contribuer.

De Picquigny à Oisemont.

Le second communiqueroit de Picquigny au village d'Oisemont, en passant par Airaines. L'avantage qui résulteroit de ce chemin seroit d'ouvrir deux communications importantes, l'une avec Blangy, l'autre avec Gamaches où il se tient des marchés considérables de chevaux.

De la Ville d'Eu à Paris.

Le troisieme conduit de la ville d'Eu à Paris, en passant par les mêmes villages de Blangy et Gamaches, et intéresse le commerce de toute cette partie de la province, pour le transport des serrures, cidres, et charbons de terre. Le Département d'Amiens expose que ce chemin, dont le rétablissement total exigeroit le concours des Généralités voisines, seroit d'un grand avantage pour les bourgs et villages qui l'avoisinent, et qui n'ont que ce débouché pour leurs productions.

Vous avez approuvé, Messieurs, les motifs qui nous ont déterminé à ne vous présenter, pour 1788, que les travaux proposés par M. Delatouche. Nous regrettons de ne pouvoir vous engager à vous occuper dès-à-présent de ces trois chemins, suivant le vœu du Département d'Amiens.

Mais l'avis du Bureau est que vous délibériez de recommander à votre Commission Intermédiaire:

1°. De prendre en considération la construction de ces trois chemins qui paroissent intéresser la province en général, ou au moins devoir être regardés comme des chemins vicinaux de la premiere division.

2°. De charger Messieurs les Ingénieurs de faire les toisés et devis nécessaires, pour vous mettre en état, à votre prochaine tenue, d'arrêter ce que vous jugerez à propos de présenter au Conseil sur cet objet.

Nous ne vous proposons point de prendre de délibération sur les autres articles de ce rapport, dont une partie nous a paru mériter l'examen ultérieur de votre Commission Intermédiaire, pour vous en être rendu compte à votre premiere Assemblée.

Le même Département vous a adressé, Messieurs, des observations de M. le Comte de Caulieres, sur le chemin projetté et même commencé de la ville d'Eu à S. Valery. Ces observations ont pour but de changer en partie la direction de cette route.

Il va vous être fait lecture de la délibération prise à ce sujet par le Bureau Intermédiaire de ce Département.

Cette lecture faite, le Bureau a continué son rapport ainsi qu'il suit :

Il n'y a de fait, sur la route d'Eu à S. Valery, que 500 toises en sortant de la ville d'Eu. On doit en faire cette année en deux parties 759 toises un pied trois pouces estimées 14137^{tt} 7^{s} 4^{d}.

Il s'agit de décider si cette route sera continuée cette année ou non, et dans quelle direction.

Il vous a été présenté un mémoire par le maître de la poste

Du 15 Décembre
1787.
De la Répara-
tion de la Route de
Péronne à Ham,
demandée par le
Maître de la Poste
de Péronne.

de Péronne, qui demande la réparation de la route de Péronne à Ham, laquelle paroît avoir été abandonnée, et offriroit cependant une communication très-utile à cette partie de la province. Le Bureau estime qu'elle seroit très-avantageuse pour le passage des troupes, et en même-temps ouvriroit une communication avec les villes de S. Quentin, La Fere, Chauny, Noyon, Compiegne, &c. Vous pourriez, Messieurs, recommander l'examen de ce mémoire à votre Commission Intermédiaire. Le Bureau estime que ce chemin doit être rangé parmi ceux de la troisieme classe.

De la demande du Département de Mondidier, relative au chemin de Mondidier à la grande Route de Flandres par Cuvilly.

M. le Duc de Mailly, dans le rapport qu'il vous a fait au nom de l'Assemblée de son Département, vous a recommandé, Messieurs, le chemin qui communique de Mondidier à la grande route de Flandres en passant par Cuvilly.

Nous aurions désiré suivre le vœu de ce Département, et pouvoir vous proposer de donner une plus grande extension, pour cette année, aux travaux de cette route effectivement intéressante ; mais, dans l'impossibilité où nous sommes de changer actuellement la destination déja faite des travaux projetés pour 1788, nous nous contenterons de vous faire une observation qu'il nous a paru nécessaire de mettre sous vos yeux, avant d'ordonner les constructions de cette route jusqu'à son entiere perfection.

La partie qui confine au village de Rôllot est située dans un fonds si marécageux, qu'il est à craindre qu'elle n'exige annuellement des réparations considérables; le Bureau estime qu'il seroit de votre sagesse de faire demander au Bureau Intermédiaire de ce Département, s'il pourroit vous proposer quelque moyen, même en changeant un peu la direction, pour rendre cette partie de route plus solide et d'une construction plus durable.

M. le Duc de Mailly observe aussi dans son rapport que 2500 toises environ de la grande route d'Amiens à Paris, entre S. Just et Wavignies, quoique de la Généralité de Soissons, Département de Clermont, sont cependant faites sur les fonds de la province de Picardie. Il réclame avec justice contre cette erreur, et il demande que les fonds destinés à cette partie de route soient employés à ouvrir une communication de Mondidier à S. Just. Nous avons cru, Messieurs, qu'il seroit plus à propos de les destiner à une addition d'ouvrages sur la route de Mondidier à Cuvilly désignée ci-dessus.

De la réclamation du même Département, relative à la grande route d'Amiens à Paris, entre St. Just et Wavignies.

Le Bureau vous propose en conséquence de délibérer, Messieurs,

1°. Que le Conseil sera prié d'accorder la réformation de cette erreur.

2°. Que vous chargiez votre Commission Intermédiaire de prendre en considération l'utilité du chemin de S. Just à Mondidier demandé par ce Département, mais que préalablement les fonds destinés aux 2500 toises susdites soient employés en addition d'ouvrages sur le chemin de Mondidier à Cuvilly, après que le Conseil aura fait droit sur la réformation demandée.

Le Département de Calais, Montreuil et Ardres vous propose, Messieurs, l'ouverture d'une double route de la haute ville de Montreuil à Boulogne et Hesdin.

De la proposition du Département de Calais, Montreuil et Ardres, relative à l'ouverture d'une double route de la haute ville de Montreuil à Boulogne et Hesdin.

Nous avons jugé que cette demande devoit être renvoyée à votre Commission Intermédiaire, pour, d'après les nouveaux renseignemens qu'elle pourra se procurer sur l'utilité de ces

Du 15 Décembre
1787.

De la demande
relative à la répa-
ration de la petite
route d'Amiens à
Arras.

Des Mémoires
adressés à l'As-
semblée par les
Municipalités.

communications, vous en être rendu compte, lors de votre prochaine tenue.

Il nous a encore été remis un mémoire particulier sans signature, par lequel on demande la réparation d'un chemin connu sous le nom de petite route d'Amiens à Arras. Mais quoique plusieurs communautés semblent avoir un intérêt direct à son rétablissement, il nous paroît que vous ne pourrez être en état de vous en occuper, avant quelques années.

Il ne nous reste plus, Messieurs, qu'à vous rendre un compte très-succinct des 244 mémoires des Municipalités.

Ce sont les réponses aux lettres circulaires qui leur ont été adressées par les différens Départemens, d'après les instructions de votre Commission Intermédiaire. Un examen très-superficiel nous a fait entrevoir l'utilité qu'on pourroit s'en promettre, eu égard aux divers objets dont ils traitent,

SAVOIR,

La nature du sol,

Le Commerce,

Les Foires ou Marchés, et leur distance,

L'état des Chemins,

Les réparations à y faire,

La distance des Paroisses aux grandes Routes,

Enfin des observations générales dont quelques-unes nous ont paru intéressantes.

Nous remettrons ces mémoires à Messieurs les Procureurs-Syndics, et nous estimons que si la Commission Intermédiaire les faisoit classer par ordre alphabétique, et employoit ses soins pour en compléter la collection, on pourroit en former un registre qui contiendroit une multitude de renseignemens

et

et de connoissances locales sur tous les objets confiés à votre administration.

C'est ici le moment, Messieurs, de vous présenter le vœu de tous vos Bureaux pour mettre plus d'ordre dans cette partie. C'est de recommander aux Assemblées de Département, et à leurs Bureaux Intermédiaires, d'envoyer séparément les mémoires qui traitent de différentes matieres. Nous avons tous reconnu l'inconvénient de la méthode contraire, pendant votre présente tenue.

Avant de terminer son rapport, le Bureau croit devoir vous dénoncer, Messieurs, un abus auquel il paroît nécessaire d'apporter un prompt remede.

Les Adjudicataires des grandes routes se permettent de faire indistinctement des fouilles, par tout où ils trouvent des cailloux. Ils coupent même et interceptent souvent des communications utiles, par des excavations faites sur les chemins. Les habitans de la paroisse d'Acheux ont consigné ce fait dans leur mémoire. Nous avons su aussi qu'entre le village de Boquel et le cimetiere d'Orémaux , il a été ouvert une fouille pour l'extraction des cailloux, laquelle coupe le chemin de communication de cette paroisse , et vous avez été instruit qu'une voiture avoit versé dans cette excavation il y a peu de jours.

Enfin, une chaussée bien connue dans plusieurs provinces, par son ancienneté et la solidité de sa construction , LA CHAUSSÉE BRUNEHAUT, est en plusieurs endroits morcelée et interceptée par des excavations semblables, et y est devenue impraticable.

Un mémoire envoyé par un Curé nous a donné la première

G g

Dénonciation d'un abus relatif aux fouilles pour l'extraction des cailloux.

Du 15 Décembre
1787.
connoissance de cet abus. N'étant point signé , on pourroit le révoquer en doute ; mais la vérité des faits qui y sont consignés, nous a été certifiée par plusieurs Membres de cette Assemblée qui en ont été témoins oculaires.

Votre Bureau des Travaux publics estime qu'il est à propos de prévenir promptement de pareilles malversations , et que vous délibériez , Messieurs ,

1°. De faire défenses à tous Adjudicataires, de faire à l'avenir aucune fouille qu'à douze pieds de distance du bord extérieur des chemins vicinaux et de traverse.

2°. De faire ordonner sur le champ, par M. Delatouche, à tous les Adjudicataires, de faire cesser toutes les fouilles qui pourroient être commencées sur les chemins de communication, et d'en faire remplir les excavations le plutôt possible à leurs frais et dépens.

3°. Qu'à cet effet, votre Commission Intermédiaire avisera aux moyens de faire réparer les chemins de communication qui auroient été ainsi interrompus, même d'y contraindre les Adjudicataires , s'il y a lieu.

4°. D'obliger les Adjudicataires d'avertir le Conducteur, des endroits où ils voudront fouiller , pour l'examen en être fait par ledit Conducteur, qui sera chargé d'en rendre compte au Bureau Intermédiaire de Département , sans l'autorisation duquel il ne sera pas passé outre.

5°. Qu'il soit fait de la défense ci-dessus, une clause expresse dans les baux d'adjudication.

6°. Que vous recommandiez à votre Commission Intermédiaire de prendre en considération les trois chemins demandés par le Département d'Amiens, qui paroissent intéresser la province en général, ou au moins devoir être regardés comme des chemins vicinaux de la premiere division.

7°. De charger, à cet effet, Messieurs les Ingénieurs de faire les toisés et devis nécessaires pour vous mettre en état, à votre prochaine tenue, d'arrêter ce que vous jugerez à propos de présenter au Conseil sur cet objet.

8°. Que le Conseil sera prié d'accorder la réformation de l'erreur relative aux 2500 toises de route ci-dessus désignées.

9°. Que vous chargiez votre Commission Intermédiaire de prendre en considération l'utilité du chemin de S. Just à Mondidier demandé par ce Département; mais que préalablement les fonds destinés aux 2500 toises susdites, soient employés en addition d'ouvrages sur le chemin de Mondidier à Cuvilly, après que le Conseil aura fait droit sur la réformation demandée.

10°. Que la route de la ville d'Eu à S. Valery sera continuée comme elle a été commencée ; en conséquence que les 759 toises un pied trois pouces, estimées 14137^{lr} 7^s 4$^{\partial}$ seront faites conformément au devis.

11°. Et enfin qu'il soit recommandé à votre Commission Intermédiaire de prendre tous les renseignemens nécessaires sur les demandes et mémoires détaillés dans ce rapport, pour par elle vous en être rendu compte à votre prochaine Assemblée.

En finissant ce rapport, nous avons cru devoir vous rendre compte, Messieurs, des détails que nous avons extraits du Procès-verbal du Berri, de l'année 1786. Ils sont relatifs au prix des travaux des routes, dans cette province, pendant les années 1784, 85 et 86, tant pour constructions neuves que pour entretien et réparations.

Du 15 Décembre
1787.

L'Assemblée, après avoir pris l'avis de MM. les Procureurs-Syndics, délibérant sur ce rapport, a arrêté :

Délibération.

1°. De faire défenses à tous Adjudicataires de faire à l'avenir aucune fouille qu'à douze pieds de distance du bord extérieur des chemins vicinaux et de traverse.

2°. De faire ordonner sur le champ, par M. Delatouche, à tous les Adjudicataires de faire cesser toutes les fouilles qui pourroient être commencées sur les chemins de communication, et d'en faire remplir les excavations le plutôt possible à leurs frais et dépens.

3°. Qu'à cet effet, la Commission Intermédiaire aviseroit aux moyens de faire réparer les chemins de communication qui auroient été ainsi interrompus, même d'y contraindre les Adjudicataires, s'il y a lieu.

4°. D'obliger les Adjudicataires d'avertir le Conducteur, des endroits où ils voudront fouiller, pour l'examen en être fait par ledit Conducteur, qui sera chargé d'en rendre compte au Bureau Intermédiaire du Département, sans l'autorisation duquel il ne sera pas passé outre.

5°. Qu'il seroit fait de la défense ci-dessus, une clause expresse dans les baux d'adjudication.

6°. Qu'il seroit recommandé à la Commission Intermédiaire de prendre en considération les trois chemins demandés par le Département d'Amiens, qui paroissent intéresser la province en général, ou au moins devoir être regardés comme des chemins vicinaux de la premiere division.

7°. Qu'à cet effet, MM. les Ingénieurs seroient chargés de faire les toisés et devis nécessaires pour mettre l'Assemblée

en état, à sa première tenue, d'arrêter ce qu'elle jugera à
propos de présenter au Conseil sur cet objet.

8°. Que le Conseil seroit prié d'accorder la réformation de l'erreur relative aux 2500 toises de route ci-dessus désignées.

9°. Que la Commission Intermédiaire seroit chargée de prendre en considération l'utilité du chemin de S. Just à Mondidier, demandé par ce Département; mais que préalablement les fonds destinés aux 2500 toises susdites seroient employés en addition d'ouvrages sur le chemin de Mondidier à Cuvilly, après que le Conseil aura fait droit sur la réformation demandée.

10°. Que la route de la ville d'Eu à S. Valery seroit continuée comme elle a été commencée; en conséquence que les 759 toises un pied trois pouces, estimées 14137^{tt} 7^s 4^{d}, seront faites conformément au devis.

11°. Et enfin qu'il seroit recommandé à la Commission Intermédiaire de prendre tous les renseignemens nécessaires sur les demandes et mémoires détaillés dans le rapport du Bureau des Travaux publics, pour par elle en être rendu compte à l'Assemblée à sa prochaine tenue.

Ensuite l'Assemblée a prorogé sa séance au même jour, cinq heures de relevée.

Du même jour, cinq heures de relevée.

Le Bureau de l'Impôt a fait le rapport suivant en trois parties:

PREMIERE PARTIE.

MESSIEURS,

LE nombre et l'importance des objets qu'embrasse l'Administration Provinciale, ne vous auroit pas permis de les traiter et de les approfondir tous successivement pendant la tenue de votre Assemblée. Vous avez cru devoir en quelque sorte vous multiplier en vous divisant ; vous vous êtes partagés en différens Bureaux. Celui auquel vous avez distribué la partie des Impositions, va vous en présenter le tableau et vous faire part de ses observations.

La Taille et les Accessoires se montent dans cette Généralité à la somme de. . . . . . . 1793612^{tt} 6^{s} 9^{d}

La Capitation, à celle de. . . 903442 12 5

Et les Vingtiemes et 4^{s} pour livre du premier, à . . . . 1613644 11 "

Ce qui forme un total de. . 4310699^{tt} 10^{s} 2^{d}

Le premier sentiment que nous avons éprouvé à la vue d'une charge aussi considérable, a été, Messieurs, celui qui vous anime tous, le désir de procurer à la province tous les soulagemens qui seroient en notre pouvoir ; et l'unique objet de nos recherches a été d'en trouver les moyens.

Quelqu'énorme que soit cette masse des Impôts, les besoins de l'Etat plus grands encore ne permettent pas de penser à en diminuer le poids principal. Le rendre plus léger, par la réforme des abus, l'exactitude de la répartition et l'économie de la perception, voilà le seul but qu'on puisse se proposer, et c'est vers lui que se sont dirigées toutes nos opérations.

De la Taille. La Taille est l'imposition vers laquelle nous avons d'abord tourné nos regards, et c'est sur elle que nous allons fixer les vôtres. Quelle impression elle a fait sur nos ames ! et qu'il seroit à désirer qu'un Impôt aussi accablant pour le peuple

aussi destructeur de l'agriculture, et malheureusement aussi arbitraire pût être supprimé ! Toute charge publique qui ne
porte que sur une partie des Sujets, présente une injustice;
et cette injustice paroît plus criante encore, si l'on considere
que cette charge que la partie la plus indigente acquitte seule,
excede dans cette province, le montant des deux Vingtiemes
réunis; et que cette masse énorme reste toujours la même,
tandis que le nombre des contribuables est sans cesse diminué par l'effet d'une multitude de privileges, la plûpart aussi
nuisibles que peu mérités.

Hâtons-nous donc, Messieurs, de procurer à cette classe
souffrante de la province, le seul secours qui dépende de
nous, l'exactitude dans la répartition. Mais quelle route tenir
pour arriver à une fin si désirable? Tout dans cette matiere
est cahos et confusion; pas un seul fil que l'on puisse saisir
pour se conduire dans ce labyrinthe. Il y a environ quarante
années que pour répartir cette imposition, on a fait fournir
des déclarations. Quoique très-inexactes, elles servirent alors
de base à la répartition; mais les changemens survenus depuis, rendent aujourd'hui ces déclarations absolument inutiles.
Nombre de biens, nombre de personnes, ont été soustraits à
l'Impôt par les annoblissemens multipliés. Les biens situés sur
une paroisse se trouvent imposés sur une autre par l'effet des
changemens de domiciles : toute comparaison de la situation
présente avec l'ancienne, est absolument impossible. Il ne
nous reste aucune donnée certaine.

Il nous faut donc, dès l'entrée de cette carriere, nous frayer
une route nouvelle. Le zele du bien public qui nous anime,

sera notre guide, et nous devons espérer qu'il ne nous éga-
rera pas.

D'abord pour procéder avec ordre, nous avons observé
que, dans notre province, il falloit distinguer deux especes
de Taille : l'une réelle, l'autre personnelle.

On appelle Taille réelle, celle qui se paie à raison de
l'exploitation par tous ceux qui font valoir des biens de campagne, excepté par les Ecclésiastiques, les Nobles et les Annoblis qui font valoir leur propre bien.

On appelle Taille personnelle, celle qui se paie par tous
les Sujets taillables, à raison de toutes leurs facultés, soit propriétés foncieres, soit rentes, commerce ou industrie.

De la Taille
réelle.

La Taille personnelle s'impose au rôle du domicile du contribuable, en quelques lieux que soient situés ses biens. La
Taille réelle devroit s'imposer au lieu de la situation, quelque
fût le domicile ; mais on a accordé au cultivateur la faculté
de faire transporter sur le rôle de son domicile toutes les
quotes de Taille réelle qu'il peut avoir sur des paroisses étrangeres ; cette faculté qui ne procure au cultivateur qu'un très-
modique avantage, a jetté dans toute cette partie une confusion qui donne lieu à une multitude de recelemens, en rend
la vérification presqu'impossible, apporte dans la confection
des rôles, des variations infinies, et rend la répartition tellement
compliquée qu'il est presqu'impossible d'y mettre aucune exactitude.

C'est un abus qu'il seroit d'abord essentiel de réformer ; et
le Bureau a pensé que pour donner de la stabilité aux bases
de répartition que vous établirez, et en rendre les effets durables,

rables, il sera nécessaire d'obtenir de la bonté du Roi, une Loi qui ordonne que, quelque soit le domicile du cultivateur, la Taille réelle ou d'exploitation soit toujours imposée au rôle de la situation. Cette Loi a déja été promulguée pour la Généralité de Paris, dans laquelle elle est exécutée avec succès depuis plusieurs années; il n'est pas à présumer qu'elle vous soit refusée.

Mais avant de pouvoir la mettre à exécution et d'en retirer l'avantage que vous avez lieu d'en attendre, il faut commencer par rétablir l'ordre que son but est de conserver. Il faut replacer sur le rôle de chaque paroisse, toutes les quotes de Taille réelle qui peuvent en dépendre, et trouver la proportion dans laquelle elle doit être imposée : vous ne pouvez y parvenir qu'en vous procurant une connoissance certaine et de la quantité et de la valeur de tous les immeubles de chaque paroisse ; et le Bureau pense que vous ne pourrez l'obtenir que par la confection d'un cadastre général de toutes les propriétés de cette province. La grandeur de l'entreprise, les soins, les détails qu'elle exigera, ne doivent pas vous effrayer : son utilité doit faire passer par-dessus toutes ces considérations ; et d'après le plan que nous allons vous en tracer, vous jugerez que ce n'est pas une opération aussi difficile et aussi compliquée qu'on peut se le persuader.

D'abord, chaque Assemblée de Départemens sera tenue de faire procéder par des Experts Arpenteurs qu'elle choisira, au mesurage de chaque paroisse de son ressort.

Au commencement de son opération, l'Arpenteur appellera le Syndic de la paroisse qu'il se proposera d'arpenter, ensemble les Syndics de toutes les paroisses limitrophes. Ils seront tous tenus de se rendre au jour et à l'heure indiqués, à l'effet de constater les limites du territoire; dans le cas où ils ne seroient pas d'accord entr'eux sur la ligne de séparation, l'Arpenteur fera, dans son rapport, mention de toutes les pieces de terre contestées, et l'Assemblée de Département décidera sur quel rôle elles devront être imposées, sans que cette décision puisse préjudicier, en aucune façon, aux droits des Seigneurs et des Habitans, sur ces pieces de terre.

La démarcation de la paroisse ainsi faite, l'Arpenteur procédera, canton par canton, au mesurage de chaque piece de terre. La Municipalité sera tenue de lui fournir des indicateurs les plus instruits de la paroisse, tels que Dîmeurs, Bergers, &c. et il en dressera plan et procès-verbal.

Le coût de ces opérations n'est pas de nature à en arrêter l'exécution; on peut en évaluer la dépense environ à six ou sept sols par arpent; le paiement d'une somme aussi modique, qui peut même se répartir en deux ou trois ans, ne sera pas une charge considérable pour le propriétaire; il en sera d'ailleurs indemnisé par le bien général qui en résultera, et par la connoissance particuliere qu'il acquerra de la juste étendue de sa propriété.

Le temps qu'elles exigeront paroît présenter un inconvénient plus réel, d'autant plus que ce ne sera qu'après leur entiere perfection, qu'il sera possible d'en commencer l'usage. Toute réforme partielle seroit une injustice; mais faut-il donc renoncer à faire le bien, parce qu'il ne peut s'opérer que lentement? Et que sera le temps que vous aurez employé à finir cet ouvrage en comparaison de celui pendant lequel on en recueillera le fruit? Sans se rebuter de la longueur de l'opé-

ration, il faudra seulement l'accélérer autant qu'il sera possible par la multiplicité des agens. Nous nous flattons même,
Messieurs, qu'elle pourra être abrégée au moins de moitié par
la communication que les Seigneurs de paroisse pourront vous
donner des arpentages et plans de leurs Seigneuries. Si l'esprit
de patriotisme ne suffisoit pas seul pour les déterminer à seconder vos vues, leur intérêt personnel et celui de leurs vassaux les y inviteroient. Par cette communication, en même-
temps qu'ils hâteront la perfection de votre ouvrage, ils s'épar-
gneront et à leurs censitaires, les frais d'un nouvel arpentage.

Mais ce ne sera pas assez, Messieurs, pour l'exactitude de
la répartition, de vous être ainsi procuré la connoissance de
l'étendue géométrique de chaque propriété ; il faudra procéder à des estimations, à des classemens, qui, partant d'une base
commune, puissent avoir une relation proportionnelle dans
toute l'étendue de la Généralité ; et voici, pour y parvenir,
la marche que le Bureau a cru devoir vous proposer.

L'estimation de toutes les terres d'une paroisse sera toujours faite par la Municipalité d'une paroisse voisine. Cette
Municipalité sera nommée à cet effet par l'Assemblée de Département, et dans cette nomination, l'on aura soin que jamais
deux paroisses ne se vérifient réciproquement.

La Municipalité nommée pour faire l'estimation des terres
d'une paroisse, se transportera sur le terrein, munie du plan
et du procès-verbal d'arpentage. Le Syndic de la paroisse dont
on fera l'estimation sera tenu de s'y trouver et d'indiquer toutes
les pieces reprises au plan. La Municipalité estimera quel
peut être le fermage ordinaire en argent de chacune desdites
pieces de terre, en suivant les numéros du plan qu'elle aura

Du 15 Décembre
1787.

soin de relater, et le Syndic de la paroisse estimée aura droit de faire telle observation qu'il jugera à propos, dont il sera fait mention dans le procès-verbal.

Ce procès-verbal sera signé de tous ceux qui y auront assisté, ou bien il sera fait mention des causes pour lesquelles ils n'auront pas signé. Il sera lu à l'issue de la Messe Paroissiale de la paroisse vérifiée, le premier dimanche qui suivra sa confection. La minute en sera déposée au Greffe du Département, et il en restera une expédition au Greffe de la Municipalité de la paroisse vérifiée. Si quelqu'un a des observations ou réclamations à faire, elles seront reçues par l'Assemblée de Département, qui y statuera ainsi que de raison, après avoir pris les éclaircissemens nécessaires, et ceux qui se seront plaint à tort, supporteront les frais qu'ils auront occasionnés.

Ces estimations n'exigeront pas un long espace de temps, parce que vingt, trente paroisses pourront agir en un même jour: elles seront très-peu coûteuses, parce que chaque paroisse étant successivement vérifiée et vérifiante, pourra rendre gratuitement le service qui lui sera rendu de même; et en tout événement, les salaires, s'il en étoit payé, ne pourroient être considérables. Elles seront exactes, ou du moins on doit le présumer, parce que les habitans de la campagne ont ordinairement toutes les connoissances nécessaires pour estimer les terres de leur voisinage; et si les estimateurs ont intérêt de les porter à leur plus haute valeur, afin qu'elles contribuent dans une plus forte proportion à l'acquit d'une charge commune, les estimés auront, par la raison des contraires, intérêt de la réduire à la plus basse, et du combat

de ces intérêts opposés, naîtra la connoissance du véritable
taux.

Enfin, ces estimations formeront d'elles-mêmes et sans aucun embarras le classement proportionnel de toutes les différentes especes de terres de la province. Le revenu de chaque piece de terre étant connu, il déterminera la classe dans laquelle elle doit être placée; toutes celles d'un même revenu seront d'une même classe, et il y aura autant de classes différentes, qu'il y aura de revenus différens pour une même quantité de terre. La justesse de ce classement est évidente; tout le monde sait qu'en matiere d'Impôt sur-tout, la valeur d'une terre est toujours en proportion avec son revenu, et le Bureau a pensé qu'il valoit mieux estimer ce revenu en argent qu'en fruits, parce que la valeur de l'argent est la même dans tout le Royaume, tandis que celle des fruits varie à l'infini, et que la comparaison des uns avec les autres seroit très-difficile et très-minutieuse.

Vous concevez, Messieurs, qu'un cadastre ainsi formé, en vous fournissant toutes les lumieres nécessaires pour faire une juste répartition de la Taille réelle entre les Départemens, entre les paroisses, entre les individus, vous servira également pour les Vingtiemes et toutes les Impositions foncieres. Mais le Bureau croit devoir vous observer que si vous adoptez son projet, ce ne sera pas assez de demander à Sa Majesté un Réglement qui vous autorise à le mettre à exécution; il seroit également essentiel de la supplier d'ordonner une pareille opération dans toutes les autres provinces : car si la justice distributive veut que la masse d'Impôts que supporte une province, soit repartie également sur tous ses membres; elle veut

Du 15 Décembre
1787.

aussi que celle que supporte le Royaume, soit également repartie entre les différentes provinces ; et vous avez d'autant
plus d'intérêt à le demander, qu'il est de notoriété que cette
province est en proportion beaucoup plus chargée qu'aucune
autre.

Si toutes les opérations que nous venons, Messieurs, de
vous proposer pour l'assiette de la Taille réelle sont longues
et multipliées, du moins, lorsqu'elles seront terminées, pourra-
t-on se flatter d'avoir une regle certaine d'après laquelle il sera
impossible de s'égarer.

De la Taille
personnelle.

Mais il n'est ni soins ni précautions qui puissent procurer
la même sûreté, relativement à la Taille personnelle due par
la personne même, eu égard à toutes ses facultés ; elle ne peut
être déterminée que d'après un apperçu, et tout apperçu est
sujet à bien des erreurs ; il faut nécessairement dans cette partie,
se livrer à l'arbitraire, c'est un mal inévitable qui tient essentiellement à la nature vicieuse de l'Impôt : tout ce qu'on peut
désirer, c'est de le diminuer autant qu'il est possible.

Le Bureau a long-temps agité et discuté la question de savoir s'il ne seroit pas à propos, en imposant la Taille personnelle, de distraire des facultés du taillable, toutes ses propriétés foncieres, pour les imposer avec la Taille réelle dans
le lieu de leur situation. C'eût toujours été une portion soustraite
à l'arbitraire ; et moins l'objet sur lequel il porte est étendu,
moins les conséquences en sont dangereuses : mais les inconvéniens se sont présentés en foule : un obstacle n'étoit pas
plutôt levé qu'un autre reparoissoit ; il a fallu renoncer à cette
idée, et se résoudre à imposer la totalité de la Taille personnelle dans la paroisse du domicile.

Nous nous sommes en conséquence occupés des moyens Du 15 Décembre 1787. de la répartir avec autant d'exactitude que sa nature pouvoit le comporter, et après de mûres réflexions et de longues recherches nous n'en avons pas trouvé qui put mieux nous conduire à ce but, que celui proposé en l'Assemblée Provinciale de la Haute-Guyenne, et qui a reçu l'approbation du Gouvernement. Il avoit la Capitation pour objet ; mais la Taille personnelle et la Capitation sont de même nature, s'imposent d'après les mêmes principes, et tout ce qui se dit de l'une peut s'appliquer à l'autre. Ce moyen très-simple en lui-même, paroît devoir donner les résultats les plus exacts que l'on puisse espérer dans cette matiere. Il consiste à former un projet de rôle qui contienne autant de colonnes que le rôle de l'année précédente contenoit de contributions différentes, et à réunir dans une même colonne les noms de tous ceux dont la quote étoit égale, en mettant au haut de la colonne le montant de cette quote. Par ce rapprochement on voit d'un seul coup d'œil tous ceux qui supportent une même imposition, et la Municipalité chargée de la répartition, juge facilement si leur fortune est égale comme leur contribution.

En procédant à cet examen et à la réforme qui doit en être la suite, la Municipalité doit commencer par la colonne de la moindre taxe, et montant successivement et par dégrés aux plus hautes, elle doit comparer les fortunes et les aisances respectives de tous les contribuables compris dans chaque colonne, pour les transporter dans des colonnes plus hautes ou plus basses, suivant qu'elle l'estimera convenable.

Quoique le Réglement du 5 Août dernier, et celui qui vous a été remis à l'ouverture de cette Assemblée par M. le Commissaire du Roi, paroissent exclure le Seigneur et le Curé de toutes les assemblées qui ont pour objet l'assiette de la Taille, le Bureau pense qu'il seroit utile qu'ils assistassent à l'opération ci-dessus proposée. Le défaut d'intérêt personnel de leur part doit faire présumer que leur opinion ne sera dictée que par la justice, et leur présence en imposeroit à ceux qu'un esprit de partialité conduiroit à s'en écarter.

Tous les noms de chaque contribuable étant ainsi placés dans la colonne que la Municipalité a jugé leur convenir, il doit être convoqué une assemblée générale de la communauté, dans laquelle il sera fait lecture des noms de tous les contribuables de chaque colonne, et toutes les observations faites par les membres de cette assemblée doivent être rédigées par écrit.

Ensuite la Municipalité doit se rassembler, et arrêter définitivement la colonne dans laquelle chaque contribuable doit rester, et c'est d'après cette derniere opération que la Taille personnelle doit être répartie entre les différens membres de la communauté.

Si nous n'avions, Messieurs, à asseoir la Taille personnelle que dans les paroisses de campagne, où les fortunes plus bornées et plus uniformes sont mieux connues; nous croyons que cette opération seroit superflue. Il est d'usage de détailler dans ces paroisses toutes les facultés des contribuables, et ce détail renferme encore plus d'exactitude, que tout ce qui ne s'arbitre qu'en gros et par apperçu. On pourra donc sans inconvénient laisser subsister la forme de cette assiette telle qu'elle est aujourd'hui dans les campagnes, en avertissant les Asséeurs de comprendre au moins par apperçu, dans la quote de chaque contribuable,

tribuable, tout ce qu'il peut posséder hors de la paroisse sans le faire valoir lui-même, ce qui souvent y est négligé.

Nous croyons devoir en outre observer, relativement aux rôles des campagnes, qu'il est certaines paroisses dans lesquelles les bestiaux sont considérés comme un revenu sujet à l'Imposition, tandis que dans d'autres on ne les compte pas. Le Bureau a pensé qu'il falloit à cet égard établir une uniformité, et que la faveur due à l'éducation des bestiaux devoit déterminer en faveur de leur affranchissement, excepté entre les mains de ceux qui en font un commerce habituel.

C'est dans les villes et gros bourgs que la méthode que nous venons d'avoir l'honneur de vous proposer, est nécessaire et doit être suivie. C'est-là que l'arbitraire a plus d'empire, et qu'il faut se hâter d'y remédier ; le premier fruit de cette méthode sera de faire une Imposition égale à tous ceux dont la fortune est à-peu-près la même : mais il sera encore essentiel de trouver la proportion qui doit exister entre la quote d'Imposition des différentes colonnes. Pour y parvenir, le Bureau a pensé qu'il seroit à propos qu'en tête de chaque colonne, on mit par apperçu le revenu de ceux qui y sont compris. Sans doute cette évaluation arbitraire ne sera jamais bien exacte ; mais comme ce ne peut jamais être que d'après l'estimation que les Asséeurs font intérieurement de ce revenu, qu'ils peuvent se déterminer à asseoir une quote, il vaut beaucoup mieux qu'ils l'expriment, afin qu'elle puisse être contredire ; et lorsque, dans une assemblée générale, elle aura subi l'épreuve des observations et des réclamations, elle pourra servir de base pour proportionner la quote d'Imposition dont chaque colonne sera susceptible.

Du 15 Décembre
1787.

La proportion ainsi établie entre les individus d'une même communauté, il ne s'agira plus que de l'établir entre les différentes paroisses ; mais on ne pourra s'en occuper qu'après que, par la confection du cadastre, on aura connu la valeur de tous les objets soumis à la Taille réelle, et qu'après les avoir réunis à ceux sujets à la Taille personnelle, on en pourra former une masse, sur laquelle on répartira la totalité de l'Impôt.

Ainsi donc, Messieurs, le Bureau a pensé que pour parvenir à une répartition exacte de la Taille réelle, il falloit que chaque Département fît faire, par des Arpenteurs qu'il nommeroit, l'arpentage de toutes les paroisses de son district.

Que lorsque l'Arpenteur commenceroit son opération, le Syndic de la paroisse arpentée et celui de chacune des paroisses limitrophes fussent tenus de s'y trouver, pour reconnoître leurs limites respectives, et qu'en cas de contestation, il en seroit fait mention dans le procès-verbal, et le Département décideroit sur le rôle de quelle paroisse les pieces de terre contestées seroient imposées, sans préjudice de tous les droits des Seigneurs et habitans sur ces pieces de terre.

Que l'arpentage fini, le Département fit procéder à l'estimation de toutes les terres de chaque paroisse ; que cette estimation fût faite par la Municipalité d'une paroisse voisine qui seroit désignée par le Département, de maniere néanmoins que deux paroisses ne se vérifiassent jamais respectivement ; que cette estimation fut faite, eu égard au fermage habituel que chaque piece pourroit supporter, ledit fermage évalué en argent.

Et qu'il falloit solliciter de Sa Majesté une loi qui ordonnât une pareille opération dans toutes les paroisses du Royaume, et que la Taille réelle fut toujours assise sur le rôle de la situation.

Que pour la répartition de la Taille personnelle, on pou-voit laisser subsister dans les paroisses des campagnes l'usage de détailler sur les rôles, les biens dès contribuables et leurs revenus, en avertissant néanmoins les Asséeurs de comprendre, sous la quote de chacun, tous les biens qu'il peut posséder hors de la paroisse et toutes ses facultés connues, à l'exception des bestiaux qui n'y seroient jamais compris qu'à l'égard de ceux qui en font commerce habituel.

Et qu'à l'égard des villes et gros bourgs, il falloit, selon la méthode adoptée dans la Haute-Guyenne, qu'il fut formé par la Municipalité, y compris le Curé et le Seigneur ou son Repré-sentant, des projets de rôles, contenant autant de colonnes qu'il se trouveroit de contributions différentes dans le rôle actuel; que cette Municipalité réunit dans la même colonne, le nom de tous ceux qui payoient une même somme; qu'elle comparât leur fortune, et qu'en commençant par la colonne de la plus basse contribution, et remontant aux plus hautes, elle transportât dans des colonnes plus hautes ou plus basses ceux qu'elle croiroit devoir changer pour rassembler dans la même tous ceux dont elle estimeroit la fortune à-peu-près égale, en mettant l'apperçu de cette fortune au haut de la colonne.

Qu'après cette opération, il falloit qu'il fut convoqué une assemblée générale, dans laquelle les rôles ainsi rectifiés se-roient lus, et où chaque intéressé pourroit faire telles obser-

Du 15 Décembre
1787.
vations qu'il jugeroit à propos , lesquelles seroient rédigées par écrit.

Qu'enfin il falloit que la Municipalité se rassemblât, et après avoir pesé les observations, arrêtât définitivement dans quelle colonne chaque contribuable devroit rester; pour raison de quoi, il seroit envoyé par la Commission Intermédiaire des modeles de rôles et une instruction particuliere et détaillée à chaque Département.

Cet objet mérite sans contredit toute l'attention de cette Assemblée. C'est un des plus intéressans de ceux qui peuvent y être traités. Il s'agit de rappeller l'ordre où tout n'étoit que confusion, de substituer la regle à l'arbitraire, de distribuer dans la balance de la justice des Impôts que dans l'état ancien des choses on ne pouvoit pour ainsi dire que jetter au hasard sur les peuples. C'est à vous de peser dans votre sagesse les moyens que notre zele nous a dictés. La confiance que doit inspirer votre Administration en rendra l'exécution facile: tous vos concitoyens doivent s'empresser de vous seconder. Ils sauront distinguer vos recherches vraiment patriotiques, qui n'ont pour but que d'alléger l'Impôt par la justice de la répartition, d'avec ces inquisitions fiscales, qui n'ont d'autre objet que de l'augmenter par la rigueur de la perception. N'êtes-vous pas les premiers soumis à la regle que vous établissez. Votre intérêt ne fait qu'un avec le leur, et vous ne pourriez les tromper sans vous trahir vous-mêmes.

Délibération.
La matiere mise en délibération, et MM. les Procureurs-Syndics ayant été entendus, l'Assemblée a arrêté que le rapport sera adressé à tous les Bureaux Intermédiaires des Dépar-

temens, à l'effet par eux de donner leur avis, dans le délai de six mois, sur la meilleure maniere d'arriver à une répartition proportionnelle de la Taille et de ses Accessoires, soit entre les différentes Elections de la Généralité, soit entre les Communautés desdites Elections, soit entre les Habitans desdites Communautés, et que les citoyens seront invités de communiquer leurs mémoires d'observations à la Commission Intermédiaire Provinciale, à l'effet par elle de mettre l'Assemblée Provinciale, par le compte qu'elle lui en rendra à sa premiere tenue, à portée de prendre un parti définitif, jusqu'auquel temps l'Imposition subsistera suivant le mode actuel, à la réserve néanmoins que dans l'Imposition de la Taille personnelle, et dans la répartition des quotes de chaque contribuable, relativement aux biens qu'il possede hors la paroisse, et à ses facultés, les bestiaux ne pourront y être compris qu'à l'égard de ceux qui en font un commerce habituel, et ce à partir de l'Imposition qui sera mise en recouvrement en l'année 1789, les rôles dont le recouvrement doit commencer au premier Janvier prochain, étant déja faits ou présumés faits dans les paroisses.

La délibération ainsi prise sur la premiere partie du rapport, le Bureau de l'Impôt a continué et a dit :

DEUXIEME PARTIE.

MESSIEURS,

LE Bureau, pour remplir vos vues, a cru devoir s'occuper successivement des différens Impôts dont la répartition vous

Du 15 Décembre
1787.
De la Capitation.

est confiée. La Taille a été l'objet d'un premier rapport; c'est de la Capitation dont il va vous entretenir. Il seroit superflu de vous rendre compte ici du temps, des causes de son établissement, des variations qu'elle a essuyées et dans sa forme et dans sa quotité. Il suffira de vous observer que la masse totale de cet Impôt a été invariablement fixée pour tout le Royaume par la Déclaration du mois de Février 1780, que la portion dont chaque province doit être chargée, est aussi déterminée; que celle de cette province, y compris le Boulonnois, se monte à 1014288^{tt} 2^{s} 5^{d}, et qu'il ne reste que trois dégrés de répartition à faire. Le premier, de la contribution totale de la province entre les différens Départemens: le second, de la contribution de chaque Département, entre les Nobles, Privilégiés, Officiers de Justice et les Communautés qui font partie de ce Département : et le troisieme, de la contribution de chaque Communauté entre les différens individus qui la composent.

La répartition entre les différens Départemens, s'est jusqu'à présent arrêtée au Conseil de Sa Majesté sur l'avis de Messieurs les Intendans et de Messieurs les Trésoriers de France. Les Réglemens rendus depuis l'établissement des Assemblées Provinciales, ne paroissent avoir apporté aucun changement à cette forme ; il seroit cependant essentiel qu'à l'avenir cette répartition ne fût arrêtée qu'après avoir pris l'avis des Assemblées Provinciales. Instruites par les Départemens des forces de leurs communautés, elles seroient mieux que personne en état d'apprécier les facultés respectives des Départemens, et de désigner ce que chacun d'eux doit supporter. En vain la proportion seroit gardée entre les deux derniers dégrés de répartition, si elle ne l'étoit pas également dans le premier. Peut-être n'est-ce qu'un oubli ; mais en tout cas, le Bureau pense qu'il seroit à propos de demander une explication sur cet objet, et cette observation n'a pas moins trait à la Taille qu'à la Capitation.

A l'égard de la répartition entre les communautés, et ensuite entre les individus, le Réglement est précis. La premiere doit être faite par les Assemblées de Département, et la seconde par les Municipalités de chaque communauté.

La plus grande partie de cette opération est absolument dépendante de la Taille, puisque la Capitation des taillables se répartit toujours entr'eux au marc la livre de cette autre Imposition. Il ne reste par conséquent d'observations à faire que sur la Capitation des non-taillables, et il faut diviser celle-ci en deux classes ; la Capitation des Nobles, Privilégiés et Officiers de Justice, et la Capitation des villes franches ou abonnées. La répartition de la premiere, aux termes du Réglement du cinq Novembre dernier, doit être faite par les Assemblées de Département. La répartition de la seconde doit se faire par les Municipalités. Pour y établir l'égalité nécessaire, le Bureau a pensé qu'il falloit prendre la même route qu'il vous a proposée relativement à la Taille personnelle. Il faudra donc que les Bureaux de Département forment des projets de rôles contenant autant de colonnes qu'il y aura de contributions différentes entre tous les Nobles, Privilégiés et Officiers de Justice de leur Département, et qu'ils suivent tout le reste du procédé, tel qu'il a été tracé dans le premier rapport sur la Taille, avec cette différence seulement que ces projets de rôles, au lieu d'être lus dans une assemblée générale de

Du 15 Décembre 1787.

communauté, demeureront déposés au Greffe du Département pendant quinze jours, avant d'être arrêtés définitivement, pour y être fait par les parties intéressées telles observations qu'elles jugeront à propos.

Cette forme d'imposer supprimera beaucoup d'abus, sur-tout relativement aux Officiers de Justice, dont la contribution étoit toujours relative à leurs offices, sans égard à la différence de leur fortune. Ceux dont la taxe se trouvoit trop forte se plaignoient, et obtenoient des modérations qui occasionnoient des non-valeurs. Ceux dont elle étoit trop foible payoient sans se plaindre, et ce qu'ils auroient dû payer de plus devenoit une surcharge pour le peuple. Aujourd'hui le Réglement porte que chaque contribuable de la classe des non-taillables sera taxé tant à raison de sa fortune personnelle que du produit de ses offices et emplois, rien de plus juste, et il est essentiel de recommander que cette disposition soit exécutée.

Mais ce même article du Réglement donne lieu à une observation. Après la disposition que l'on vient de rapporter, il est ajouté que l'Imposition doit se faire *selon le taux commun de la Capitation du même genre* : il paroîtroit, d'après ces expressions que les Capitations de différens genres seroient soumises à des taux différens ; par les différens genres de Capitation, on entend sans doute la Capitation taillable et la non-taillable ; mais sur quoi peut être établie la différence de leur taux ? La justice paroît exiger que l'une et l'autre soient assises dans une même proportion avec le revenu apparent du contribuable : le Réglement du 5 Novembre, en parlant de la confection du rôle de la Capitation des non-taillables, parle *d'un taux uniforme, réglé par l'Assemblée de Département.* Cette uniformité

uniformité de taux ne s'entendroit-elle qu'entre les seuls non-
taillables? Ne doit-elle pas s'appliquer à toutes les especes de
capitationnaires? Dans le doute, le Bureau a pensé qu'il falloit se décider pour étendre l'uniformité à tous les genres de
Capitation, et que c'étoit la regle à prescrire aux Départemens, à moins que Sa Majesté ne s'en expliquât autrement;
et qu'il paroissoit de toute injustice que le taux de la Capitation fût plus fort pour celui qui paie en sus la Taille, que
pour celui qui ne la paie pas.

Le Bureau a encore observé que souvent on négligeoit d'asseoir à la Capitation, au lieu de leur domicile, plusieurs personnes pourvues d'offices, charges ou emplois, sous prétexte
qu'elles paient une Capitation particuliere pour raison de ces
objets; mais cette Capitation purement relative à leur état,
ne les dispense point d'une Capitation domiciliaire relative à
leur fortune, dans l'évaluation de laquelle doit même entrer
le produit de leur emploi, sauf à leur tenir compte sur la
Capitation de leur domicile, de celle qui leur aura été retenue
sur leurs appointemens. Pour parer à ces omissions, le Bureau
a pensé qu'il faudroit que les Bureaux de Départemens se
fissent remettre tous les ans, par les communautés, un
nouvel état de tous les non-taillables domiciliés dans leurs
paroisses.

Ainsi, Messieurs, en récapitulant tout ce que le Bureau
vient de vous exposer, il pense qu'il seroit à propos de supplier Sa Majesté de n'arrêter en son Conseil les brevets et
commissions des Départemens, tant pour la Taille que la Capitation, qu'après avoir pris l'avis de l'Assemblée Provinciale,

K k

Du 15 Décembre 1787.

Et d'arrêter, sous le bon plaisir de Sa Majesté,

1°. Que pour procéder à la répartition de la Capitation, tant des Nobles, Privilégiés et Officiers de Justice, que des villes franches et abonnées, les Départemens et les Municipalités, chacun en ce qui les concerne, formeront des projets de rôles contenans autant de colonnes que le rôle de l'année précédente contenoit de contributions différentes, et placeront dans une même colonne, les noms de tous ceux qui payoient une même somme ; cette première opération faite, les Municipalités et les Bureaux de Départemens, chacun à leur égard, compareront les fortunes respectives de tous les contribuables compris dans une même colonne, en commençant par celle de la contribution la plus basse ; et montant par dégrés aux plus hautes, ils retrancheront les noms de ceux qui, par leur fortune, leur paroîtront devoir être transportés dans des colonnes ou plus hautes ou plus basses.

Ensuite les Municipalités des villes franches ou abonnées, convoqueront une assemblée générale de la communauté dans laquelle il sera fait lecture desdits projets de rôles, et toutes les observations faites, seront indiquées par écrit, après quoi la Municipalité se rassemblera, pésera le mérite des observations, arrêtera définitivement dans quelle classe chaque contribuable devra rester ; et ce sera d'après cette décision que le rôle de répartition sera formé.

A l'égard des Bureaux de Départemens, au lieu de convoquer une assemblée générale, les projets de rôles qu'ils auront formés, demeureront déposés pendant quinze jours au Greffe des Départemens, afin que chacun puisse y faire telle observation qu'il jugera convenable; le Greffier sera tenu de la recevoir; et ce ne sera qu'après ce temps que ces rôles pourront être arrêtés définitivement.

2°. Que dans la répartition, les Départemens auront soin de la régler, autant qu'ils le pourront, sur un taux commun et généralement uniforme.

3°. Que les Départemens se feront fournir par les Municipalités, chaque année, un état exact et détaillé de tous les non-taillables domiciliés dans leurs communautés, et les comprendront dans leur rôle.

Sur quoi délibérant, ouïs MM. les Procureurs-Syndics, il a été arrêté :

1°. Que pour procéder à la répartition de la Capitation, tant des Nobles, Privilégiés et Officiers de Justice que des villes franches ou abonnées, les Départemens et les Municipalités, chacun en ce qui les concerne, formeront des projets de rôles contenans autant de colonnes que le rôle de l'année précédente contenoit de contributions différentes, et placeront dans une même colonne, les noms de tous ceux qui payoient une même somme; que cette premiere opération faite, les Municipalités et les Bureaux de Départemens, chacun à leur égard, compareront les fortunes respectives de tous les contribuables compris dans une même colonne, en commençant par celle de la contribution la plus basse; et montant par dégrés aux plus hautes, ils retrancheront les noms de ceux qui, par leur fortune, leur paroîtront devoir être transportés dans des colonnes ou plus hautes ou plus basses.

Ensuite les Municipalités des villes franches ou abonnées convoqueront une assemblée générale de la communauté dans

K k ij

Du 15 Décembre
1787.
laquelle il sera fait lecture desdits projets de rôles, et toutes les observations faites seront indiquées par écrit, après quoi la Municipalité se rassemblera, pésera le mérite des observations, arrêtera définitivement dans quelle classe chaque contribuable devra rester ; et ce sera d'après cette décision que le rôle de répartition sera formé.

A l'égard des Bureaux de Départemens, au lieu de convoquer une assemblée générale, les projets de rôles qu'ils auront formés, demeureront déposés pendant quinze jours au Greffe des Départemens, afin que chacun puisse y faire telle observation qu'il jugera à propos ; le Greffier sera tenu de la recevoir ; et ce ne sera qu'après ce temps que ces rôles pourront être arrêtés définitivement.

2°. Que dans la répartition, les Départemens auront soin de la régler, autant qu'ils le pourront, sur un taux commun et généralement uniforme.

3°. Que les Départemens se feront fournir par les Municipalités, chaque année, un état exact et détaillé de tous les non-taillables domiciliés dans leurs communautés, et les comprendront dans leur rôle.

Le même Bureau a terminé son rapport ainsi qu'il suit :

TROISIEME PARTIE.

Troisieme partie du rapport du Bureau de l'Impôt. Des Vingtiemes et de la Prestation pour les Chemins.

Après vous avoir ainsi donné, Messieurs, ses observations sur la Taille et la Capitation, il semble que le Bureau pour achever la carriere que vous lui avez donnée à parcourir, devroit vous parler des Vingtiemes et de la Prestation pour les Chemins.

La premiere de ces impositions présentoit deux objets intéressans : la proposition à faire d'un abonnement et la répartition. L'Abonnement vous a paru d'une si grande importance , que vous avez cru devoir nommer une Commission particuliere pour l'examiner. Elle en a fait son rapport :
l'Assemblée a pris sa délibération ; c'est un objet terminé.

Du 15 Décembre
1787.

Quant à la répartition, le plan que vous avez adopté pour
celle de la Taille réelle, y est parfaitement applicable. La
même opération servira pour l'une comme pour l'autre , et le
Bureau ne croit avoir rien à y ajouter.

A l'égard de la Prestation pour les Chemins , cette imposition se faisant toujours au marc la livre d'une autre , elle
consiste dans une simple opération de calcul. Elle n'est su-
jete à aucune regle qui lui soit propre , et ne peut être la
matiere d'une discussion.

Tout ce qui concerne chaque imposition en particulier ,
se trouvant ainsi examiné , le Bureau a cru devoir encore vous
proposer quelques réflexions sur deux objets qui les regardent
toutes en général , et desquels Sa Majesté , dans son Réglement du 5 Novembre dernier , vous invite à vous occuper ;
savoir la formation des rôles , et les contraintes en usage pour
leur recouvrement.

Quant à la formation des rôles, vous savez, Messieurs, que
suivant le Réglement du 5 Août dernier , il devoit y avoir
cinq rôles distincts et séparés. Le premier, contenant la Taille,
les Impositions accessoires et la Capitation taillable. Le second, contenant la Capitation des Nobles, Officiers de Justice , privilégiés ou employés , et la Capitation roturiere dans

Réduction du
nombre des rôles.

les villes franches et les Élections de Taille réelle. Le troisieme, contenant la répartition de la Subvention territoriale, aujourd'hui représentée par les Vingtiemes. Le quatrieme, contenant la répartition de la contribution pour les Chemins : et le cinquieme, contenant la répartition des Charges locales.

Mais par le Réglement du 5 Novembre dernier, Sa Majesté toujours occupée de ce qui peut contribuer au soulagement de ses sujets, a supprimé celui de ces rôles qui devoit se faire dans chaque paroisse pour la Capitation des Nobles, Privilégiés, Officiers de Justice, &c. Elle a voulu qu'il n'en fût fait qu'un seul pour tous les Nobles, Privilégiés, &c. d'un même Département par le Bureau Intermédiaire qui enverroit, dans chaque communauté de son district, l'extrait de ce qui concerneroit les domiciliés de cette communauté : et quant aux quatre autres rôles, elle engage l'Assemblée à proposer le mode qu'elle croira le plus convenable, pour en diminuer le nombre.

Le Bureau qui s'est occupé du soin de remplir à cet égard les intentions bienfaisantes de Sa Majesté, a pensé qu'il seroit possible et même convenable de réunir dans un seul et même rôle, divisé en différentes colonnes, toutes les Impositions qui ont rapport entr'elles, et s'imposent au marc la livre les unes des autres : telles que la Taille et Accessoires, la Capitation, la Prestation pour les Chemins et les Impositions locales. Par ce moyen chaque contribuable verroit d'un seul coup d'œil, la masse de son Imposition, et si la répartition au marc la livre est faite exactement.

Pour pouvoir ainsi réunir ces différentes Impositions sur un seul rôle, il faudra dans toutes les communautés taillables un rôle à feuille ouverte, contenant huit colonnes, non compris la marge.

Du 15 Décembre 1787.

La marge servira à inscrire les reçus : la premiere colonne, le Nom du Contribuable, au-dessous duquel sera le détail de ses biens, dans les rôles des paroisses de campagnes; la seconde, les Revenus; la troisieme, la quote de Taille; la quatrieme, les Accessoires; la cinquieme, la Capitation; la sixiéme, la Prestation pour les Chemins; la septieme, les Impositions locales; et la huitieme, le Total de ces différentes impositions.

On conçoit que dans les villes exemptes de taille, il faudra une colonue de moins.

Il est à propos d'observer ici que dans le mode que le Bureau a proposé pour parvenir à une répartition plus égale de la taille personnélle et de la capitation, il étoit question de rôles composés de différentes colonnes, dans chacune desquelles se trouveroient compris les noms de tous ceux qui supportoient une même imposition, et que cette forme de rôle ne pouvoit s'accorder avec celle que le Bureau propose en ce moment : mais ces premiers rôles ne doivent être que des projets. C'est une opération préliminaire pour acquérir les connoissances nécessaires. Elle ne sera point dans le cas de se renouveller, et servira à former le véritable rôle de répartition sur lequel on aura seulement soin de suivre l'ordre des colonnes, et d'inscrire à la suite les uns des autres, d'abord tous les noms de la premiere, ensuite ceux de la seconde, et ainsi toujours en remontant.

A l'égard du rôle des Vingtiemes, comme il ne contiendra

que cette seule imposition , la distribution sera très-facile à faire ; mais il paroît essentiel que tous les biens du contribuable soient détaillés suivant leurs différentes classes ; que le revenu de chacun y soit fixé séparément , afin que l'on puisse juger facilement si les intentions équitables de Sa Majesté sont suivies , et si l'imposition n'excede pas la juste proportion du revenu.

Contraintes,

Les rôles ainsi réduits au moindre nombre possible , le Bureau s'est occupé des Contraintes qui s'exercent sur les contribuables pour le recouvrement de l'imposition. Que nous avons plaint sincérement les misérables qui en sont l'objet ! Mais aussi quelle douce émotion nous a fait éprouver la bonté paternelle avec laquelle Sa Majesté daigne s'en occuper , et connoissant la nécessité du mal , cherche les moyens de le diminuer ! Dans le Réglement du 5 Août , Elle veut que les Municipalités veillent à prévenir tous les abus auxquels l'exécution des Contraintes peut donner lieu. Elle ordonne toutes les précautions qu'Elle croit utiles. Elle ne s'en tient pas-là : Elle veut dans son Réglement du 5 Novembre, que l'Assemblée Provinciale s'occupe de nouveau de ces actes de rigueur, et qu'Elle recherche tous les moyens de les simplifier ou de les adoucir. Qu'il est satisfaisant de recevoir de pareils ordres ! Avec quelle ardeur le Bureau s'est empressé de les remplir ! Mais il craint bien à cet égard de rester en arriere de ce que sa sensibilité lui fait désirer.

Il a d'abord considéré que souvent les Contraintes s'exerçoient contre des malheureux qui étoient dans l'impuissance absolue de satisfaire , et que les poursuites se faisoient moins dans l'espérance du recouvrement que pour constater l'insolvabilité;

vabilité ; de sorte que sans procurer aucune rentrée de deniers, ces frais ne faisoient qu'augmenter la somme à réimposer l'année suivante sur la communauté ; et il a pensé que pour remédier à cet abus, il pourroit être ordonné qu'aucune Contrainte ne pourroit être signifiée que quinzaine après que la Municipalité en auroit été avertie par le Collecteur, en la personne du Greffier qui en tiendroit registre ; que dans la huitaine de cet avis, la Municipalité convoqueroit l'assemblée de paroisse, laquelle délibéreroit si les contribuables en retard sont vraiment insolvables, et si elle consent que leur quote soit réimposée sur le rôle de l'année suivante ; et il ne sera fait de poursuite que dans le cas où la délibération seroit pour la négative.

Le Bureau a encore considéré que la plûpart du temps, lorsqu'on en vient à la saisie, les frais d'enlèvement des meubles et de transport au marché de la ville voisine, absorbent la totalité des effets saisis, de sorte que le contribuable est dépouillé, sans que la dette soit acquittée ; et il a pensé que, pour parer à cet inconvénient, on pourroit ordonner que l'Huissier chargé de faire la saisie, seroit tenu de déposer les effets saisis au Greffe de la Municipalité, laquelle seroit autorisée à les vendre à l'encan sans frais à la porte de l'Eglise, issue de vêpres du premier ou second Dimanche qui suivroit le dépôt, bien entendu qu'il n'en seroit vendu qu'à concurrence de la dette et des frais dont l'Huissier saisissant sera tenu de remettre l'état au Greffe ; et ce ne seroit que dans le cas où, faute d'enchérisseurs, la vente n'auroit pu être faite dans la quinzaine, que les meubles pourroient être retirés du Greffe, pour être vendus au marché de la ville voisine.

Ll

Du 15 Décembre 1787.

Que le Buréau s'estimeroit heureux, si ces moyens qu'il indique, et que son cœur lui a dictés, pouvoient épargner une seule larme à quelques infortunés!

Charges et Revenus des Villes.

Pour finir entiérement, Messieurs, le rapport de son travail, le Bureau n'a plus à vous rendre compte que d'un seul article. Vous vous souvenez que vous avez fait demander à toutes les villes de cette Généralité, un état circonstancié de leurs charges et de leurs revenus. Les états qui vous sont parvenus ont été renvoyés au Bureau. Il n'y a encore que les villes d'Abbeville, Ardres, Montreuil, Doullens, Guisnes, S. Valery et Breteuil qui aient satisfait au moins en partie à votre demande. Celle d'Amiens vous a annoncé qu'elle se proposoit d'y satisfaire, mais qu'elle ne s'y croyoit pas obligée. Elle vous a fait remettre un mémoire contenant les motifs de sa réclamation à cet égard : vous avez renvoyé à prononcer sur cet objet, jusqu'au moment où vous auriez reçu réponse de toutes les villes; et le Bureau a cru de même devoir suspendre son examen. Vous en chargerez sans doute votre Commission Intermédiaire, et lui tracerez la route que vous voudrez qu'elle suive à cet égard.

Réclamation de la Ville de Saint-Valery.

Mais nous croyons devoir vous ajouter, qu'au nombre des détails envoyés par la ville de S. Valery, est une réclamation au sujet d'un octroi établi en 1747, pour remboursement du prix des Offices Municipaux de cette ville, lequel octroi continue de se percevoir pour le compte de la Régie des Aides. Cet objet paroît assez intéressant pour que vous chargiez spécialement votre Commission Intermédiaire de prendre tous les éclaircissemens nécessaires, et si la réclamation de la ville de S. Valery paroît fondée, de l'appuyer au nom de l'Assemblée auprès de Sa Majesté.

Du 15 Décembre 1787.

D'après toutes ces considérations, le Bureau pense que, dans chaque paroisse, il peut n'être fait que deux rôles, l'un pour les Vingtiemes et l'autre pour la Taille, Accessoires, Capitation, Prestation des Chemins et Impositions locales.

Que ce rôle doit être tenu à feuille ouverte, et divisé en une marge et huit colonnes; la marge destinée à inscrire les reçus : la premiere colonne, le Nom du Contribuable, et au-dessous de son nom, dans les paroisses de campagnes, le détail de ses biens : la seconde, le Revenu : la troisieme, la Taille : la quatrieme, l'Accessoire : la cinquieme, la Capitation : la sixieme, la Prestation pour les Chemins : la septieme, les Impositions locales : et la huitieme, le Total.

Quant aux Contraintes, Sa Majesté sera suppliée d'ordonner, 1°. qu'il n'en puisse être décernée contre aucun contribuable, sans que la Municipalité en ait été avertie quinzaine auparavant par le Collecteur, en la personne du Greffier qui en tiendra registre, afin qu'elle puisse arrêter toutes poursuites, en déclarant dans ce délai, s'il y a lieu, en vertu d'une délibération d'une assemblée générale convoquée à cet effet, que le Débiteur est insolvable, et qu'elle consent la réimposition de sa quote sur l'année suivante.

2°. Qu'en cas de saisie mobiliaire, les effets saisis seront déposés par l'Huissier saisissant, au Greffe de la Municipalité, pour être par elle vendus et adjugés à l'encan et sans frais, à l'issue des vêpres, le premier ou second Dimanche qui suivra le dépôt; sauf dans le cas où ils n'auroient pu être vendus dans la huitaine, faute d'enchérisseurs, à les transporter alors par l'Huissier, au marché de la ville voisine.

Que vous devez charger votre Commission Intermédiaire

de l'examen des états envoyés par les villes, de leurs revenus et de leurs charges, de prendre connoissance de la réclamation de la ville de S. Valery, au sujet de l'octroi établi pour remboursement des Offices Municipaux de cette ville, et dans le cas où cette réclamation paroîtroit fondée, de l'appuyer auprès du Conseil de Sa Majesté.

Délibération. La matiere mise en délibération, ouïs Messieurs les Procureurs-Syndics, il a été arrêté, sous le bon plaisir de Sa Majesté :

1°. Que dans chaque paroisse, il ne seroit fait que deux rôles, l'un pour les Vingtiemes, et l'autre pour la Taille, Accessoires, Capitation, Prestation des Chemins et Impositions locales ; que ce dernier seroit tenu à feuille ouverte et divisé en une marge et huit colonnes : la marge destinée à inscrire les reçus : la premiere colonne, le Nom du Contribuable, et au-dessous le détail de ses biens : la seconde, le Revenu : la troisieme, la Taille : la quatrieme, l'Accessoire : la cinquieme, la Capitation : la sixieme, la Prestation des Chemins : la septieme, les Impositions locales : et la huitieme, le Total.

2°. Que Sa Majesté seroit très-humblement suppliée d'ordonner qu'il ne puisse être décerné de Contraintes contre aucun contribuable, sans que la Municipalité en ait été avertie quinzaine auparavant par le Collecteur en la personne du Greffier qui en tiendroit registre, afin qu'elle puisse arrêter toutes poursuites, en déclarant dans ce délai, s'il y a lieu, en vertu d'une délibération d'une assemblée générale convoquée à cet effet, que le débiteur est insolvable, et qu'elle consent la réimposition de sa quote sur l'année suivante.

3°. Qu'en cas de saisie mobiliaire, les effets saisis seroient déposés par l'Huissier saisissant au Greffe de la Municipalité, pour être par elle vendus et adjugés à l'encan et sans frais à l'issue de vêpres, le premier ou second Dimanche qui suivra le dépôt, à concurrence seulement de la dette et des frais dont l'état seroit remis par l'Huissier au Greffe lors dudit dépôt; sauf dans le cas où ils n'auroient pu être vendus dans la huitaine, faute d'enchérisseurs, à les transporter alors par l'Huissier au marché de la ville voisine.

Du 15 Décembre 1787.

4°. Que la Commission Intermédiaire seroit chargée de l'examen des états, envoyés par les villes, de leurs revenus et de leurs charges, de prendre connoissance de la réclamation de la ville de S. Valery, au sujet de l'octroi établi pour le remboursement des Offices Municipaux de cette ville, et dans le cas où cette réclamation paroîtroit fondée, de l'appuyer auprès du Conseil de Sa Majesté.

LE DUC D'HAVRÉ ET DE CROÏ, *Président.*
BERVILLE, *Secrétaire-Greffier.* Signés.

SÉANCE du 17 Décembre, neuf heures du matin.

Du 17 Décembre 1787.

LE Bureau des Travaux-Publics a fait le rapport qui suit.

5°. Rapport du Bureau des Travaux publics.

MESSIEURS,

IL a été remis à votre Bureau des Travaux publics une délibération du Bureau Intermédiaire du Département de Calais;

Traversée de Montreuil.

Montreuil et Ardres, relative à la Traversée de la ville de Montreuil, qui fait partie de la grande route de Calais à Paris.

Cette délibération a été prise d'après un mémoire présenté au Département par Messieurs les Officiers Municipaux de la ville de Montreuil.

L'extrait que nous allons vous en faire, suffira sans doute pour vous engager à vous occuper sans retard de la demande qui en est l'objet.

Il résulte, Messieurs, de l'examen que nous en avons fait, que cette Traversée est dans le plus mauvais état, et qu'il est instant de la relever dans toute sa longueur.

En Septembre 1785, les Officiers Municipaux de Montreuil ont présenté un placet au Ministre, à l'effet d'obtenir que le rétablissement en fut fait sur les fonds des Ponts et Chaussées. Cette demande étoit fondée sur ce que cette Traversée sert de passage aux voitures publiques, de poste et de commerce, aux chariots d'approvisionnement, &c.; que conséquemment elle devoit être assimilée aux autres chaussées de pavé, et réparée sur les fonds du Roi.

Le 4 Novembre suivant, il fut fait en vertu des ordres de M. l'Intendant, un toisé et devis des réparations à faire, montant à 7553^{tt} »^{s} 3^{d}.

Le 16 Septembre 1786, le Subdélégué fit part au Corps Municipal de Montreuil, d'une décision du Ministre, qui accordoit sur les fonds des Ponts et Chaussées une somme de 2514^{tt} 13^{s} 5^{d} faisant le tiers de l'estimation desdits ouvrages, sauf à la ville de Montreuil à supporter le surplus de la dépense. Cette décision qui offroit la perspective d'une nouvelle con-

tribution sur ses habitans déja surchargés de taxes et de logemens des gens de guerre, a arrêté l'exécution des travaux.

Au mois de Février dernier, les Officiers Municipaux convaincus de l'état de dégradation de cette Traversée, qui s'étoit accru au point de la rendre d'un abord dangereux et presque impraticable, ont fait procéder à une nouvelle visite par le sieur Sire, Géographe du Boulonnois. Le rapport a constaté la nécessité urgente de la relever en entier, et le devis estimatif s'est monté à la somme de 8624^{tt} 15^{ʃ} 8$\mathcal{d}$.

D'après cet exposé, le Corps Municipal conclut,

1°. A ce que la dépense soit prise sur les fonds des Ponts et Chaussées.

2°. Que du moins elle soit assignée sur les deux octrois perçus à l'entrée de la ville de Montreuil, montant à dix sols par velte d'eau-de-vie.

3°. Enfin, que déduction faite dans tous les cas des 2514^{tt} 13^{ʃ} 5$\mathcal{d}$ accordées par le Ministre sur les fonds des Ponts et Chaussées, le surplus de la dépense soit pris sur les fonds de l'Imposition générale, laquelle dépense seroit faite par économie, sous la direction de tels Commissaires que l'Assemblée Provinciale jugeroit à propos de nommer à cet effet.

Le Bureau Intermédiaire du Département, après les renseignemens qu'il s'est procurés lui-même, conclut,

1°. Que les réparations doivent être regardées comme très-urgentes.

2°. Que l'état estimatif du sieur Sire doit être préféré.

3°. Que la demande qu'avoient formée les Officiers Municipaux, de faire faire le travail par économie, ne pouvoit être admise ; mais qu'il devroit être procédé à l'adjudication dudit travail, conformément au Réglement du 5 Août dernier.

Nous ne pouvons, Messieurs, adopter la délibération du Département, quant à la préférence qu'il donne à l'état du sieur Sire, attendu qu'il n'est employé dans les Ponts et Chaussées que comme Géographe, mais point comme Ingénieur. Les informations que nous avons prises de M. l'Intendant, nous ont mis à portée de connoître tout ce qui s'est passé sur cet objet, depuis 1784 que la premiere demande a été formée : il paroît que la difficulté où la ville de Montreuil s'est trouvée pour subvenir aux frais des réparations à faire, en a empêché jusqu'à présent l'exécution, d'une maniere d'autant plus fâcheuse, que certainement ce retard a beaucoup augmenté la dégradation.

Par tous ces motifs, nous estimons qu'on ne peut s'occuper trop promptement de la réparation de cette Traversée ; et d'après l'importance de la route, l'état constaté de la dégradation, enfin d'après l'impossibilité où la ville de Montreuil paroît réduite de subvenir à la plus grande partie de la dépense, votre Bureau des Travaux publics a été d'avis que, si Sa Majesté daigne confirmer le don qu'elle a précédemment fait du tiers à prendre sur les fonds des Ponts et Chaussées, le second tiers pourroit être supporté par la Ville de Montreuil, et qu'enfin vous pourriez peut-être, Messieurs, prendre le dernier tiers sur le fonds de 68000^{tt}, que par votre délibération du 14 de ce mois, vous avez supplié Sa Majesté de vous accorder, pour être employé au pavé des traverses.

En conséquence, nous pensons, Messieurs, que vous pourriez délibérer :

1°.

1°. Que MM. les Officiers Municipaux de la ville de Montreuil seront chargés de faire faire, le plus promptement possible, par le Sous-Ingénieur du Département, un nouveau toisé et état estimatif desdits ouvrages; celui fait au mois de Février dernier par le sieur Sire, ne pouvant être adopté légalement.

2°. Que Sa Majesté sera suppliée de vouloir bien accorder à la ville de Montreuil le tiers de l'estimation des travaux à prendre sur les fonds des Ponts et Chaussées, ainsi qu'Elle avoit daigné lui accorder au mois de Septembre 1786.

3°. Que le second tiers sera à la charge de la ville de Montreuil.

4°. Que le dernier tiers sera pris sur le fonds de 68000^{tt} que, par votre délibération du 14 de ce mois, vous avez demandé à Sa Majesté de vous accorder, pour être employé au pavé des traverses.

5°. Que Sa Majesté sera suppliée de vouloir bien permettre que l'état estimatif qui en sera demandé à l'Ingénieur du Département, ne soit point compris dans l'état des autres routes, vu le retard qu'occasionneront les opérations nécessaires pour parvenir à sa confection; et qu'il soit adressé particuliérement au Conseil, par la Commission Intermédiaire Provinciale.

6°. Enfin, votre Bureau des Travaux Publics, Messieurs, estime qu'il doit être envoyé, le plus promptement possible, un extrait de votre délibération au Bureau Intermédiaire du Département de Montreuil.

M m

La matiere mise en délibération, l'Assemblée, après avoir pris l'avis de MM. les Procureurs-Syndics, a arrêté :

1°. Que MM. les Officiers Municipaux de la ville de Montreuil seroient chargés de faire faire, le plus prömptement possible, par le Sous-Ingénieur du Département, un nouveau toisé et état estimatif desdits ouvrages, celui fait au mois de Février dernier ne pouvant être adopté légalement.

2°. Que Sa Majesté seroit suppliée de vouloir bien accorder à la ville de Montreuil le tiers de l'estimation des travaux, à prendre sur les fonds des Ponts et Chaussées, ainsi qu'Elle avoit daigné lui accorder au mois de Septembre 1786.

3°. Que le second tiers seroit à là charge des habitans de la ville de Montreuil.

4°. Que le dernier tiers seroit pris sur le fonds de 68000^{tt} qui, par la délibération du 14 de ce mois, a été demandé à Sa Majesté, pour être employé au pavé des traverses.

5°. Que Sa Majesté seroit suppliée de vouloir bien permettre que l'état estimatif qui en sera demandé à l'Ingénieur du Département, ne soit point compris dans l'état des autres routes, vu le retard qu'occasionneront les opérations nécessaires pour parvenir à sa confection ; et qu'il soit adressé particuliérement au Conseil par la Commission Intermédiaire Provinciale.

6°. Enfin, qu'il seroit envoyé un extrait de la présente délibération au Bureau Intermédiaire du Département de Montreuil.

Ensuite le Bureau du Bien-Public a dit que pour parvenir à diviser les eaux de navigation de celles d'écoulement des

Gouvernemens de Calais et Ardres, il s'exécutoit depuis plusieurs années des travaux qui avoient été ordonnés par différens Arrêts du Conseil rendus successivement, et dont la direction avoit été attribuée à M. Devaux, Lieutenant Colonel au Corps Royal du Génie, et l'exécution aux Officiers Municipaux des deux villes, sous l'autorité de M. l'Intendant ; que, par le dernier Arrêt de 1784, le Roi a ordonné la totalité des travaux restans à faire ; que les fonds qu'il a ordonnés à cet effet sont consommés, et que plusieurs desdits ouvrages ne sont pas encore portés à leur perfection, attendu les différences qui se sont trouvées entre les prix portés dans les estimations, et ceux auxquels ils ont été adjugés, en conséquence qu'il étoit nécessaire de se retirer de nouveau au Conseil, pour obtenir un Arrêt qui ordonneroit de nouveaux fonds pour pouvoir exécuter celui de 1784 ; que d'après les différens Réglemens, il n'y avoit pas de doute que l'Administration Provinciale ne remplaçât M. l'Intendant dans les fonctions relatives auxdits travaux, qu'il convenoit donc que la Commission Intermédiaire fut chargée d'écrire à M. l'Intendant, pour qu'il veuille bien lui faire remettre toutes les pieces et renseignemens, ensemble les plans, projets et devis relatifs auxdits travaux, et d'après iceux se retirer au Conseil pour obtenir de Sa Majesté l'Arrêt du Conseil qu'ils croiront nécessaire, et qu'elle écrive en même-temps à M. Devaux et aux Officiers Municipaux desdites villes, pour les prévenir que désormais ils auront à correspondre avec l'Assemblée Provinciale et celle du Département de Calais ou leurs Commissions Intermédiaires.

Du 17 Décembre 1787.

Observations du Bureau du Bien-Public.

Travaux dans le Calaisis et l'Ardresis.

Sur quoi délibérant, l'Assemblée, après avoir entendu Messieurs les Procureurs-Syndics, a arrêté qu'à l'avenir les Officiers Municipaux de Calais et d'Ardres exécuteront les travaux mentionnés au rapport, sous l'inspection du Bureau Intermédiaire du Département de Calais, et le surplus des objets proposés a été renvoyé à la Commission Intermédiaire.

Après quoi il a été présenté un apperçu des frais de l'établissement de l'Assemblée Provinciale et de celles de Département; MM. les Membres de la Commission Intermédiaire ont alors exprimé leur vœu d'être admis à remplir gratuitement les fonctions qui leur ont été confiées à ce titre, et l'Assemblée leur en a témoigné sa reconnoissance.

Il a aussi été présenté des observations sur les moyens à employer pour procurer les logemens aux Membres non résidans, pendant la tenue de l'Assemblée.

M. le Président ayant observé qu'on ne pouvoit gueres avoir que des notions incertaines sur la nature des dépenses prévues par cet apperçu, et qu'il seroit peut-être prématuré de les arrêter définitivement; qu'il croyoit de même qu'on ne pouvoit prendre aucune décision sur les logemens des Membres, et qu'il étoit plus convenable d'attendre que Sa Majesté ait fait connoître ses intentions sur ces différens objets; l'Assemblée a arrêté que l'apperçu des dépenses et les observations sur les logemens seroient déposés aux archives, sous la signature de M. le Président, après avoir été contre-signés du Secrétaire-Greffier, pour être joints aux observations relatives aux Réglemens que M. le Président a été prié de faire valoir auprès des Ministres de Sa Majesté; et cependant qu'il sera alloué, tant aux Membres de l'Assemblée Provinciale qu'à ceux des Assemblées de Département, des frais de routes, à raison de 40ˢ par lieue, en observant de prendre pour points de départ et de retour ; savoir, le Chef-lieu du Département, pour les Membres de l'Assemblée Provinciale, et le Chef-lieu des arrondissemens pour ceux des Assemblées de Département.

Du 17 Décembre 1787.

M. le Président a été prié d'être auprès de Sa Majesté et de son Conseil l'Interprête des désirs de l'Assemblée, pour que l'organisation de celles de Départemens soit simplifiée sous le rapport des dépenses qu'elle occasionne.

L'Assemblée désirant former un comité de trois Avocats pour le rapport des affaires qui intéressent les communautés, conformément aux Instructions ministérielles, apportées à l'ouverture des séances par MM. les Commissaires du Roi ; et procédant à la nomination de ceux qui doivent composer ce comité, par la voie du scrutin, MM. Morgan, Boistel de Belloy et Boullet de Varennes, ont été nommés à la pluralité des voix.

Formation d'un Comité de trois Avocats pour le rapport des affaires qui intéressent les Communautés.

M. le Président a terminé la séance par la lecture d'une lettre de M. le Contrôleur-Général, relative à l'abonnement des Vingtiemes, et l'examen en a été renvoyé à la Commission particuliere des Vingtiemes pour en faire le rapport à la prochaine séance, qui a été indiquée au même jour, cinq heures de relevée.

Du même jour, cinq heures de relevée.

La Commission particuliere des Vingtiemes a fait le rapport suivant :

Du 17 Décembre
1787.

Second Rapport de la Commission particuliere des Vingtiemes.

Observations sur la Réponse de M. le Contrôleur-Général, relative à l'abonnement des Vingtiemes.

MESSIEURS,

VOUS avez entendu dans votre séance de ce matin, la lecture de la réponse que M. le Contrôleur-Général à faite à M. le Président, au sujet des offres d'abonnement, consignées dans votre délibération du 14 de ce mois. Vous avez renvoyé cette lettre à l'examen de votre Commission particuliere des Vingtiemes, pour qu'elle vous en rendît compte à votre présente séance; elle va, Messieurs, vous en faire l'analyse, et vous faire part de ses observations.

Dans cette lettre, le Ministre observe que sur la somme de 180000^{tt} que vous lui offrez, déja bien inférieure à celle résultante de l'évaluation indiquée dans les Instructions qui vous ont été adressées, vous demandez la déduction du montant des décharges et frais d'administration, qui font un objet de 68000^{tt} environ.

Que cette déduction réduisoit à la somme de 112000^{tt} l'augmentation réelle sur les biens-fonds déja imposés, et que cette contribution se trouveroit encore allégée par l'imposition à mettre, tant sur les biens du Comté de Ponthieu, qui n'ont pas été compris dans l'addition de matiere imposable, que sur d'autres objets évalués modérement.

Que l'abonnement doit être réglé de maniere à présenter la somme nette à recouvrer pour le Trésor-Royal qui se charge de toutes les taxations.

Que pour ne rien changer aux offres que vous avez faites, et ne pas priver Sa Majesté du produit qu'elle doit attendre des objets qui composent l'addition de matiere imposable, et dont vous ne devez poins demander à profiter, dès que vous insistez pour que le Roi vous tienne compte des décharges et frais d'administration, il ne faut ajouter au montant des rôles actuels qui est de. . . . . . 1613644^{tt} 11^{s} $"^{d}$ que le montant net de l'augmentation offerte par la province, qui est de . . . 112000 $"$ $"$ et le montant de l'imposition des matieres nouvellement imposables, qui, en y comprenant le Comté de Ponthieu, et le bénéfice à faire sur les autres objets, est évalué à. . . . . 149983 $"$ 4 au lieu de la somme de 81983^{tt} à laquelle il avoit d'abord été porté, ce qui donne un total de . . . . 1875627^{tt} 11^{s} 4^{d} égal à celui que vous avez proposé.

Que dans le cas où l'addition de matiere nouvellement imposable ne monteroit pas à la somme de 149983^{tt} $"^{s}$ 4^{d}, il prenoit, au nom de Sa Majesté, l'engagement formel de tenir compte à la province de toute la différence en moins dont il seroit justifié.

Que par ce moyen, vos offres sont acceptées, vous obtenez la déduction que vous désirez pour les frais de régie et les décharges, et Sa Majesté ne se trouve point privée d'une compensation naturelle de ce nouveau sacrifice.

Ainsi, Messieurs, vous voyez par ce précis, que le Ministre ne regarde l'augmentation de 180000^{tt} que vous offrez, que comme ne présentant en réalité que 112000^{tt}, au moyen de la déduction que vous demandez, et qu'on vous accorde des frais de régie, décharges et non - valeurs, évalués 68000^{tt} ;

cependant il est certain que le bénéfice qui en résulte pour Sa Majesté, est bien réellement de 180000^{tt}, puisque sur les 1613644^{tt} 11^{s}, montant de l'ancienne imposition, il étoit tenu d'acquitter les 68000^{tt} que vous prenez aujourd'hui à votre charge; et il est également certain que la charge que vous imposez, est réellement de 180000^{tt}, puisqu'aux 112000^{tt} que vous verserez seulement au Trésor-Royal, il faut ajouter les décharges et non-valeurs, et les frais de régie que vous serez peut-être même dans le cas d'augmenter au moins pour cette année.

Cependant, Messieurs, la Commission pense que l'Assemblée peut, dès-à-présent, confirmer et ratifier les offres de l'abonnement des Vingtiemes, pour vingt années, telles qu'elles sont consignées dans sa délibération du 14 du présent mois, en réitérant toutes les supplications y portées, notamment afin d'obtention de Lettres patentes, et sous les modifications insérées en la lettre de M. le Contrôleur-Général; mais qu'elle doit supplier Sa Majesté d'observer qu'en déterminant ses offres, l'Assemblée a pris en considération le bénéfice qui pouvoit résulter de l'imposition à mettre sur le Comté de Ponthieu et autres matieres nouvellement imposables; néanmoins qu'elle s'en rapporte entiérement à sa bienveillance sur cet objet; et enfin prier M. le Président de lui faire agréer ses humbles remerciemens.

Sur quoi l'Assemblée délibérant, après avoir entendu MM. les Procureurs-Syndics, a adopté l'avis de la Commission particuliere des Vingtiemes.

LE DUC D'HAVRÉ ET DE CROÏ, *Président.*
BERVILLE, *Secrétaire-Greffier.* Signés.

SÉANCE

SÉANCE du 18 Décembre, onze heures du matin.

LE Bureau des Travaux publics a fait le rapport suivant :

MESSIEURS,

IL vous a été rendu compte, dans une de vos séances, qu'il y avoit un fonds de 35000^{tt}, destiné par M. l'Intendant au paiement des indemnités dues aux propriétaires riverains des routes, à raison des terrains qui leur avoient été enlevés pour leur confection. Ces fonds faits avant votre administration, étant absolument étrangers à la prestation en remplacement de la Corvée, nous pensons que vous devez vous borner à demander à M. l'Intendant l'état nominatif des propriétaires auxquels il resteroit dû des indemnités, avec la date de la cessation de leur jouissance, et les pieces justificatives qui auront été fournies à l'appui de leur demande.

Nous aurions désiré pouvoir vous proposer de donner un effet rétroactif à l'acte de justice que nous avons cru devoir soumettre à votre décision, en faveur de toutes les autres demandes d'indemnités que pourroient former tous les riverains, depuis le commencement de l'ouverture des vingt-deux routes, actuellement existantes dans cette province : mais le peu de fonds dont vous pouvez disposer pour ces especes d'acte de justice, nous prive de cette satisfaction. Nous nous bornerons à vous proposer d'accueillir seulement les demandes qui

N n

se trouvent actuellement formées, et à ne plus faire droit, pour l'avenir, qu'à celles qui pourront vous être présentées, tant pour les terrains compris dans la direction des routes à faire pendant votre administration, que pour les fouilles nouvelles qui seront ouvertes pour l'extraction des matériaux.

Il vous paroîtra sans doute de toute justice, Messieurs, par une conséquence de ce même principe, d'exempter de la Taille, des Vingtiemes et autres Impositions, les propriétaires des susdits terrains, en raison de leur étendue et de leur valeur. Vous voudrez bien observer cependant que, sur - tout dans les redressemens de routes, il peut arriver que les propriétaires demandent des exemptions pour de si petites parties, que le rejet ou le moins imposé soit trop foible pour s'en occuper et y avoir égard. Il seroit peut-être de votre sagesse de fixer la quantité de terrain nécessaire pour obtenir l'exemption.

Le Bureau des Travaux publics a l'honneur de vous proposer de délibérer,

1°. Que votre Commission Intermédiaire sera chargée de demander à M. l'Intendant, l'état nominatif des propriétaires auxquels il resteroit dû des indemnités de terrains enlevés pour la confection des routes et extraction de matériaux, avec les pieces justificatives qui auront été fournies à l'appui de ces demandes, pour, après qu'elles auront été vérifiées par les Bureaux Intermédiaires des Départemens, et renvoyées à votre Commission Intermédiaire, vous en être rendu compte à votre prochaine Assemblée.

2°. Que les Bureaux Intermédiaires des Départemens feront tenir un état exact et nominatif des propriétaires qui récla-

meront à l'avenir des indemnités, soit pour des terrains compris dans la direction des routes, soit pour des fouilles faites
pour l'extraction des matériaux : que ces états comprendront
le toisé qui en sera pris par l'Ingénieur qui aura dressé le
devis, avec l'estimation de la valeur du terrain, et que lesdits états, après avoir été vérifiés et certifiés par les Assemblées de Département, seront envoyés chaque année à la
Commission Intermédiaire Provinciale, avec le Procès-verbal
desdites Assemblées.

3°. Que les paiemens desdites indemnités seront pris sur les
fonds provenans des rabais des adjudications, s'il y a lieu, ou
sur les fonds de la prestation de la Corvée pour l'année 1789.

4°. Que, pour le paiement de ces indemnités, on suivra
l'ordre des dates de la privation de jouissance, en observant
d'acquitter d'abord celles dues aux particuliers de la campagne,
ensuite celles des communautés, et enfin celles des Seigneurs
et Communautés Religieuses, ainsi que vous l'avez décidé pour
les indemnités accordées relativement à l'ouverture des canaux.

5°. Que les propriétaires seront, à compter de l'époque de la
privation de leur jouissance, exemptés de Taille, Vingtiemes
et de toutes autres Impositions, à raison de l'étendue et de la
valeur des terrains qui leur auront été enlevés.

6°. Qu'il ne sera accordé d'indemnité pour les terrains qui
auront été pris, que déduction faite du vieux chemin qui auroit
été abandonné, ou du prix qu'il auroit été vendu.

7°. Qu'il ne sera reçu de demandes pour diminution d'Imposition, que lorsque le terrain pris pour le nouveau chemin
n'aura pas été remplacé par le terrain de l'ancien chemin, et
qu'il sera au moins d'une verge.

Du 18 Décembre
1787.
Délibération.

La matiere mise en délibération, et Messieurs les Procureurs-Syndics ayant donné leur avis, l'Assemblée a arrêté :

1°. Que sa Commission Intermédiaire sera chargée de demander à M. l'Intendant et à M. Delatouche l'état nominatif des propriétaires, auxquels il resteroit dû des indemnités de terrains employés pour la confection des routes et extraction des matériaux, avec les pieces justificatives qui auroient été fournies à l'appui de ces demandes, pour après qu'elles auront été vérifiées par les Bureaux Intermédiaires des Départemens, et renvoyées à la Commission Intermédiaire, en être rendu compte à la prochaine Assemblée.

2°. Que les Bureaux Intermédiaires des Départemens feront tenir un état exact et nominatif des propriétaires qui réclameront à l'avenir des indemnités, soit pour des terrains compris dans la direction des routes, soit pour des fouilles faites pour l'extraction des matériaux : que ces états comprendront le toisé qui en sera pris par l'Ingénieur qui aura donné le devis, avec l'estimation de la valeur du terrain, et que lesdits états, après avoir été vérifiés et certifiés par les Assemblées de Département, seront envoyés chaque année à sa Commission Intermédiaire, avec le procès-verbal desdites Assemblées.

3°. Que les rapports qui seront faits à la Commission Intermédiaire, tant des indemnités anciennes que de celles qui surviendront, seront mis sous les yeux de l'Assemblée Provinciale à sa premiere tenue pour y être statué.

4°. Qu'à l'avenir les propriétaires seront, à compter de l'époque de la privation de leur jouissance, exemptés des Taille, Vingtiemes et autres Impositions, à raison de l'étendue et de la valeur des terrains dont ils seront privés.

5°. Qu'il ne sera accordé d'indemnité pour les terrains qui auront été employés pour la confection des chemins, que déduction faite de l'ancien chemin qui auroit été abandonné, ou du prix qu'il aura été vendu.

6°. Enfin, qu'il ne sera reçu de demande pour diminution d'Impositions, que lorsque le terrain employé pour le nouveau Chemin, n'aura pas été remplacé par le terrain de l'ancien, et qu'il sera au moins d'une verge.

Le Bureau du Bien-Public a aussi fait le rapport qui suit.

Sixieme Rapport du Bureau du Bien-Public.

MESSIEURS,

L'IMPÔT de la Gabelle qui est *jugé désastreux*, doit occuper toute l'attention de l'Assemblée Provinciale, dont le but principal est le soulagement de la classe la plus malheureuse du Royaume. Rien de plus dur et de plus cruel que l'obligation de prendre une denrée quelconque, dont on pourroit ne pas avoir besoin. Le livre de l'Administration des Finances de la France nous donne des moyens d'adoucir le fardeau de cet Impôt; mais il faudroit le supprimer totalement; et le revenu pour le Trésor Royal en est si considérable, qu'il est difficile d'en trouver un moins onéreux pour le remplacer.

Du Remplacement de l'Impôt de la Gabelle.

Il a été envoyé un mémoire sur cet objet au Bureau du Bien-Public; mais comme il n'a pas rempli les vues de ce Bureau, il a jugé qu'il falloit demander aux différens Départemens de s'occuper des moyens à proposer pour remplacer un Impôt aussi funeste, et dénoncé par le Roi lui-même à l'Assemblée des Notables de son Royaume.

L'Assemblée, après avoir pris l'avis de Messieurs les Procureurs-Syndics, délibérant sur ce rapport, a arrêté qu'il seroit

Délibération.

Du 18 Décembre 1787.

Nomination de Commissaires pour veiller à l'état des Chemins.

Dépenses pour la tenue de l'Assemblée Provinciale et des Assemblées de Département.

Augmentation des Membres de la Commission Intermédiaires.

recommandé aux différens Départemens de s'occuper des moyens propres à remplacer l'Impôt de la Gabelle.

Après quoi, M. le Président a dit qu'il convenoit que les Départemens nommassent des Commissaires pour veiller à l'état des chemins, et inspecter les travaux qui s'exécuteront sur les parties confiées à leur surveillance ; en conséquence, MM. les Procureurs-Syndics ont été priés par l'Assemblée d'écrire aux Départemens pour les inviter à nommer des Commissaires, en nombre convenable pour prendre connoissance des chemins, conformément à ce qui a été proposé par M. le Président, et en instruire l'Assemblée.

M. le Président a aussi proposé à l'Assemblée de supplier Sa Majesté de fixer et arrêter le montant des dépenses nécessaires au régime de l'Assemblée, et de déterminer sur quels fonds ces dépenses seront affectées. L'Assemblée, adoptant cette proposition, a prié M. le Président de vouloir bien solliciter de Sa Majesté et de son Conseil, une prompte décision sur cet objet, et cependant comme la liquidation des dépenses faites jusqu'à ce jour est urgente, MM. les Procureurs-Syndics ont été chargés de prier M. l'Intendant d'en vouloir bien fournir les fonds sur les demandes et mandats de la Commission Intermédiaire. En conséquence, l'Assemblée a renvoyé à sadite Commission Intermédiaire la liquidation des comptes des Ouvriers et Fournisseurs, et généralement de toutes les dépenses faites, tant par elle que par les Assemblées de Département.

M. le Président a dit encore que l'Assemblée ayant jugé à propos de supplier le Roi d'augmenter sa Commission Intermédiaire de deux membres, elle devoit s'occuper de désigner les membres qui doivent la compléter dans le cas où elle obtiendroit de Sa Majesté l'augmentation sollicitée. Cette proposition ayant été agréée, il a été procédé à la nomination de ces deux membres par voie du scrutin, et M. l'Abbé Paulinier, Prieur de S. Marc, et M. Maillard, Procureur du Roi à Mondidier, ont été désignés à la pluralité des suffrages ; en conséquence, il a été arrêté qu'ils seroient et demeureroient élus, dans le cas où ladite augmentation de membres seroit accordée par Sa Majesté.

Ensuite la séance a été prorogée au même jour, six heures de relevée.

L'Assemblée ayant déterminée de clore ses séances ce même jour après midi, s'est réunie en l'hôtel de M. le Président, et l'a conduit en cérémonie dans le lieu ordinaire de la tenue des séances à l'hôtel-de-ville d'Amiens, où, l'Assemblée étant formée, il a été d'abord procédé à la visite des archives par MM. le Comte d'Herly et de Chocqueuse, Commissaires nommés à cet effet.

Visite des Archives.

Après quoi l'Assemblée délibérant s'il y avoit lieu de changer les Employés actuels des Vingtiemes, il a été arrêté de les conserver jusqu'à ce qu'il y ait un mode de répartition déterminé, soit par l'Assemblée dans le cas où elle pourroit obtenir de se réunir au mois d'Avril prochain, soit par la Commission Intermédiaire, qui, à défaut de réunion générale, demeurera autorisée à cette époque à faire tous les changemens qu'elle estimera convenables, soit dans la répartition, soit dans l'administration desdits Vingtiemes.

Employés des Vingtiemes et leurs traitemens.

Ayant été ensuite proposé de délibérer sur les traitemens desdits Employés, il a été délibéré de leur conserver leurs

Du 18 Décembre 1787.

appointemens actuels et leurs logemens, sans qu'il puisse leur être alloué de gratifications ni de frais de Bureau.

L'Assemblée n'ayant plus d'objets à délibérer, a nommé MM. le Comte de Crécy et Maillart pour se rendre chez MM. les Commissaires du Roi, et les inviter à venir faire la clôture de leurs séances : en conséquence MM. les Commissaires s'étant rendus à l'Assemblée, où ils ont été reçus avec les mêmes honneurs que lors de l'ouverture, ont dit :

MESSIEURS,

Discours de M. le Commissaire du Roi.

ON ne pouvoit attendre d'une Assemblée formée par la confiance du Roi, et le vœu du public, qu'une application constante à méditer avec sagesse, et choisir avec discernement les moyens les plus propres à remplir les vues de Sa Majesté pour le bonheur de cette province.

Ces espérances sont accomplies, et votre zele infatigable ne connoît d'autres bornes que celles qui sont prescrites par Sa Majesté pour terminer vos travaux.

Il suffiroit de désigner les objets principaux qui ont été approfondis dans vos délibérations, pour juger de leur importance, et de l'influence qu'ils doivent avoir sur la prospérité de cette Généralité.

L'Impôt considéré comme charge publique, afflige l'Administrateur sensible ; mais il devient un devoir sacré aux yeux même du Citoyen qui le supporte, en le considérant comme un secours nécessaire aux besoins et à la sûreté de l'Etat.

L'Impôt purement personnel est souvent qualifié d'arbitraire, parce que les fortunes particulieres se dérobent aisément aux yeux des Administrateurs les plus attentifs.

L'Impôt

Du 18 Décembre
1787.

L'Impôt sur les biens fonds et les propriétés, quoique fondé sur des bases plus certaines d'égalité, est une source intarissable de réclamations des propriétaires, et à plus juste titre un découragement pour les cultivateurs.

Ces inconvéniens inséparables de la répartition des Impôts, n'ont point échappé à vos réflexions, Messieurs, mais l'expérience vous convaincra de plus en plus que s'il existe des erreurs presqu'inévitables dans l'administration, il existe fréquemment des préventions accréditées par les plaintes injustes de l'intérêt personnel.

L'examen que vous avez fait, Messieurs, de l'état actuel des grandes routes, paroît vous avoir convaincu que la vigilance paternelle de l'administration s'est occupée particuliérement de leur avancement et de leur perfection ; nous sentons tout le prix d'un suffrage patriotique émané d'une Assemblée aussi judicieuse qu'éclairée. Nous verrons avec le plus vif intérêt le succès des projets qu'elle médite pour vivifier l'intérieur de la province par la construction des chemins vicinaux.

Mais votre administration naissante étendra sa gloire et ses bienfaits sur la postérité la plus reculée, par les grands monumens de navigation qui ont acquis une nouvelle sanction honorable et patriotique dans cette Assemblée par vos suffrages éclairés.

Qu'il sera touchant pour le cœur du Monarque le plus sensible à l'amour et au bonheur de ses sujets, de voir ses bienfaits pour les peuples de cette province et leur reconnoissance éternellement consacrés dans ces monumens immortels dont elle jouira.

Mais qu'il sera doux pour des sujets aussi fideles que recon-

O o

noissans, de porter au pied du Trône l'hommage le plus pur de leur amour, et de leur sensibilité pour sa bienfaisance, par l'organe d'un Président si cher à votre Assemblée, qui commencera son administration par la plus noble de ses fonctions.

Vous venez, Messieurs, d'offrir au meilleur des Princes une portion de vos revenus, qu'il a préféré de recevoir de vos mains comme un témoignage de votre amour : à ce trait, vous êtes François, vous êtes Citoyens, vous êtes dignes de représenter une Province qui a mérité depuis long-temps de jouir, par la concession de nos Rois, du glorieux titre de très-fidele.

M. le Président répondant à MM. les Commissaires du Roi a dit :

MESSIEURS,

APPELLÉS à l'administration d'une province dont l'étendue, l'importance et les relations méritent à tant d'égards la protection et l'intérêt du Gouvernement, nous avons regardé comme le premier, le plus sacré et le plus saint de nos devoirs, de porter à nos fonctions respectables l'esprit même de notre institution.

Sa Majesté toujours occupée du bien de ses sujets, attentive à consulter leurs besoins, a semblé vouloir consacrer d'avance, par une simplification de répartition et de perception, les prémices du soulagement et du bonheur que sa bonté destine à ses peuples, et que sa sagesse leur prépare dans le secret de ses Conseils : l'Assemblée Provinciale devenue dépositaire de la tendre sollicitude du Souverain pour ses sujets, flattée d'être le canal par lequel ils reçoivent les marques touchantes de sa bienfaisance, sollicite encore auprès de lui l'honneur d'être l'organe et la caution de leur reconnoissance et de leur amour.

Uniquement occupés de pourvoir aux besoins de la province, d'en connoître les ressources, d'en distinguer les divers intérêts, notre zele eut pu devenir indiscret, si nous n'en eussions suspendu les effets pour être à même de recueillir les lumieres des différens Départemens, et de solliciter celles de tous les ordres de citoyens assez éclairés et assez attachés au bonheur de la Picardie, pour s'associer avec nous à la gloire et à l'honneur d'être utiles à leurs concitoyens.

En cédant à l'impulsion de nos cœurs, et en offrant au Roi l'hommage d'une contribution volontaire, nous prévenons le vœu d'une Province, qui, toujours fidele à sa Patrie et à ses Maîtres, n'a jamais connu de bornes à son zele, sûre que la tendresse d'un Pere, veillant à l'intérêt de ses enfans, sait trouver dans l'équilibre de sa bonté et de sa justice les moyens de consacrer leurs sacrifices et leur dévouement.

Nous avons cru ne devoir rien innover, quant à présent, au régime actuel de la Taille ; tout changement à cet égard doit être le fruit d'une application suivie ; on ne sauroit trop le réfléchir, puisqu'il doit procurer un soulagement certain et un bien réel à la province.

L'avantage que la Généralité retire de ses routes, des communications nouvellement ouvertes, celui qu'elle attend des canaux de navigation, est, Messieurs, le fruit de vos soins, comme il sera l'objet de notre attention continuelle.

Du 18 Décembre
1787.

Les dernieres Instructions que vous nous avez communiquées, portent une nouvelle empreinte de la bonté de Sa Majesté; l'Assemblée déja pénétrée des vues touchantes qu'elles annoncent, avoit porté ses premiers regards sur l'Agriculture, sur les progrès d'un art dont les succès si consolans pour l'humanité, si décisifs pour la splendeur des Empires, si intéressans pour leur politique, forment l'espoir et presque l'unique ressource de la classe la plus nombreuse, la plus indigente, et par conséquent la plus digne de fixer les regards des Gouvernemens. Aucun détail semble n'être échappé à l'œil vigilant du nôtre : il n'en est en effet aucun qu'une administration éclairée ne doive s'empresser de recueillir pour se mettre à portée d'en présenter ensuite les résultats avantageux.

Favoriser l'Agriculture en multipliant les essais, et en accordant à propos des primes, assurer protection aux Cultivateurs, tourner toutes les découvertes au soulagement et au profit des individus, à leur conservation, à leur propagation, tels sont les moyens les plus sûrs d'augmenter la prospérité du Royaume : ce sont ceux que vous avez employés jusqu'ici, Messieurs, avec autant de zele que de succès; ils vous ont mérité reconnoissance et attachement. Pénétrés des mêmes sentimens, nous nous communiquerons mutuellement, Messieurs, nos lumieres et nos réflexions. Nous travaillerons toujours avec ce même concert à la vivification et à l'amélioration de la province, dont nous ne cesserons d'embrasser l'ensemble, les détails et les rapports, persuadés que rien n'est isolé en administration, et qu'un bien résulte presque toujours d'un autre bien.

Après quoi, MM. les Commissaires du Roi ont été recon- Du 18 Décembre 1787. duits avec les mêmes honneurs, et ensuite M. le Président a dit :

MESSIEURS,

COMPTABLES à l'Etat, au Roi et à vous-mêmes, votre pa- Discours de M. le Président à l'Assemblée. triotisme pouvoit seul acquitter une dette aussi sacrée. Vous venez d'en donner une preuve éclatante ; votre zele a triomphé des difficultés, a su lever tous les obstacles. Animé du même esprit, tendant au même but, toujours dirigé vers le bien public et l'intérêt de la province, chacun de vous s'est empressé d'enrichir de ses connoissances le Bureau auquel il étoit attaché ; chaque Bureau s'est montré jaloux à son tour de rapporter à la masse commune le dépôt précieux qui lui étoit confié, et l'Assemblée a recueilli avec soin le foyer de lumieres dont le reflet doit assurer le bonheur de la province.

Votre sagesse n'a pas cru, Messieurs, devoir rendre publics quelques-uns de vos résultats. Vous avez soumis les uns au creuset de l'expérience ; vous avez attendu pour plusieurs la sanction de la province, sans vouloir prévenir ni même hâter son vœu : cette marche plus lente, mais aussi plus sûre, est le présage le plus certain de vos succès.

La contribution que vous vous empressez d'offrir, et dont vous me chargez de porter l'hommage au Souverain, si digne de notre amour, a déja obtenu le suffrage des peuples confiés à nos soins. N'oublions jamais, Messieurs, que nos connoissances, nos vues, nos réflexions leur appartiennent. Méditons dans le silence de la retraite sur les moyens de procurer un régime

doux et tranquille : occupons-nous de rendre cette administration encore plus paternelle, c'est remplir le vœu de nos cœurs ;
celui du Souverain ; c'est justifier enfin la confiance de la province. Celle dont vous m'honorez, Messieurs, est le prix le
plus flatteur que vous puissiez m'accorder ; et le lien précieux
qui resserrera de plus en plus les nœuds indissolubles et chers
qui m'attachent à cette Assemblée, et à chacun des Membres
respectables qui la composent.

Après ce discours, l'Assemblée a témoigné à M. le Président sa satisfaction et sa reconnoissance, et l'a reconduit en
cérémonie en son Hôtel.

Signés, LE DUC D'HAVRÉ ET DE CROÏ, Président ;
† LOUIS-CH. Ev. d'Amiens. ; l'Abbé DE LESTOCQ ; l'Abbé
DE MIRMONT ; l'Abbé MELLIER ; l'Abbé DARGNIES ; l'Abbé
DE LA COARRET-CASAMAJOR ; Dom MATTHIEU ; PAULINIER ;
Ch. Rég. ; FASQUEL ; le Chevalier DU ROUX DE VARENNE ;
le Duc DE VILLEQUIER ; le Comte d'HERLYE ; le Comte
DE CRÉCY ; le Duc DE MAILLY ; NOAILLES, Prince de Poix ;
le Marquis DE LA METH ; DUFRESNE ; LE CARON DE CHOC-
QUEUSE, Maire ; DULIEGE ; L. DELAHAYE ; DOUVILLE ;
DEQUEUX DE BEAUVAL ; MAILLART ; PRÉVOT ; BONNEL DE
DOMINOIS ; LE VAILLANT DE BRUSLE ; TORCHON DE LIHU ;
MARGERIN ; FOUQUIER D'HÉROUEL ; COULAU DE BOISSERAN ;
BERNAULT ; BÉHAGUE ; L. D. MOURON ; LE CONTE ; le
Comte DE GOMER, Procureur-Syndic ; BOULLET DE VARENNES,
Procureur-Syndic ; et BERVILLE, Secrétaire-Greffier.

INSTRUCTIONS

MINISTÉRIELLES

REMISES par M. le Commissaire du Roi à l'ouverture des Séances de l'Assemblée Provinciale.

LE Sieur d'Agay, Intendant et Commissaire départi en la Généralité d'Amiens, et Commissaire de Sa Majesté à l'Assemblée Provinciale de ladite Généralité, convoquée par les Ordres du Roi, au dix-sept Novembre, présent mois, en la ville d'Amiens.

Fera connoître à ladite Assemblée Provinciale que Sa Majesté, en donnant le Réglement du 8 Juillet dernier pour la formation de ladite Assemblée Provinciale, et de celles qui lui sont subordonnées, a annoncé ce Réglement comme provisoire pour deux années, à l'expiration desquelles Elle expliqueroit définitivement ses intentions; et par celui du 5 Août dernier, relatif aux fonctions de ces différentes Assemblées, et à leurs rapports avec son Commissaire départi, Elle s'est réservé d'y faire successivement les changemens que lui inspireroit sa sagesse.

Sa Majesté ayant reconnu qu'il étoit utile et indispensable qu'Elle manifestât dès-à-présent ses intentions sur quelques-uns des articles de ces Réglemens, qui lui ont paru exiger des développemens et quelques interprétations ; Elle a chargé son Commissaire de les notifier à l'Assemblée.

PREMIERE PARTIE.

§. Ier.

Du Cérémonial, des formes de la tenue de l'Assemblée Provinciale et des Assemblées de Département, des fonctions des différens Membres ou Officiers desdites Assemblées et autres objets relatifs à leur formation et organisation intérieures.

Du Commissaire du Roi.

LE Sieur Intendant, Commissaire du Roi, sera prévenu en son Hôtel, par deux Membres de l'Asssemblée, choisis par le Président, l'un dans le Clergé ou la Noblesse, et l'autre dans le Tiers-Etat, que l'Assemblée est formée ; et il sera invité par eux à venir en faire l'Ouverture.

Le Commissaire du Roi se rendra à l'Assemblée en robe de cérémonie du Conseil, et précédé de ses Hoquetons : arrivé au lieu des séances, il sera reçu au pied de l'escalier par les deux Procureurs-Syndics ; au haut de l'escalier, par

une

une députation de quatre Membres choisis par le Président, l'un dans le Clergé, un autre dans la Noblesse, et les deux autres dans le Tiers-Etat.

Le Commissaire du Roi sera reçu dans l'Assemblée, tous les Membres, autres que ceux formant la députation, étant à leurs places, debout et découverts.

Le Commissaire du Roi sera conduit à un fauteuil d'honneur élevé d'un degré et placé au milieu de l'Assemblée, vis-à-vis de celui du Président, qui sera aussi élevé d'un degré et en avant du Bureau des Procureurs-Syndics et du Secrétaire-Greffier.

Il sera reconduit avec les mêmes honneurs. Le même cérémonial sera observé pour la clôture de l'Assemblée, et toutes les fois que le Commissaire du Roi entrera à l'Assemblée pour y faire connoître les intentions de Sa Majesté.

Le lendemain de l'Ouverture de l'Assemblée, il sera fait une députation composée de quatre Députés, au Commissaire du Roi, pour le saluer de la part de l'Assemblée.

Toutes les fois qu'il sera fait mention, dans le Procès-verbal, du Sieur Intendant, relativement à ses fonctions vis-à-vis de l'Assemblée, pendant le cours de ses séances, il sera désigné dans le Procès-verbal, sous le titre de *M. le Commissaire du Roi.*

Lorsqu'il sera question d'opérations antérieures à l'Assemblée, ou qui devront la suivre, Sa Majesté veut que son Commissaire départi ne puisse être désigné dans le Procès-verbal, les Rapports et autres Actes de l'Assemblée, que sous le nom de *M. l'Intendant.*

§. II.

Du Président.

Le Président sera l'organe de l'Assemblée, pendant le cours de ses séances; c'est par lui qu'elle correspondra avec le Conseil de Sa Majesté.

Les Procès-verbaux des séances de l'Assemblée seront, jour par jour, signés du Président seul, et contre-signés du Secrétaire-Greffier; celui de la derniere séance sera signé de lui et de tous les Membres de l'Assemblée.

La Commission Intermédiaire étant entiérement suspendue, et n'existant plus pendant l'Assemblée, tous les paquets de la Cour et autres, adressés, soit à l'Assemblée, soit à ladite Commission Intermédiaire, seront ouverts dans l'Assemblée par le Président.

Les adjudications qui seroient passées, pendant le cours des séances de l'Assemblée, seront signées du Président seul et contre-signées par le Secrétaire-Greffier.

Les mandats de paiement à expédier pendant la tenue de l'Assemblée, seront signés du Président et des Commissaires du Bureau des Fonds et de la Comptabilité, et contre-signés par le Secrétaire-Greffier.

Le Président nommera toutes les Députations, proposera la composition des Bureaux, ainsi qu'il sera ci-après expliqué, et il sera de droit Membre de tous lesdits Bureaux, qui seront présidés par lui lorsqu'il y entrera.

§. I I I.

De l'Assemblée.

Tout ce qui est relatif aux rangs et aux séances, a été prescrit par le Réglement de Formation.

Il n'y aura nulle distinction entre les Membres choisis par le Roi et ceux nommés par l'Assemblée préliminaire.

Ainsi les rangs pour les Seigneurs laïcs, ne seront réglés dans la prochaine Assemblée que suivant leur âge, leur admission étant censée de la même époque, c'est-à-dire du jour de la convocation de l'Assemblée complete.

Sa Majesté a ordonné que pour le Tiers-Etat, les séances seroient suivant l'ordre des Communautés, qui seroit déterminé d'après leur contribution.

Nul Membre du Tiers-Etat ne pourra être regardé comme représentant une ville où il y a un Corps Municipal, s'il n'est lui-même un des Officiers Municipaux.

S'il se trouvoit à l'Assemblée deux Députés du Tiers-Etat demeurans habituellement dans une même ville, celui-là seul pourra représenter sa ville, qui sera Officier Municipal; l'autre ne pourra représenter que la communauté villageoise dans laquelle il aura des propriétés.

Si l'un ni l'autre n'est un des Officiers Municipaux, ils ne pourront prendre rang à raison de la contribution de la ville où ils demeurent, mais à raison de la contribution des communautés où ils posséderont des biens.

A l'ouverture de ses séances, l'Assemblée assistera à une Messe du Saint-Esprit.

Les deux freres, le pere et le fils, le beau-pere et le gendre, ne pourront à l'avenir être élus à la fois Membres de l'Assemblée.

Sa Majesté autorise la prochaine Assemblée à remplacer, pour se compléter, ceux des Députés nommés, soit par Sa Majesté, soit par l'Assemblée préliminaire, qui seroient morts depuis, ou qui n'auroient point accepté ; mais toutes les nominations ultérieures seront faites par les Assemblées de Département, dont les Bureaux Intermédiaires seront en conséquence prévenus par la Commission Intermédiaire Provinciale, huit jours avant la convocation desdites Assemblées, des remplacemens auxquels elles auront à pourvoir.

Il sera formé, dans les deux premiers jours de l'Assemblée, des Bureaux particuliers chargés de rédiger et préparer les objets sur lesquels il devra être délibéré.

Le Président proposera à l'Assemblée, la composition des Bureaux, et y distribuera tous les Membres de l'Assemblée, en suivant, autant que faire se pourra, les proportions établies dans la composition de l'Assemblée.

Il y aura quatre Bureaux : l'un sera le Bureau de l'Impôt ; le second, celui des Fonds et de la Comptabilité ; le troisieme, celui des Travaux-publics ; le quatrieme, celui de l'Agriculture, du Commerce et du Bien-public. Outre ces quatre Bureaux, s'il étoit question d'examiner et de discuter une affaire très-importante, elle pourra être confiée à une Commission particuliere.

Il sera aussi formé une Commission particuliere pour la visite du Greffe et des Archives, et nommé des Commissaires pour la rédaction et la révision du Procès-verbal.

Les délibérations de l'Assemblée pour son régime intérieur, seront exécutées provisoirement ; mais nulle délibération à exécuter hors de l'Assemblée, n'aura d'effet qu'elle n'ait été spécialement approuvée par Sa Majesté.

Aucun Député ne pourra personnellement proposer à l'Assemblée un nouvel objet de délibération, étranger à ceux qui seroient alors discutés, ni lire aucun mémoire qu'il n'en ait préalablement prévenu M. le Président, et n'ait communiqué sa proposition ou son mémoire à celui des Bureaux de l'Assemblée qui se trouvera chargé des objets auxquels seroit analogue la proposition ou le mémoire dudit Député.

Les Procès-verbaux de l'Assemblée pourront être livrés à l'impression, à fur et à mesure de ses séances, et ne seront rendus publics que quinze jours après celui de la clôture.

§. I V.

De la Commission Intermédiaire.

Après la séparation de l'Assemblée, la Commission Intermédiaire rentrera en activité.

Elle seule représente l'Assemblée et a un caractere public à cet effet.

Le Président de l'Assemblée est aussi le Président de la Commission Intermédiaire ; mais dans ce sens qu'il en est le premier Membre, faisant corps avec elle, et n'ayant sur elle aucune supériorité.

En conséquence, la correspondance ministérielle et celle dans l'intérieur de la province, après la séparation de l'Assemblée, se tiendront toujours avec et par la Commission Intermédiaire.

L'absence du Président, comme celle de tout autre Membre, ne changera rien à la forme de la correspondance.

Sur les objets importans, le Président pourra écrire particuliérement aux Ministres du Roi, pour appuyer et développer les avis de la Commission Intermédiaire; mais la lettre seule de la Commission Intermédiaire sera la dépêche officielle.

Après le protocole d'usage pour les différentes personnes auxquelles elle écrira, la Commission Intermédiaire terminera ainsi ses lettres :

V os très-. . . . . ., serviteurs,
les Députés composant la
Commission Intermédiaire.

Ensuite tous les Membres présens, et les Procureurs-Syndics, signeront.

Toutes les adjudications, les mandats de paiemens, et autres actes émanés de la Commission Intermédiaire, seront signés dans la même forme, c'est-à-dire, qu'il sera mis au bas : *Par les Députés composant la Commission Intermédiaire de la Généralité d'Amiens.* Ensuite tous les Membres signeront.

Les Officiers du Bureau des Finances et des Elections, pourront être Membres de l'Assemblée Provinciale ou des Assemblées d'Election, comme tous les autres propriétaires, mais ils ne pourront à l'avenir être élus Membres de la Commission ou d'aucun Bureau Intermédiaire, attendu les fonctions qui leur sont imposées par la nature de leurs charges et par les Réglemens.

Confirme néanmoins Sa Majesté, pour cette fois seulement, et sans tirer à conséquence, les nominations qui auroient pu être faites par les Assemblées préliminaires Provinciales ou de Département de quelques Membres du Bureau des Finances ou des Elections, pour la composition de la Commission ou des Bureaux Intermédiaires : mais ces Officiers ne pourront être continués ni remplacés par d'autres Membres des mêmes Tribunaux, lors des renouvellemens ultérieurs des nominations, pour lesdites Commission et Bureaux Intermédiaires.

§. V.

Des Procureurs-Syndics.

Pour être Procureur-Syndic pour la Noblesse et le Clergé, il ne sera pas nécessaire qu'un Gentilhomme qui auroit des titres à cette place, soit Seigneur de paroisse, il suffira qu'il soit propriétaire d'un fief dans la province.

Les Procureurs-Syndics prendront séance dans l'Assemblée, à un Bureau placé au milieu de l'Assemblée.

Les Procureurs-Syndics feront remettre chaque jour au Commissaire du Roi, à la fin de chaque séance, une notice succincte et uniquement énonciative des objets qui auront été discutés ou délibérés dans l'Assemblée, pour que le Commissaire de Sa Majesté soit assuré qu'il ne s'y traite aucune matiere étrangere aux objets dont elle doit s'occuper.

Lorsqu'un rapport aura été lu et délibéré dans un Bureau,

avant qu'il en soit fait lecture à l'Assemblée, les Procureurs-Syndics seront appelés à ce Bureau pour en prendre communication, et donner sur ledit mémoire leurs observations s'il y a lieu, soit verbalement, soit par écrit, tant au Bureau qu'à l'Assemblée.

Ils n'auront point voix délibérative dans l'Assemblée.

Mais, attendu que la Commission Intermédiaire doit toujours suivre ponctuellement l'exécution des délibérations de l'Assemblée approuvées par Sa Majesté, et que les Procureurs-Syndics doivent y concourir, lesdits Procureurs-Syndics auront voix délibérative dans la Commission Intermédiaire ; ils n'auront à eux-deux qu'une seule voix qui sera prépondérante en cas de partage. Si leurs opinions different, leurs voix se détruiront et ne seront point comptées; et dans le cas où les autres voix seroient partagées, celle du Président aura la prépondérance.

Les Procureurs-Syndics écriront, en nom collectif, sur tous les objets de correspondance qu'ils devront suivre; et après avoir énoncé leur qualité de *Procureurs-Syndics de la Généralité de*. . . . . ils signeront : si un des Procureurs-Syndics étoient absent, la lettre seroit toujours écrite en nom collectif, et un seul signeroit.

Ils ne pourront intervenir dans aucune affaire sans une délibération de l'Assemblée ou de sa Commission Intermédiaire ; et n'agiront d'ailleurs sur aucun objet relatif à l'administration de la province, que de concert avec la Commission Intermédiaire.

Ce qui vient d'être prescrit pour les Procureurs-Syndics de l'Assemblée Provinciale, sera également observé pour les Syndics

dics des Assemblées de Département, en tout ce qui leur est commun.

§. VI.

Assemblées de Département.

Les Assemblées de Département se tiendront dans le mois d'Octobre de chaque année.

Elles ne pourront durer plus de quinze jours : le jour précis de leur convocation sera fixé par le Président de l'Assemblée, qui se concertera à ce sujet avec le Bureau Intermédiaire.

Lorsque le jour en aura été arrêté, et ce jour ne pourra être indiqué plus tard que le 15 dudit mois d'Octobre, afin que toutes les Assemblées d'Elections de la Généralité soient closes et terminées le 30 du même mois au plus tard ; le Président en préviendra la Commission Intermédiaire Provinciale un mois à l'avance, et avertira les Députés qui devront être convoqués, de l'époque précise de l'ouverture de l'Assemblée, par une lettre signée de lui.

Sa Majesté a jugé qu'il étoit indispensable que les Assemblées de Département évitassent la dépense de l'impression de leurs Procès-verbaux ; mais s'ils contiennent quelque rapport ou mémoire qui, par l'utilité de ses vues et le mérite de sa rédaction, soit de nature à fixer l'attention de l'Assemblée Provinciale, et qui lui paroisse mériter une distinction particuliere, l'Assemblée Provinciale pourra délibérer de l'insérer dans son Procès-verbal ou à la suite ; et ce Mémoire sera alors imprimé avec le Procès-verbal de l'Assemblée Provinciale, dont il fera partie.

Q q

L'Assemblée de Département fera toujours former trois expéditions de ses Procès-verbaux; et ces trois expéditions seront adressées par elle à la Commission Intermédiaire Provinciale, laquelle enverra la premiere, avec ses observations au Sieur Contrôleur-Général des Finances; la seconde au Sieur Intendant et Commissaire départi, et la troisieme restera déposée dans les archives de l'Assemblée Provinciale.

Les Assemblées de Département auront soin de se conformer exactement aux délibérations de l'Assemblée Provinciale, lorsqu'elles auront été approuvées par Sa Majesté, et elles sentiront que tout le bien qu'elles désireront procurer à leur district, ne pourra s'opérer que par un concert et une harmonie réciproque entr'elles et l'Assemblée supérieure.

§. VII.

Des Bureaux Intermédiaires.

Les Bureaux Intermédiaires des Assemblées de Département se conformeront ponctuellement et littéralement à tout ce qui leur aura été prescrit, tant par l'Assemblée de Département que par la Commission Intermédiaire Provinciale.

Comme les Assemblées de Département et leurs Bureaux Intermédiaires sont le lien réciproque entre les Assemblées Municipales et l'Assemblée Provinciale, et entre l'Assemblée Provinciale et les Assemblées Municipales, il ne sera rien prescrit ni fait aucune disposition par la Commission Intermédiaire Provinciale à l'égard d'aucune ville et communauté ou d'aucuns contribuables et habitans d'un Département quelconque, que par la voie du Bureau Intermédiaire dudit Département, et qu'après que ledit Bureau Intermédiaire aura été préalablement entendu.

Sa Majesté recommande en conséquence aux Bureaux Intermédiaires de mettre la plus prompte exactitude et la plus grande célérité dans toutes leurs relations et leur correspondance avec la Commission Intermédiaire Provinciale.

Lorsqu'un Bureau Intermédiaire croira devoir faire imprimer quelques lettres circulaires, quelques états, et autres objets à adresser aux Assemblées Municipales, et dont les modeles ne lui auroient pas été donné par la Commission Intermédiaire Provinciale, il les communiquera préalablement à ladite Commission Intermédiaire, pour qu'elle soit toujours à portée de maintenir dans toute la Généralité l'unité des principes, des formes et des méthodes. Au surplus, ce qui a été prescrit ci-dessus au §. IV. de la Commission Intermédiaire, sera aussi observé par les Bureaux Intermédiaires, en tout ce qui leur est applicable.

§. V I I I.

De l'Examen des nominations pour les Assemblées Municipales, pour les Assemblées de Département et pour l'Assemblée Provinciale.

La volonté de Sa Majesté est que les Syndics des Assemblées de Département, et subsidiairement les Procureurs-Syndics de l'Assemblée Provinciale, donnent la plus grande attention à l'examen de toutes les délibérations concernant les nominations des Députés des Assemblées Municipales, et provoquent à l'avenir la réformation de celles qui seroient irré_gulieres.

Sa Majesté désire cependant que, d'après les tableaux qu'Elle a ordonné aux Assemblées de Département de faire former, l'Assemblée Provinciale examine s'il ne seroit pas convenable de mettre dans le taux d'imposition qui avoit été fixé unifor-mément à *Dix* livres pour être admis dans les Assemblées Paroissiales, et à *Trente* livres dans les Assemblées Munici-pales, quelques proportions relatives à l'état d'aisance ou de pauvreté des communautés des campagnes, qui résulte tou-jours ou de la nature du sol, ou du genre de culture, ou en-fin du plus ou moins d'industrie auquel se livrent les habitans de ces communautés.

D'après les observations que présenteront sur cet objet les différentes Assemblées Provinciales, Sa Majesté fera connoître à cet égard ses intentions, avant le mois d'Octobre 1788.

A compter de cette époque, les Syndics des Assemblées de Département donneront avis aux Procureurs-Syndics des irré-gularités qu'ils auroient pu remarquer dans les délibérations pa-roissiales ou les nominations qui y auroient été faites, et leur enverront un Mémoire détaillé et signé d'eux, sur chaque no-mination irréguliere.

Les Procureurs-Syndics mettront lesdits Mémoires sous les yeux de la Commission Intermédiaire ou de l'Assemblée Pro-vinciale, qui y joindra ses observations, et enverra le tout au Contrôleur - Général des Finances, pour y être statué ainsi qu'il appartiendra, sur l'avis de M. l'Intendant.

Quant aux nominations irrégulieres qui pourroient être faites, pour les Assemblées de Département par celle d'Arrondissement, ou pour l'Assemblée Provinciale par celle de Département, Sa Majesté veut que la réformation en soit poursuivie, par les Procureurs-Syndics, au Conseil qui y statuera après avoir entendu les observations et l'avis de M. l'Intendant.

Mais les Procureurs-Syndics informeront des diligences par eux faites à cet effet, l'Assemblée de Département ou l'Assemblée Provinciale, suivant l'élection pour l'une ou l'autre Assemblée, par eux arguée d'irrégularité, afin que ladite Assemblée puisse, le jour même de l'ouverture de ses séances, délibérer s'il y aura lieu d'admettre provisoirement, ou non, la personne dont la nomination sera contestée.

Sa Majesté s'étant déterminée à donner au Département de Mondidier huit Députés à l'Assemblée Provinciale, comme à celui d'Amiens, M. l'Intendant fera connoître à l'Assemblée qu'elle est autorisée par Sa Majesté à nommer un Député Ecclésiastique et un Député du Tiers-Etat, tirés de ce Département, pour former tant avec le Duc de Villequier, déja nommé par Sa Majesté à l'Assemblée, et qui continuera d'en être Membre, à raison des biens qu'il possede dans l'Election de Mondidier, qu'avec le sieur Prévôt, propriétaire de la même Election, qui vient d'être également nommé par Sa Majesté, les quatre nouveaux Députés que doit former le Département de Mondidier. En conséquence l'Assemblée Provinciale d'Amiens se trouvera composée de trente-six Membres, conformément au Réglement de formation, malgré la distraction du Boulonnois.

DEUXIEME PARTIE.

DES fonctions des différentes Assemblées, et de leurs relations avec M. l'Intendant.

§. Ier.

Assemblées Municipales.

EN soumettant par l'article premier du Réglement du 5 Août, les Assemblées Municipales, tant aux ordres qu'elles recevront au nom du Roi, par la voie de M. l'Intendant, qu'à ce qui leur seroit prescrit, soit par l'Assemblée Provinciale, soit par l'Assemblée de Département, soit enfin par les Commission et Bureaux Intermédiaires, Sa Majesté n'a point entendu que MM. les Intendans et les Assemblées Provinciales ou celles de Département puissent indifféremment donner des ordres ou des instructions aux Assemblées Municipales sur les mêmes objets, mais respectivement sur ceux qui leur seroient attribués.

Par l'article II, qui exclud de la répartition de la Taille les personnes qui ne sont point taillables, Sa Majesté n'a fait que rappeller ce qui est prescrit par tous les Réglemens en matiere de Taille personnelle.

L'intention de Sa Majesté est de diminuer le nombre des rôles qui avoit été porté à cinq par l'article III; mais à cet égard Sa Majesté suspendra sa détermination, et l'Assemblée Provinciale reconnoîtra que par le vœu qu'elle sera dans le cas de présenter sur le mode de répartition des différentes natures d'impositions, elle peut procurer à la province une grande économie, en réunissant plusieurs de ces Impositions dans un seul et même rôle, qui seroit seulement divisé en plusieurs colonnes. L'Assemblée Provinciale remplira les intentions de Sa Majesté, en proposant le mode de répartition le plus juste et le moins dispendieux.

M. l'Intendant fera cependant connoître dés-à-présent à l'Assemblée Provinciale, sur la répartition de la Capitation des Nobles, Privilégiés, &c. que ce rôle au lieu d'être fait comme le prescrivoit l'article III, par chaque Assemblée Municipale, le sera par le Bureau Intermédiaire de chaque Département, pour tous les Nobles, Privilégiés, &c. compris dans son district, en le divisant toutefois par paroisses. Il sera fait de ce rôle deux expéditions, qui seront toutes deux remises à M. l'Intendant par la voie des Procureurs-Syndics, pour être adressés au Conseil. Lorsque ce rôle y aura été arrêté, M. l'Intendant en renverra l'expédition en forme au Bureau Intermédiaire, pareillement par la voie des Procureurs-Syndics, pour qu'il soit déposé dans ses archives, et rendra en même-temps exécutoires les extraits de ce rôle qui lui auront été envoyés par le Bureau Intermédiaire, pour chaque paroisse ou communauté : ces extraits seront ensuite adressés par le Bureau Intermédiaire à chaque Assemblée Municipale, pour être mis en recouvrement. Par ce moyen, le taux uniforme réglé par l'Assemblée de Département, recevra plus facilement son application; la dépense de la confection d'un rôle particulier sera épargnée aux Assemblées Municipales, et cependant chaque contribuable demeurant dans une paroisse, paiera ses impositions dans la même paroisse, selon les intentions de Sa Majesté.

Le nombre des triples expéditions des rôles qui avoient été prescrites par l'article IV, sera infiniment diminué, d'après ce que Sa Majesté aura statué définitivement sur l'article III; ainsi le bien et l'économie à opérer sur cette disposition, résultera également du vœu qui sera présenté à Sa Majesté par l'Assemblée Provinciale.

Les précautions indiquées par l'article V, ont pour objet de prévenir les divertissemens de deniers; si l'exécution peut en paroître difficile dans les commencemens pour les petites paroisses, elle s'établira successivement par l'habitude et les instructions des Assemblées supérieures, et les avantages en sont si frappans pour tous les contribuables, que l'Assemblée Provinciale ne négligera certainement aucuns moyens auprès des Assemblées Municipales pour assurer l'exacte observation de ces vérifications.

A l'égard des réparations ou reconstructions des nefs des Eglises ou des Presbyteres, dont il est fait mention en l'article IX, lorsque ces réparations seront demandées par l'Assemblée Municipale de la paroisse, elle s'adressera à l'Assemblée ou Bureau Intermédiaire de Département, qui nommera les Ingénieurs ou Sous-Ingénieurs du Département, pour dresser les devis et détails estimatifs.

Lorsque la demande sera formée par une partie seulement des Habitans, ou par le Curé seul, le Mémoire sera présenté au Bureau Intermédiaire de Département, qui le fera communiquer à l'Assemblée Municipale. Si l'Assemblée Municipale consent aux reconstructions ou réparations demandées, le Bureau Intermédiaire chargera l'Ingénieur de dresser les devis. S'il y

a

a contradiction ou opposition de la part de l'Assemblée Municipale, alors, dans le cas où l'affaire ne pourroit être terminée par le Bureau Intermédiaire par voie de conciliation, elle deviendroit contentieuse, et le Bureau Intermédiaire renverroit les Parties à se pourvoir par-devant M. l'Intendant.

Avant son jugement, M. l'Intendant pourra nommer tel Expert qu'il jugera à propos, pour constater l'état des lieux, et éclairer sa religion; mais son jugement rendu, il commettra toujours, pour dresser les devis, l'Ingénieur du Département.

Les Ingénieurs, Inspecteurs et Sous-Ingénieurs de la province, feront tous les devis dont ils seront chargés, sans aucune rétribution particuliere pour aucune de ces opérations; ce qui tournera au soulagement des communautés, sauf à l'Assemblée Provinciale à avoir égard, dans la fixation des traitemens de ces Ingénieurs et des gratifications qui seront par elle proposées en leur faveur, au supplément de travail qui résultera pour eux de ces nouvelles occupations.

L'article X sera exécuté selon sa forme et teneur; Sa Majesté exhorte seulement l'Assemblée Provinciale à composer dans la ville où est la résidence de M. l'Intendant, un Conseil de trois Avocats au plus, qui seront rétribués par la province et choisis par l'Assemblée Provinciale. Les Avocats qui composeroient ce Conseil, ne pourroient néanmoins être nommés par l'Assemblée que pour deux ans au plus, sauf à les continuer pour deux autres années, et ainsi de suite s'il y avoit lieu, d'après le compte qui seroit rendu par la Commission Intermédiaire, de leur exactitude et de l'utilité de leur travail pour les communautés de la province.

R r

Les communautés d'habitans seroient tenues d'envoyer les pieces ou mémoires relatifs aux contestations dans lesquelles elles auroient intérêt, à la Commission Intermédiaire Provinciale, qui les feroit examiner par lesdits Avocats; et leur consultation remise ensuite à la Commission Intermédiaire, sera par elle renvoyée auxdites communautés d'habitans pour être jointe à la requête que ces communautés pourroient alors présenter à M. l'Intendant, pour obtenir de lui, s'il le jugeoit convenable, la permission de plaider. Les communautés d'habitans seroient ainsi dispensées de se procurer la consultation d'aucun autre Avocat.

Par l'article XI, Sa Majesté avoit autorisé les Assemblées Municipales à délibérer sur la fixation des traitemens de leurs Syndics et de leurs Greffiers; mais Sa Majesté désire que l'Assemblée Provinciale examine s'il ne seroit pas possible de n'accorder aucun traitement fixe aux Syndics et Greffiers, sauf à leur allouer, à la fin de chaque année, les dépenses qu'ils justifieroient avoir faites pour l'intérêt de la communauté.

§. I I.

Des Assemblées de Département.

Le Roi a ordonné, par l'article Ier. qu'il ne seroit fait aucune levée de deniers qu'elle n'eût été préalablement ordonnée par son Conseil, lorsque la dépense excéderoit cinq cens livres, ou par le Commissaire départi, lorsqu'elle seroit au-dessous de cette somme.

Sa Majesté voulant concilier avec ce qu'Elle doit à son autorité, les témoignages de confiance qu'Elle est disposée à accorder à son Assemblée Provinciale, veut bien consentir à ce que les dépenses qui seroient inférieures à cinq cens livres, soient imposées sur les communautés, lorsqu'elles auront été approuvées par l'Assemblée Provinciale, ou sa Commission Intermédiaire, dont la délibération prise à cet effet sera visée par M. l'Intendant ; mais l'intention de Sa Majesté est que, tous les six mois, il soit adressé au Conseil, par l'Assemblée Provinciale, un projet d'Arrêt, à l'effet de valider lesdites Impositions.

En ordonnant par l'article V, que les Assemblées de Département se conformeroient aux ordres qui leur seroient adressées, soit au nom de Sa Majesté, soit par l'Assemblée Provinciale, Sa Majesté n'a point entendu changer l'ordre de correspondance qu'Elle a établie. Ses intentions ne parviendront jamais à l'Assemblée de Département que par l'Assemblée Provinciale ; mais Elle a voulu faire connoître que les Assemblées de Département seroient tenues de se conformer non seulement à ce que Sa Majesté auroit expressément ordonné, mais encore à ce que l'Assemblée Provinciale auroit cru juste et convenable de leur prescrire, quand bien même elle n'y auroit point été précédemment autorisée par un ordre spécial de Sa Majesté.

§. III.

De l'Assemblée Provinciale.

Toutes les dépenses qui seront délibérées par l'Assemblée Provinciale, conformément à l'article Ier. ne seront point pour cela un objet d'Imposition nouvelle : l'intention de Sa Majesté étant de remettre à la disposition de l'Assemblée Provinciale l'emploi des fonds déja imposés, appartenans à la province, comme il sera ci-après expliqué. L'Assemblée Provinciale n'auroit à proposer d'impositions pour les dépenses de la province, au-delà de ces fonds, que dans le cas où ils ne lui paroîtroient pas suffisans pour subvenir aux besoins indispensables de ladite province.

§. I·V.

Des fonctions respectives de l'Intendant de la Province et de l'Assemblée Provinciale.

Les Commission et Bureaux Intermédiaires ne pouvant prendre aucune délibération contraire à ce qui leur aura été prescrit par les Assemblées qu'ils représentent, et celles qu'ils prendroient ne pouvant être relatives qu'à l'exécution de celles de l'Assemblée déja connues du Conseil et de son Commissaire départi, ou à des dépenses de circonstances imprévues, pour lesquelles l'autorisation de Sa Majesté, sur l'avis du Sieur Intendant, est nécessaire, Sa Majesté dispense les Commission et Bureaux Intermédiaires de l'exécution de l'article V.

Sa Majesté, en développant ses intentions sur l'exécution des articles VI et VII, veut que M. l'Intendant et l'Assemblée Provinciale se communiquent respectivement tous les éclaircissemens dont ils auront réciproquement besoin pour le plus grand bien du service de Sa Majesté et celui de la province; n'entendant au surplus Sa Majesté interdire à l'Assemblée les observations qu'elle estimera utiles au bien de la province, sur tous les objets précédemment autorisés qui n'auroient point encore reçu leur entiere exécution.

Lorsque la Commission Intermédiaire de l'Assemblée Provinciale connoîtra plus particuliérement les objets d'administration qu'elle aura à traiter, elle sera à portée de reconnoître en quoi consistent les objets de correspondance courante et habituelle qui doivent être adressés au Conseil, pour la plus grande célérité du service, par la voie de M. l'Intendant.

Dans le cas où M. l'Intendant croiroit devoir présenter au Conseil des observations dont la rédaction exigeroit quelque délai, il ne pourra, par ce motif, retarder l'envoi des dépêches qui lui auront été remises par la Commission Intermédiaire, sauf à annoncer les observations ultérieures qu'il se proposera d'envoyer.

Pour résumer, la correspondance de forme et celle qui a lieu chaque année, aux mêmes époques, pour les opérations du Département et autres, aura lieu par la voie de M. l'Intendant. La Commission Intermédiaire répondra aussi à toutes les lettres qui lui auront été écrites par les Ministres de Sa Majesté ou ses Intendans des Finances, par la voie de M. l'Intendant, sinon elle lui fera remettre des copies de ses réponses. A l'égard de toutes les lettres qu'elle sera dans le cas d'écrire la premiere, elle aura l'option de les adresser directement, ou par la voie de M. l'Intendant.

Relativement aux demandes formées par les contribuables en matiere d'imposition et affaires contentieuses, l'intention de Sa Majesté est que les vingt-huit premiers articles de la troisieme section du Réglement du Conseil du 6 Juin 1785, rendu pour la province de Berri, soient provisoirement exécutés selon leur forme et teneur.

Dans le cas où il s'exécuteroit, ainsi que l'avoit prévu l'article XI, des ouvrages, partie sur les fonds du Roi, et partie sur les fonds de la province, Sa Majesté a considéré que la surveillance de son Commissaire départi seroit plus utile au bien de son service, lorsque son avis seroit postérieur à la délibération de la Commission Intermédiaire : en conséquence, l'intention de Sa Majesté est que son Commissaire départi ne prenne point part aux délibérations qui seroient prises par la Commission Intermédiaire sur les ouvrages de ce genre; mais qu'aucune de ces délibérations ne puisse avoir son effet qu'après avoir été homologuée par lui, s'il y a lieu; et qu'enfin toutes les ordonnances de paiement sur les fonds du Roi soient par lui délivrées, et ensuite par lui renvoyées à la Commission Intermédiaire, pour être visées par elle, et remises à l'Adjudicataire. A l'égard des paiemens sur les fonds de la province, ils auront lieu comme il sera expliqué ci-après à l'article des Ponts et Chaussées.

Enfin, sur les articles XIII et XIV, Sa Majesté veut pareillement que les comptes soient examinés et vérifiés par la Commission Intermédiaire, à laquelle M. l'Intendant n'assistera point ; mais ces comptes lui seront ensuite remis, pour être par lui revisés et clos et arrêtés par son Ordonnance.

TROISIEME PARTIE.

Impositions ordinaires.

L'INTENTION de Sa Majesté est que M. l'Intendant remette à l'Assemblée Provinciale, 1°. Une copie du Brevet général de l'année prochaine 1788.

2°. Un Tableau contenant la distribution par Election, de la Taille, des Impositions accessoires de la Taille et de la Capitation taillable, ce qui compose le montant des commissions expédiées pour les Impositions taillables; et le montant, aussi par Election, de la Capitation des Nobles, Privilégiés, &c. pour laquelle il est formé des rôles qui sont arrêtés au Conseil; duquel Tableau le total sera égal à celui des sommes portées au Brevet général.

3°. Une copie pour chaque Election du Département de 1788.

4°. Un état qui fera connoître le montant des fonds appartenans à la province, pour la dépense des Ponts et Chaussées; ledit état conforme à celui qui a été formé, en exécution de l'article premier de l'Arrêt du 6 Novembre 1786.

5°. Un état des sommes imposées, avec les Impositions accessoires de la Taille pour les dépenses à faire dans la province, lesquelles sommes composent le fonds connu sous la dénomination des *fonds variables;* dans lequel état seront distinguées les dépenses militaires et autres relatives au service de Sa Majesté, qui paroîtront devoir continuer d'être à la disposition de M. l'Intendant.

6°. Un état des fonds qui font partie de la Capitation, et

connus sous la dénomination des *fonds libres de la Capitation;*
dans lesquels doivent pareillement être distingués les frais de
Bureaux de l'Intendance, et autres dépenses de ce genre, qui
devront continuer de dépendre de l'administration de M.
l'Intendant.

Si M. l'Intendant ne pouvoit remettre tous ces états à
l'Assemblée à l'ouverture de ses séances, il les lui fera remettre dans les huit premiers jours de sa tenue.

D'après tous ces renseignemens, l'Assemblée Provinciale
connoîtra la position de la Généralité sous le rapport des
Impositions, et sera à portée de connoître les bases actuelles
de la répartition.

Elle recherchera les moyens de l'améliorer, fera les com-
paraisons qui lui paroîtront possibles de Département à Département, indiquera aux Assemblées de Département comment elles devront faire par elles-mêmes, ou par leurs Bureaux
Intermédiaires, celles de paroisse à paroisse, pour perfectionner de plus en plus la répartition.

Elle examinera pareillement l'objet des contraintes relatives
au recouvrement, recherchera les moyens de les simplifier ou
de les adoucir, s'il y a lieu.

Enfin, elle ne négligera rien principalement en ce qui concerne la répartition des Impositions qui portent sur la classe
la moins aisée, pour seconder les vuès dont Sa Majesté est
animée, pour qu'aucun de ses sujets ne paie dans une proportion
plus forte que les autres contribuables.

QUATRIEME

QUATRIEME PARTIE.

Vingtiemes.

PAR son Edit du mois de Septembre dernier, le Roi a ordonné la perception de l'Imposition des Vingtiemes dans toutes les provinces de son Royaume, selon les véritables principes de cette Imposition établie par l'Edit de Mai 1749.

Par les dispositions de l'Edit de 1749, tous les biens-fonds du Royaume avoient été soumis à cette Imposition, sans aucune exception; les apanages des Princes et les domaines engagés y étoient assujettis. Ce n'est que postérieurement et par des actes particuliers d'administration que la forme et l'assiette de l'Imposition ont varié à l'égard d'une partie des contribuables.

Les circonstances présentes exigeant un supplément de revenus, Sa Majesté a reconnu que l'Imposition des Vingtiemes perçue d'une maniere uniforme, offroit un moyen d'autant plus juste de se le procurer, que ce moyen ne fera que rétablir la proportion de l'Imposition, à l'égard de ceux des propriétaires qui ne l'acquittoient qu'incomplétement, sans qu'il en résulte pour ceux qui payoient exactement les Vingtiemes et quatre sous pour livre du premier Vingtieme de leurs revenus, aucune espece d'augmentation.

Ainsi, l'Edit du mois de Septembre ne contient réellement de dispositions nouvelles que celles qui assujettissent aussi à l'Imposition des Vingtiemes le Domaine même de la Couronne, et font cesser les exceptions qui s'étoient introduites à l'égard de quelques propriétaires; et il ne contient rien d'ailleurs qui

S s

n'ait déja été prescrit par l'Edit de Mai 1749, et les Loix générales subséquentes.

L'ordre à maintenir dans la rentrée des deniers royaux ne pouvant point permettre que l'arrêté des rôles de l'année prochaine 1788, soit différé au-delà de l'époque ordinaire du premier Janvier, il n'eût pas été possible, dans un intervalle de temps aussi court, de terminer, avec les développemens et détails nécessaires, une opération générale qui ne doit avoir rien de vague ni d'arbitraire. L'intention de Sa Majesté est que tous les résultats de ce travail portent sur des bases que les contribuables eux-mêmes ne puissent désavouer; elle veut que la plus grande publicité démontre avec évidence, la justesse et la précision des travaux qui seront faits en exécution de ses ordres.

Sa Majesté a donc ordonné que pour l'année 1788, les rôles des Vingtiemes seroient faits provisoirement pour être mis en recouvrement pendant les six premiers mois seulement, dans la proportion de moitié des quotes de 1787, en se réservant de faire expédier, pour être mis en recouvrement au premier Juillet 1788, un rôle définitif, qui contiendra les quotes véritablement proportionnées aux revenus effectifs des biens qui y seront soumis, à la déduction des sommes qui auront été provisoirement payées en exécution du premier rôle.

Les détails mis sous les yeux de Sa Majesté, l'ayant convaincue que la forme de répartition adoptée, quant à présent, par le Clergé, pour celle du Don gratuit, étoit avantageuse aux Curés et Ecclésiastiques pauvres, Sa Majesté a jugé de sa sagesse de ne point ôter à ce premier Corps de l'Etat ses formes anciennes; mais Elle veut que les revenus qui appartiennent au Clergé, soient aussi portés sur les rôles des Vingtiemes, afin que, quoique énoncés pour *mémoire* seulement, on puisse cependant connoître la juste proportion de ce que ces biens pourroient payer à raison de leurs revenus, par comparaison avec les autres propriétés foncieres du Royaume, y compris ceux du propre Domaine de Sa Majesté.

C'est par l'effet de ces mesures que sa sagesse lui a inspirées, que le Roi trouvera, dans la perception des Vingtiemes, les ressources qu'exigent les circonstances; mais l'intention de Sa Majesté n'est pas de refuser à celles des provinces de son Royaume qui le désireroient, les avantages qu'elles pourroient appercevoir dans une fixation déterminée de cette Imposition, après les avoir mises à portée de connoître elles-mêmes la juste proportion dans laquelle elles seroient dans le cas d'y contribuer.

Mais la faveur d'un abonnement ne pourra être accordée qu'à celles dont les offres seroient relatives à leurs véritables facultés, et correspondroient à la somme que le Roi retireroit de l'Imposition, s'il jugeoit à propos de la faire percevoir en exécution de ses ordres.

Sa Majesté se portera d'autant plus volontiers à faire jouir les provinces de son Royaume de cette faveur, que par l'effet de l'abonnement, les recherches qui seroient nécessaires, n'auroient plus alors pour objet une augmentation de recette pour son Trésor Royal, mais simplement une justice plus exacte dans l'assiette de l'Impôt; ce qui adouciroit aux yeux des contribuables ces mêmes recherches indispensables pour atteindre le but proposé.

Pour connoître quelle seroit la proportion dans laquelle

S s ij

chaque province seroit tenue de contribuer aux produits de l'Impôt, Sa Majesté s'est fait remettre, 1°. l'état des rôles de 1756; 2°. celui des rôles de 1787; 3°. des états particuliers des travaux faits par l'administration des Vingtiemes, et d'après lesquels les augmentations successives ont été opérées.

· L'examen de ces différens états a mis Sa Majesté à portée de juger, par le produit des travaux faits, de celui qu'il étoit possible d'espérer par l'effet des travaux qui restent à faire ; et les calculs les plus exacts, mais les plus modérés, ont fait connoître la quotité de la somme qui doit être acquittée par chaque province, et qui doit être le prix de son abonnement.

D'après tous ces détails, M. l'Intendant fera connoître à l'Assemblée Provinciale que les Vingtiemes de la Généralité d'Amiens, perçus au profit de Sa Majesté, ont été estimés devoir produire au moins la somme de deux millions neuf cens vingt-deux mille livres, sauf à tenir compte à la Province, de celle de 499000^{tt} qui a paru pouvoir être à la charge des Biens Ecclésiastiques.

· Si le vœu de l'Assemblée étoit de solliciter un abonnement de pareille somme, et qu'elle eût pris une délibération à cet effet, cette délibération sera envoyée au Conseil par le Président de l'Assemblée ; et lorsque l'abonnement aura été accordé par le Roi, M. l'Intendant donnera ordre au Directeur des Vingtiemes, de remettre à l'Assemblée tous les renseignemens qui auront servi de base à la quotité de l'Imposition, et de prendre les ordres de l'Assemblée, qui sera alors chargée de la répartition de la somme à laquelle le Roi aura fixé l'abonnement.

En énonçant le vœu d'obtenir un abonnement, l'Assemblée

Provinciale pourra adresser à Sa Majesté et à son Conseil tels mémoires et calculs qu'elle croira devoir présenter, à l'effet d'obtenir une modération sur la somme annoncée; et le Roi, d'après le compte qui lui en sera rendu en son Conseil, y aura tel égard que Sa Majesté jugera convenable; mais l'intention de Sa Majesté est que l'Assemblée remette un double desdites observations à M. l'Intendant, et qu'elle envoie sa délibération assez-tôt pour que Sa Majesté puisse lui faire connoître ses intentions définitives avant sa séparation.

Dans les cas où l'Assemblée ne se détermineroit pas à demander au Roi l'abonnement des Vingtiemes, M. l'Intendant annoncera à l'Assemblée que Sa Majesté donnera les ordres nécessaires pour que les rôles soient faits en la maniere accoutumée, et il l'assurera d'ailleurs qu'il sera pris les précautions les plus positives, 1°. pour que les quotes qui auront été réglées par l'effet des vérifications générales, faites avant 1787, ne puissent être augmentées pendant la durée des vingt années postérieures à celle dans laquelle chacune desdites vérifications générales auroit été mise en recouvrement; 2°. pour que les propriétaires dont les taxes se trouveront dans le cas d'être augmentées, ne soient en aucun cas exposés à payer au-delà des deux Vingtiemes et Quatre sols pour livres du premier, de leurs revenus effectifs, aux déductions portées par les Loix et Réglemens.

CINQUIEME PARTIE.

Ponts et Chaussées.

SA MAJESTÉ a déja fait connoître, par son Edit du mois de Juin 1787, et par sa Déclaration du 27 du même mois, que son intention étoit de confier dans chaque province aux Assemblées Provinciales, tout ce qui étoit relatif à la confection et entretien des routes et autres ouvrages en dépendans, et qu'elles en fussent chargées, à compter de 1788.

Jufqu'à préfent, dans les Provinces & Généralités où Sa Majefté vient d'établir des Affemblées Provinciales, & même dans celle du Berri et de la Haute-Guyenne, la dépense des travaux des routes avoit été regardée comme une dette commune qui devoit être acquittée par toute la province, et répartie sur les contribuables dans une proportion uniforme ; mais une des principales vues de Sa Majesté, seroit que désormais les Assemblées Provinciales considérassent toujours les routes à ouvrir, perfectionner et entretenir, sous le rapport de l'intérêt plus ou moins direct qu'ont à ces routes les communautés, les départemens ou la province qui doivent en supporter la dépense.

De ce principe fondé en raison et justice, découleroient des distinctions également justes, pour la distribution du paiement de la dépense entre les parties intéressées, suivant la mesure de l'intérêt qu'elles auroient à l'exécution de tel ou tel ouvrage.

Ainsi, par exemple, un chemin qui ne s'étend que sur le territoire d'une seule ville ou d'une seule communauté, et

qui a uniquement pour objet de lui procurer une communication avec une route plus importante pour le débouché de
ses productions, doit être à la charge de cette ville ou communauté seulement.

Tel autre chemin intéresse quatre ou cinq communautés,
s'il traverse le territoire de ces quatre ou cinq communautés, et est pour elles un débouché commun.

S'agit-il d'une route qui traverse toute une élection, département ou district, dans une direction assez étendue pour
qu'elle aboutisse à ses limites; cette route doit être considé-
rée comme appartenant à toute l'élection, département ou
district, puisque par ses embranchemens, elle doit vivifier
la totalité ou une très-grande partie de son étendue.

Cette route intéressera deux ou trois élections, départemens ou districts, si elle est tellement dirigée qu'elle ne soit
utile qu'à ces deux ou trois élections, départemens ou districts.

Enfin, dans toutes les autres suppositions, les routes doivent appartenir à toute la province.

Ces distinctions étant ainsi posées et bien établies, elles serviroient, pour ainsi dire, de poids et de mesure pour régler
la contribution à la dépense.

Ainsi une communauté, dans la premiere des suppositions
précédemment expliquées, ou quatre ou cinq communautés,
dans la seconde, paieroient à elles-seules un chemin qui n'intéresseroit qu'elles-seules.

Dans le cas où une route intéresseroit tout un département, d'abord la ville ou la communauté ou les quatre ou
cinq communautés sur le territoire desquelles s'exécuteroient

les ouvrages, n'y contribueroient que jusqu'à concurrence de la somme fixe qui seroit réglée pour chaque paroisse; ou, ce qui seroit peut-être préférable, que jusqu'à concurrence d'une portion déterminée de leurs impositions foncieres, comme seroit le quart, le cinquieme, le sixieme, &c. ainsi que le proposeroient les Assemblées Provinciales. Cette premiere contribution de la part de la communauté ou des communautés plus directement intéressées, étant ainsi prélevée sur le montant de la dépense, le surplus seroit réparti sur tout le département par un marc la livre uniforme; et par l'effet de ce marc la livre général, les communautés qui auroient déja eu à fournir leur contingent particulier, contribueroient encore dans la répartition générale, mais d'une contribution infiniment plus foible.

Les mêmes regles, les mêmes formes seroient observées dans les autres cas, où une route intéresseroit non seulement un département, mais plusieurs, ou bien non seulement plusieurs départemens, mais toute la province.

Tout ce qui vient d'être expliqué pour les chemins et les routes, auroit son application pour les aqueducs, ponceaux, ponts, canaux, &c.

Enfin, si un pont ou une digue, ou un canal qui seroit entrepris dans une province, avoit un caractere d'utilité qui pût faire regarder cet ouvrage comme intéressant plusieurs provinces ou tout le royaume, et que la dépense en excédât une proportion quelconque déterminée par Sa Majesté, d'après le montant des impositions foncieres de la province, Sa Majesté consentiroit, sur la demande de l'Assemblée, à y contribuer pour le surplus.

Une

Une derniere observation essentielle, c'est que, dans le cas
où une Assemblée supérieure se chargeroit de suppléer au
contingent d'une communauté inférieure, alors cette Assemblée supérieure seroit chargée de la surveillance et direction
de l'ouvrage, comme s'il étoit le sien propre.

Sa Majesté désire que l'Assemblée Provinciale de la Généralité d'Amiens convoquée par ses ordres, s'occupe de ces vues;
qu'elle avise aux moyens de les réaliser, et qu'elle en fasse
l'objet de ses délibérations pendant la prochaine tenue. Sa
Majesté fera examiner les délibérations qui seront prises sur
cet objet par l'Assemblée, et lui fera connoître ses intentions
pour 1789.

Mais pour l'année 1788, l'Assemblée Provinciale s'occupera
provisoirement de la confection des Routes et de tous les
travaux y relatifs, suivant l'usage qui, dans les Assemblées
Provinciales déja existantes en Berri et en Haute-Guyenne,
mettoit tous les travaux quelconques à la charge de l'universalité de la province, à la seule exception des dépenses de
communautés purement locales : et pour que l'Assemblée Provinciale puisse se mettre sur le champ en activité, conformément au régime du Berri et de la Haute-Guyenne, telles sont
les intentions de Sa Majesté :

1°. L'Assemblée Provinciale ou sa Commission Intermédiaire, aura sous ses ordres immédiats, les Ingénieurs, Inspecteurs, Sous-Ingénieurs et Eleves détachés des Ponts et
Chaussées. Elle leur prescrira ce qu'elle jugera convenable
pour la rédaction des projets des travaux à exécuter, et pour
la suite et exécution de ces travaux; elle rendra compte de leurs
services, au Contrôleur-Général des Finances : enfin les gra-

T t

tifications qui devront leur être accordées, seront réglées sur ses propositions.

2°. Indépendamment desdits Ingénieurs, Inspecteurs, Sous-Ingénieurs et Eleves, l'Assemblée Provinciale pourra établir des Conducteurs ou Piqueurs à sa nomination, par-tout où elle le croira nécessaire, et elle pourra les destituer, en cas de mécontentement.

3°. Les Ingénieurs seront chargés de la rédaction des projets de tous les ouvrages quelconques à exécuter dans la Généralité, dont la dépense devra être à la charge de ladite province ou des villes et communautés.

4°. L'Assemblée Provinciale se fera remettre par l'Ingénieur en chef, pendant le cours de ses séances, une Carte de la Généralité indicative des Départemens actuels de chaque Inspecteur ou Sous-Ingénieur, des routes entiérement finies et mises à l'entretien, de celles qui sont à perfectionner, de celles récemment ouvertes ou seulement projetées, et enfin des ouvrages d'arts y relatifs. Elle se fera d'ailleurs remettre tous les autres détails et renseignemens nécessaires pour bien connoître la situation actuelle de la Généralité sur l'objet des communications.

5°. L'Assemblée délibérera ensuite sur ceux des travaux qui devront être exécutés en l'année 1788, et réglera le nombre, la distribution et l'emplacement des atteliers qui seront divisés autant qu'elle le croira possible et convenable.

6°. L'Ingénieur en chef, ou les Inspecteurs et Sous-Ingénieurs, d'après les instructions qu'il leur transmettra, s'occuperont en conséquence de rédiger avec tout le soin et la diligence possible, les projets nécessaires. Tous ces projets rassemblés et examinés par l'Ingénieur en chef, seront par lui présentés à l'Assemblée Provinciale ou à sa Commission Intermédiaire, avant le 15 Décembre prochain.

7°. La Commission Intermédiaire Provinciale adressera tous ces projets, plans et devis, au Contrôleur-Général des Finances, avant le 15 Janvier 1788, pour être examinés au Conseil, et approuvés dans la forme ordinaire.

8°. En conséquence, Sa Majesté recommande spécialement à l'Assemblée Provinciale, convoquée par ses ordres, de s'occuper dès ses premieres séances, de tout ce qui sera relatif à la forme de répartition, quotité et versement de la contribution des chemins ; de considérer cet objet comme un des points les plus importans de ses délibérations, et de présenter à cet égard un vœu précis, pour l'année 1788.

9°. Lorsque, sur la délibération de l'Assemblée Provinciale, le Roi aura fait connoître ses intentions et approuvé les projets, plans et devis, la Commission Intermédiaire de l'Assemblée Provinciale procédera par elle-même, ou par les Bureaux Intermédiaires qu'elle aura délégués à cet effet, aux adjudications des Travaux, dont les Procès-verbaux seront ensuite tous réunis et déposés au Greffe de la Commission Intermédiaire.

10°. Les adjudications de travaux de chaque attelier, se feront à celui ou à ceux qui feront la condition meilleure, à la charge par les Adjudicataires, d'exécuter exactement les devis, sans s'en écarter, sous quelque prétexte que ce soit, de renoncer à toute sorte d'indemnité, pour raison des cas fortuits ou autre cause, et de ne recevoir aucune somme par forme d'avance ou à-compte, que les travaux ne soient commencés.

11°. Nul ne pourra se présenter pour les travaux, ni même être admis à faire des offres, s'il n'est reconnu capable et solvable, au jugement de la Commission Intermédiaire, qui jugera pareillement de la solvabilité de sa Caution.

12°. Les adjudications seront annoncées quinze jours à l'avance, par des affiches ou publications dans les paroisses, afin que les Assemblées Municipales prennent connoissance des travaux des atteliers, que leurs Syndics soient à portée de les indiquer aux différens Entrepreneurs de leur canton, et de procurer ainsi, pour l'intérêt commun, les moyens d'obtenir les soumissions les plus avantageuses. Les mêmes affiches indiqueront dans quel lieu les Entrepreneurs disposés à se présenter à l'adjudication, pourront prendre connoissance, au moins huit jours à l'avance, des devis et clauses de ladite adjudication. Enfin les adjudications seront faites publiquement au jour indiqué.

13°. Le total des différens devis ne devant point s'élever au-delà du montant total de la somme à laquelle la contribution sera fixée, l'intention de Sa Majesté est que la prochaine Assemblée Provinciale prévoie le cas où le rabais des adjudications, sur le montant de l'estimation des devis, produiroit des revenant-bons, pour aviser à la maniere dont sera appliqué l'objet desdits rabais, soit en diminution du contingent des communautés appelées à l'adjudication qui aura procuré ledit rabais, soit en supplément d'ouvrages dans la même année, à moins que ladite Assemblée ne juge plus convenable de tenir ces fonds en réserve pour l'année suivante.

14°. Dans le cas où il y auroit nécessité et utilité de faire quelques changemens dans l'exécution des devis, il en sera tendu compte.à la Commission Intermédiaire, par l'Ingénieur en chef, et aucun changement ne pourra être fait qu'en vertu des ordres par écrit de ladite Commission Intermédiaire.

15°. Les travaux seront suivis par l'Ingénieur en chef de la province, et les Inspecteurs et Sous-Ingénieurs, et à cet effet les divers atteliers par eux visités le plus souvent qu'il sera possible.

16°. Sa Majesté autorise la Commission Intermédiaire Provinciale, à délivrer des mandats d'à-compte, au profit des Adjudicataires, jusqu'à concurrence des deux tiers pour les ouvrages d'arts, et des quatre cinquiemes pour les travaux des routes.

17°. Les mandats d'à-compte ne seront délivrés par la Commission Intermédiaire, aux Adjudicataires, qu'à fur et à mesure de l'avancement des ouvrages, et lorsqu'elle se sera assurée de leurs progrès, par les certificats de l'Ingénieur en chef ou des Sous-Ingénieurs, ou enfin en leur absence, des Conducteurs des ouvrages.

18°. Il sera procédé à la réception des ouvrages, par la Commission Intermédiaire, ou par les Bureaux Intermédiaires qu'elle aura délégués à cet effet, au jour qui sera indiqué par elle ou par lesdits Bureaux Intermédiaires. L'Ingénieur en chef ou les Sous-Ingénieurs, se transporteront à cet effet sur les routes, et y feront faire, aux frais des Entrepreneurs, en présence de tels des Membres de la Commission ou des Bureaux Intermédiaires, qui pourront être délégués à cet effet, les sondes qui seront nécessaires pour s'assurer de la bonne construction et de la qualité des matériaux, conformément au devis. Lesdits Ingénieurs en dresseront leur rapport , pour mettre la Commission Intermédiaire , ou les Bureaux Intermédiaires par elle délégués à cet effet , à portée de faire ladite réception , dont le procès-verbal , pour chaque attelier , sera déposé au Greffe de l'Assemblée Provinciale.

19°. A fur et à mesure que lesdits procès-verbaux seront clos et arrêtés , la Commission Intermédiaire en enverra des extraits signés d'elle à M. l'Intendant , avec un bordereau détaillé des mandats d'à-compte par elle expédiés , jusqu'à concurrence des deux tiers ou des quatre cinquiemes. M. l'Intendant , sur le vu de ces deux pieces , expédiera pour chaque attelier une Ordonnance finale par laquelle , validant les paiemens d'à-compte faits en vertu des mandats de la Commission Intermédiaire , qu'il rappellera et détaillera dans ses Ordonnances , il ordonnera le paiement du dernier tiers ou du dernier cinquieme qui restera dû sur le prix de l'adjudication.

Ladite Ordonnance finale pour chaque attelier , remise ensuite par M. l'Intendant à la Commission Intermédiaire , sera visée par elle et délivrée à l'Adjudicataire.

L'ASSEMBLÉE Provinciale de la Généralité d'Amiens après avoir entendu les intentions du Roi , sur les divers objets détaillés dans les Instructions que Sa Majesté fait adresser à son Commissaire , pour lui être notifiées , sentira qu'elle doit la plus vive reconnoissance aux témoignages de confiance dont l'honore Sa Majesté , en voulant bien être éclairée par son zele sur le soin qui lui est le plus cher, celui d'améliorer de plus en plus le sort de ses peuples,

Animée du désir de seconder ses intentions paternelles, l'Assemblée ne perdra jamais de vue l'importance et l'étendue des travaux qui doivent l'occuper ; et jamais elle n'oubliera qu'elle s'est imposé deux devoirs essentiels et sacrés, en contractant la double obligation de justifier la confiance du Roi, et de répondre aux vœux et aux espérances de ses peuples.

D'après les Ordres du Roi le 5 Novembre 1787. Signé LAMBERT. *Pour Copie.* Signé D'AGAY.

TABLE
DES
MATIERES,

Pour le Procès-verbal de l'Assemblée Provinciale de Picardie, Année 1787.

A

TABLE DES MATIERES.

TABLE DES MATIERES.

TABLE DES MATIERES.

TABLE DES MATIERES.

TABLE DES MATIERES.

TABLE DES MATIERES.

TABLE DES MATIERES.

TABLE DES MATIÈRES.

TABLE DES MATIERES.

TABLE DES MATIERES.

B ij

TABLE DES MATIERES.

TABLE DES MATIERES.

FIN DE LA TABLE.

A *Amiens*, de l'Imp. de J. Bapt. CARON l'aîné, Imprim. du Roi, Place de Périgord. 1788.

www.ingramcontent.com/pod-product-compliance
Lightning Source LLC
Chambersburg PA
CBHW071625270326
41928CB00010B/1781